- 教育部人文社会科学重点研究基地重庆工商大学成渝地区双城经济圈建设研究院平台建设经费资助

- 中国博士后科学基金第 73 批面上资助项目（2023MD734110）

- 重庆市博士后研究项目特别资助（2022CQBSHTB1018）

- 重庆工商大学高层次人才科研启动项目（2255028）

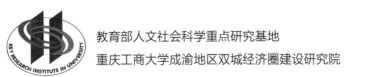

教育部人文社会科学重点研究基地
重庆工商大学成渝地区双城经济圈建设研究院

长江经济带高质量发展丛书

A Study on the Impact of Farm Machinery Services Outsourcing
on Total Factor Productivity of Grain

农机服务外包
对粮食全要素生产率的影响研究

张丽 著

中国社会科学出版社

图书在版编目（CIP）数据

农机服务外包对粮食全要素生产率的影响研究／张丽著.—北京：
中国社会科学出版社，2024.4

（长江经济带高质量发展丛书）

ISBN 978 – 7 – 5227 – 3321 – 0

Ⅰ.①农…　Ⅱ.①张…　Ⅲ.①农业机械—对外承包—影响—粮食—
全要素生产率—研究—中国　Ⅳ.①F326.11

中国国家版本馆 CIP 数据核字（2024）第 057800 号

出 版 人	赵剑英	
责任编辑	王　琪	
责任校对	杜若普	
责任印制	王　超	

出　　　版	中国社会科学出版社	
社　　　址	北京鼓楼西大街甲 158 号	
邮　　　编	100720	
网　　　址	http://www.csspw.cn	
发 行 部	010 – 84083685	
门 市 部	010 – 84029450	
经　　　销	新华书店及其他书店	

印刷装订	三河市华骏印务包装有限公司
版　　　次	2024 年 4 月第 1 版
印　　　次	2024 年 4 月第 1 次印刷

开　　　本	710×1000　1/16
印　　　张	21.25
插　　　页	2
字　　　数	268 千字
定　　　价	108.00 元

凡购买中国社会科学出版社图书，如有质量问题请与本社营销中心联系调换
电话：010 – 84083683

前　　言

在投入要素增长乏力的情况下，全要素生产率的增长成为突破资源环境等多方约束、实现粮食生产可持续发展、保障国家粮食安全的重要途径，也是农业供给侧改革中我国农业增长的重要方向。未来相当长的时期内小农户家庭经营仍将处于主体地位，寻求新的动力来源是解决全要素生产率提升问题的关键。随着农机服务外包生产方式的广泛兴起与发展，小农户可以通过外包的形式实现机械要素投入的服务化，以较低的服务价格实现机械对劳动力的替代，不仅降低了资本和技术进入小农户家庭经营的门槛，还获得了类似大规模农户的规模经济。学术界指出我国农业经营方式应该由土地规模经营转向农业生产环节外包的服务规模经营。发展农业生产性服务业成为决策层重点关注的解决方案，农业生产性服务能否促进粮食全要素生产率增长也成为学术界非常关注的问题。

既有研究指出，制造业、工业企业的服务外包对全要素生产率具有正面作用，但是农业生产的周期性、季节性和农业生物的生命节律等属性与制造业截然不同，加上"大国小农"的基本国情，生产性服务对农业部门全要素生产率的影响机制还需要加以深入研究。现有研究强调了农机服务外包对粮食生产的重要作用，但是没有将农机服务的生产方式纳入分析框架来考察其对全要素生产率增长的影响，因而未能有效地回应农机服务外包能否成为粮食全要素生产率增长来源这一重要关切。例如，如何解释要素投入服务化对全要素生产率的影响机制？如何通过有效的政策设计和制度安排促进服务规模经营，带动小农户实现全要素生产率增长？为此，本书所要研究的科学问题是：农机服务外包能否促进粮食全要素生产率的增长，农机服务外包影响粮食全要素生产率的作用机制。

本书以粮食生产为例，主要采用数理模型推演的方法对农机服务外包与全要素生产率的关系展开理论分析，同时运用变系数随机前沿分析方法和计量经济分析方法进行实证检验。首先构建农机服务外包促进粮食全要素生产率提升的理论框架，利用面板数据和农户调查数据，采用面板交互固定效应模型、工具变量固定效应模型、2SLS、工具变量分位数回归等方法对农机服务外包促进粮食 TFP 增长进行实证检验。其次阐述农机服务外包有利于农业分工深化的理论逻辑并据此构建调节效应模型，采用系统 GMM 估计方法对农业分工在农机服务外包与粮食全要素生产率之间的调节作用进行验证。再次将诱致技术变迁模型的核心概念"要素相对价格"拓展到服务要素，论证农机服务相对价格的下降是农户用机械替代劳动的主要诱致因素。采用面板交互固定效应模型证实技术进步偏向在服务外包的生产方式下加速形成，通过中介效应模型的估计对技术进步偏向在农机服务外包促进全要素生产率增长的中介作用进行验证。最后基于两部门模型和学习模型分析农机服务外包影响粮食全要素生产率的微观机制。基于农户调查数据，本书采用IV-Probit、IV-Tobit 等方法，对人力资本的互补效应、技术学习的替代效应展开验证，从而实证了农机服务外包影响粮食全要素生产率的微观机制。

本书依据"文献梳理→理论构建→实证检验→结论建议"的思

路，综合运用变系数随机前沿分析和计量经济分析方法，得到的主要结论如下。

（1）以农业机械化为代表的服务外包生产方式可以成为粮食全要素生产率的增长来源，农机服务外包的方式促进农户提高粮食全要素生产率需要以一定的土地经营规模为前提条件。我国农机服务市场自 2007 年进入中级发展阶段后表现出对粮食全要素生产率增长的促进作用。劳动密集型和技术密集型环节的服务外包均有利于提高粮食生产的全要素生产率，现阶段技术密集型环节外包对粮食全要素生产率的促进作用还有待提高。农机服务外包的程度对 0.75 分位点上农户的粮食全要素生产率产生的促进作用更加明显，实证结果表明，农户种粮面积至少在 8 亩以上才显示农机服务外包对粮食全要素生产率产生显著促进作用。当前我国家庭小规模分散经营阻碍了农机服务外包方式对粮食全要素生产率的提升，应有效推行和促进土地适度规模经营，通过土地规模经营和服务规模经营的有效衔接来实现农业高质量发展。

（2）农机服务外包通过农业分工的调节效应和技术进步偏向的中介效应影响粮食全要素生产率。农业分工的调节效应体现在由粮食作物连片种植形成的市场容量有助于深化农业分工。只有当经营规模超过一定的阈值后，在连片种植条件下形成服务市场容量，农业分工程度得到深化，才能产生促进粮食全要素生产率提升的边际效应。实证结果显示农业分工程度的调节效应显著，农机服务外包在农业分工的调节作用下有助于进一步提高粮食全要素生产率。农机服务外包在要素相对价格的诱导机制下促进技术进步偏向机械要素的形成，并通过技术进步偏向的中介作用促进粮食全要素生产率提高。本书将诱致技术变迁分析框架从关注要素相对价格的作用拓展到关注服务相对价格的影响。在超小土地经营规模的条件下，受到机械使用经济性或盈亏平衡点的制约，农机服务相对价格的下降是农户用机械替代劳动的主要诱致因素。实证结果表明购置农机与劳动力的相对价格变化对技术进步偏向未产生明显的直接诱导作用，农机服务与劳动力的相对价格变化对技术进步偏向产生了显著的诱导作用。机械与劳动的要素相对价格通过服务外包的路径对技术进步偏向产生间接影响。农机服务外包对诱导技术进步偏向的叠加效应是促进小农户与现代农业有机衔接的重要机制。

（3）人力资本的互补效应和技术学习的替代效应是农机服务外包提升农户粮食全要素生产率的微观机制。人力资本的互补效应主要体现在农机服务外包生产方式对农业劳动力老龄化和受教育程度偏低的弥补。实证结果表明，农户对劳动密集型环节进行服务外包可以抵消老龄化对全要素生产率增长产生的抑制作用，农户对技术密集型环节进行服务外包可以抵消受教育程度偏低对粮食全要素生产率的抑制作用。因此农机服务外包不仅可以实现"迂回生产"和"迂回投资"，还能实现"人力资本的迂回利用"。技术学习的替代效应主要体现在农机服务外包的生产方式有利于降低农户的学习成本。农机服务市场拓展了农户"信息邻居"（Information Neighbors）的来源渠道，农户在外包的知识转移和分享功能中互相学习。农机服务外包影响农户技术学习的分析框架表明服务外包的生产方式可以降低农户学习成本，甚至替代农户的学习过程。生产环节服务外包程度与农户技术学习行为、学习强度之间存在互补关系，与农户技术学习时间、学习费用之间存在替代关系。实证结果表明技术学习时间的节约可以激励农户采用服务外包的方式提高粮食全要素生产率，技术学习费用的降低可以激励农户通过服务外包的方式促进粮食全要素生产率提升。

本书的创新之处主要有以下几点。

（1）基于服务经济的视角构建农机服务外包影响粮食全要素生产率的理论框架，从小农户家庭经营的背景拓宽了粮食全要素生产率增长来源的研究范围。既有研究大多从物质要素投入层面探讨全要素生产率增长的来源，忽视了机械要素投入服务化对全要素生产率增长的贡献。实际上服务外包的"黏合剂"功能既能在一定程度上提高资源配置效率，又能降低资本和技术进入小农户家庭经营的门槛。从农机服务外包的视角探索粮食全要素生产率增长的来源，实际上是强调农业生产性服务对全要素生产率的贡献。本书突破了既有研究农业全要素生产率忽视小农户采用服务外包的生产方式变化带来的影响，在学术视角和分析框架方面有一定的创新。

（2）通过分析农机服务外包对要素稀缺状态和投入结构的影响拓展了诱致技术变迁模型，同时基于服务外包的要素相对价格探讨了农机服务外包通过技术进步偏向影响全要素生产率的作用机制。在土地市场不完善和小规模经营的背景下，受到机械使用经济性或盈亏平衡点的制约，服务外包相对价格的下降才是农户用机械替代劳动的主要诱致因素。农机服务外包方式通过改变要素投入结构诱导机械偏向型技术进步的形成，促进粮食全要素生产率增长。本书从农机服务外包的视角论证技术进步偏向的形成机制，将诱致性技术变迁分析框架从关注要素相对价格的作用拓展到关注服务相对价格的影响，为不同土地资源禀赋条件下促进丰裕要素替代稀缺要素的技术进步政策设计提供了学理借鉴。

（3）从人力资本互补和学习成本节约视角对"大国小农"背景下农机服务外包促进粮食全要素生产率提升的微观机制进行研究，一方面弥补了既有文献的缺失；另一方面为提高政策的有效性和针对性提供了学术借鉴。青壮年劳动力外流对农业技术进步和效率提升的负面影响可能在服务外包的知识共享、技术外溢作用下得到一定抵消。小农户在新技术学习和采纳上的动力和能力不足，如果小农户能够获得生产环节的外包服务，就可以降低农户学习成本，优化资源配置，从而提高全要素生产率。技术创新经济学指出超额利润是技术创新的动力，那么对于利润空间较低的小农户而言，通过外包服务来替代农户的技术学习过程就可以规避难以获取超额利润而导致的激励不足问题。

目　　录

第 一 章

导　论

本书基于服务经济视角研究农机服务外包对粮食全要素生产率（Total Factor Productivity，TFP）的影响及作用机制。在展开研究之前，先对全书研究背景、研究问题和研究意义做出明确说明，然后对全书的研究思路、内容，分析框架及方法等进行可行性论证，为后续展开论述提供基础。

第一节　本书的研究问题

一　研究背景

进入 21 世纪以来，建立健全农业社会化服务体系成为党中央对农业农村工作部署的重要内容。2018—2020 年连续三年的中央一号文件强调了农业供给侧结构性改革的重要性和必要性，实现小农户与现代农业发展的有机衔接主要依赖健全的农业社会化服务体系。党的十九届五中全会精神凸显了保障国家粮食安全的要义，"质量兴农、绿色兴农"成为今后农业发展的必然要求，那么通过农业高质量发展来促进农业效率和生产力变革就是实现路径。《乡村振兴战略规划（2018—2022 年）》指出要通过构建现代农业产业、生产及经营体系来提高农业创新力、竞争力和全要素生产率。2021 年中央一号文件指出要全面推进乡村振兴，通过发展壮大农业专业化、社会化服务组织，带动小农户采用先进适用的品种，并将高新科技投入品、技术及装备注入小农户的生产过程，由此实现农业农村现代化的快速推进。农业生产性服务业在"大国小农"的农业现代化进程中提供技术服务及智力支持（芦千文，2019）。由此可见，提高农业全要素生产率和发展农业生产性服务业是当前国家政策导向的重要方面。

尽管中国粮食生产的"十五连增"令世人瞩目，但是中国粮食生产仍然存在成本高、比较收益偏低和进出口价格倒挂等问题，"如何种好粮"令人深思。2021年中央一号文件指出要确保粮食安全，可见中国的粮食安全问题依然受到高度重视。已有研究表明中国粮食生产要素投入的贡献作用已经开始下降（封志明等，2016），全要素生产率的增长对降低单位产品生产成本的作用越发显著（江松颖等，2016；朱晶、晋乐，2017）。在投入要素增长乏力的情况下，全要素生产率的增长成为突破资源环境等多方约束、实现粮食生产可持续发展、保障国家粮食安全的重要途径，是农业供给侧改革中我国农业增长的重要方向（闵锐、李谷成，2012；肖宏波、王济民，2012；尹朝静等，2016；彭代彦、文乐，2015；龚斌磊，2018）。农业规模经营有利于全要素生产率的增长。在以小农户家庭经营为主体的中国国情下，目前以土地流转推进的规模经营仍存在一定的难度，一方面可能会由于土地流转的成本引起地租上涨（何秀荣，2016）；另一方面农地确权并不会必然推动土地流转（罗必良，2016）。人力资本投资、农业科研投资也难以成为小农户全要素生产率增长的直接来源。如何寻求一种行之有效的途径来实现粮食全要素生产率的提升呢？开发新的全要素生产率增长源泉是解决全要素生产率提升问题的关键（蔡昉，2013）。

2017年8月农业部、发改委与财政部联合印发了《关于加快发展农业生产性服务业的指导意见》。2018年中央一号文件指出，通过培育各类专业化市场化服务组织，大力推进农业生产全程社会化服务，由此带动小农户节本增效。党的十九大报告也明确提出实现小农户和现代农业发展的有机衔接是乡村振兴战略的重要内容，建立健全农业社会化服务体系是重要抓手。由此可见，发展农业生产性社会化服务是中共中央发展现代农业的重要解决方案。学术界指出我国农业经营方式应该由土地规模经营转向农业生产环节外包的服务规模经营（王志刚等，2011；廖西元等，2011；陈超等，2012；罗必良，2017）。在这样的背景下，农业生产性服务的发展对粮食生产效率的影响也就顺理成章成为学术界非常关注的问题。

二　研究问题

在亚当·斯密（1997）看来，农业不利于分工，因为农业生产领域自然条件和生命特征的制约使其分工深化有着天然的内生障碍。2004 年以来中国农业机械化快速发展，农机服务市场逐渐形成，由跨区作业到生产环节外包再到全程托管，农业机械社会化服务广泛兴起并发展（Yang, et al.，2013）。小农户通过服务外包的形式卷入社会分工，同样能够内生出服务规模经济性（罗必良，2017），小农户也逐渐呈现出"趋粮化"的种植行为（罗必良等，2018）。2018 年全国农作物耕种收综合机械化率达到 69.10%，较 2004 年耕种收机械化率（34.3%）翻了一番；2018 年全国农机总动力为 10.04 亿千瓦，是 2004 年（6.41 亿千瓦）的 1.57 倍。农作物耕种收综合机械化率增速快于农机总动力的主要原因在于农业机械社会化服务的快速发展。2018 年主要粮食作物小麦、水稻、玉米的耕种收综合机械化率分别为 95.10%、80.18%、85.55%，马铃薯、棉花的综合机械化率为 42.61%、76.88%。① 粮食作物机械化

---

① 中国机械工业年鉴编辑委员会、中国农业机械工业协会编：《2005 中国农业机械工业年鉴》，机械工业出版社 2006 年版，第 57—59 页；中国机械工业年鉴编辑委员会、中国农业机械工业协会编：《2019 中国农业机械工业年鉴》，机械工业出版社 2020 年版，第 87—88 页。

率明显高于其他作物的主要原因在于粮食生产环节的标准化程度相较于其他作物而言更高，因而以粮食作为研究对象可以更好地反映农业分工发展和深化的学理基础、必要条件和实现路径，有利于探究克服农业分工天然障碍的制度逻辑和政策机制。

当前农业资本化趋势十分明显（尹朝静等，2018），要素投入服务化①降低了资本和技术进入小农户家庭经营的门槛。小农户通过外包的方式以较低的价格用机械来替代劳动力，进而取得类似于大规模种植农户的农业生产效率，技术效率也未受到劳动力老龄化的影响（彭代彦、吴翔，2013；郭晓鸣、左喆瑜，2015）。已有研究指出制造业、工业企业的服务外包对全要素生产率具有正面作用，但是农业生产的周期性、季节性和农业生物的生命节律等属性与制造业截然不同，加上"大国小农"的基本国情，生产性服务对农业部门全要素生产率的影响机制还需要加以深入研究。现有研究强调了农机服务外包对粮食生产的重要作用，但是没有将服务外包的生产方式纳入分析框架来考察农机服务对全要素生产率增长的影响。因而未能有效地回应农机服务外包能否成为粮食全要素生产率增长来源这一重要关切。如何解释要素投入服务化对全要素生产率的微观机制？如何通过有效的政策设计和制度安排促进服务规模经营，带动小农户的全要素生产率增长？对这些问题的回答需要展开深入研究。基于以上分析，本书主要回答以下几个问题：（1）农机服务外包对粮食全要素生产率有没有影响？（2）农机服务外包如何影响粮食全要素生产率？（3）怎样理解农机服务外包对粮食全要素生产率的作用机制？因此，本书所要研究的科学问题是：农机服务

---

① 要素投入服务化概念表述来源于制造业投入服务化的概念，是指劳动、机械、化肥、农药等以服务外包的方式进入小农户家庭经营，农户支付服务费用完成生产环节，从而实现资本要素的替代。参见刘维刚、倪红福《制造业投入服务化与企业技术进步：效应及作用机制》，《财贸经济》2018 年第 8 期。

外包能否促进粮食全要素生产率增长，农机服务外包影响粮食全要素生产率的作用机制。

三　研究意义

（一）理论意义

1. 拓展了粮食全要生产率增长的来源范围

既有研究大多是从要素投入、技术进步、效率提升、要素配置、制度政策等方面来探讨全要素生产率增长的来源，深入挖掘全要素生产率增长的源泉已成为提升农业竞争力的重要方向。以农机服务外包方式为代表的农业生产性服务已成为中国粮食生产的一个重要发展趋势，深入理解农机服务外包的知识分工和技术深化，农户通过外包的方式可以实现迂回使用服务商的人力资本，促进技术进步，有利于从小农户家庭经营生产方式上的变化分析有助于粮食全要素生产率增长的因素。技术进步是全要素生产率增长的核心动力来源，小农户通过服务外包的方式投入机械要素是劳动节约型技术进步的重要实现路径，从要素投入服务化的视角研究中国粮食生产机械偏向型技术进步的形成机制，有助于为中国粮农非超额利润空间下的效率提升给出服务经济的解释。

2. 丰富了服务规模经营的学理内涵

马歇尔（2005）提出专业化分工可以促进技术进步，减少劳动成本，用机械替代劳动是农业现代化的必然要求。农业机械化以及农业分工的深化在农业生产中有着重要的作用。分工经济导致的报酬递增依赖迂回生产方式（阿林·杨格、贾根良，1996），分工经济一般强调的是生产分工，农户通过服务外包不仅可以实现生产分工，还可以实现知识和技术应用的分工。实践证明，农业共营制、农机合作社、职业经理人和服务超市促进了农业生产通过农业生产性服务分享社会分工经济，有助于实现服务规模经营。在农业劳动力老龄化、农村空心化的现实背景下，农机服务外包成为小农户采用机械要素的重要生产形式。更重要的是，农户通过服务供应商带来的技术和知识的外溢，迂回使用服务商的人力资本，有利于降低农户学习成本，甚至在一定程度上替代农户的学习过程，从而提高农业生产率。对农机服务外包有助于提升粮食全要素生产率展开实证研究可以为农业生产走服务规模经营之路提供学术依据。

3. 进一步充实了农业生产性服务的理论体系和经验证据

现有文献强调了农业生产性服务对现代农业发展的重要性，同时指出农业生产性服务是小农户与现代农业发展衔接的重要路径，大多数属于质性研究。关于农业生产性服务发展的理论研究略显不足，经验研究更是有限。如何通过发展农业生产性服务来促进农业现代化发展成为决策层的重要关切。当前，部分地区的实践经验已经表现出农业代耕代种、联耕联种、土地托管、农业共营制等方式的典型性和先进性。以农机服务外包方式为代表的农业生产性服务成为学界和政界的关注焦点，但是如何制定相关政策来促进农机服务市场的发展成为亟待解决的问题。深入研究农机服务外包对粮食全要素生产率的影响机制，有利于进一步丰富农机服务外包理论，完善农业生产性服务的理论体系。"大国小农"背景下的实证研究也为发展中国家的农机服务发展提供了经验证据。

（二）政策价值

1. 为推进现代农业经营体系建设提供政策参考

未来相当长一段时期内小农户仍将普遍存在，通过土地流转实现规模经济在现行的制度和政策下可能还有一定难度，而通过服务外包的方式可以将分散小农户的机械作业集中起来，实现服务规模经营。发展壮大农业专业化社会化的服务组织，有利于帮助分散小农户解决对接大机械、大市场的困境。完善的农业社会化服务体系可以带动小农户实现现代化生产，帮助农户低成本、低风险、高效率地获取和应用新技术，有助于促进农业科技成果的转化和农业新技术的推广应用；推进现代农业经营体系还可以改善农业农村生产投资环境，实现传统农业的改造。

2. 为保障国家粮食安全，实现粮食生产可持续发展提供政策参考

在当前乃至今后相当长的时间内，我国农业经营的微观主体仍将是小农户，小农户采用服务外包的方式进行机械作业可以低成本实现机械技术对劳动力的替代，而对单产和效率影响更大的技术密集型环节服务外包发展相对滞后。通过有效的制度安排和补贴政策促进农机服务外包全面均衡发展，加快突破技术密集型环节服务瓶颈，可以在一定程度上解决小农户技术采用困难的问题，促进农业生产率提高，实现规模经济。随着今后粮食安全内涵的深入要求，通过农机服务外包的生产方式将新品种、新技术、高效环保的绿色无公害植保技术融入小农户生产过程，从而实现粮食生产的可持续和高质量发展。

3. 为解决农业劳动力老龄化和人力资本流失提供政策参考

新型农业社会化服务体系对于解决我国日益严峻的老龄化农业劳动力以及人力资本流失等现实问题十分必要。现阶段农业社会化服务体系呈现出"垒大户"现象（周娟，2017）。促进小农户更好地获得农业生产性服务，可以避免大规模经营对农业社会化服务资源的强俘获能力给小农户带来的伤害。需要引导农业生产性服务的包容性发展，兼顾小农户的服务外包需求及要求。通过政策支持促进新型农业经营主体带动小农户的联动生产，为应对农业劳动力老龄化以及人力资本外流，解决"谁来种地""如何种好地"的问题寻找可行路径。

第二节　研究目的及内容

一　研究目的

本书主要探讨农机服务外包对粮食全要素生产率的影响机制。在理论推演和经验研究上论证农机服务外包有没有影响粮食全要素生产率，怎样影响粮食全要素生产率以及影响是如何产生的。研究结合我国粮食生产结构调整、农机服务市场发展的动态变化，并反映出粮食生产的区域差异、品种差异、生产环节差异以及农户异质性。本书旨在丰富农业生产性服务理论，为进一步促进小农户和现代农业发展的有机衔接、完善农业社会化服务体系提供理论与实证支持。预期达到的具体目标有如下几点。

（1）科学解释农机服务外包与全要素生产率之间的作用机制。在理论借鉴和文献梳理基础上，结合中国粮食生产现实问题，提出农机服务外包影响粮食全要素生产率的理论分析框架。首先通过理论模型的推演，分析农机服务外包对粮食全要素生产率具有促进作用；其次从农业分工和技术进步的视角推演农机服务外包影响粮食全要素生产率的宏观机制；最后从人力资本和技术学习的视角分析农机服务外包影响粮食全要素生产率的微观机制。

（2）采用宏观面板数据对农机服务外包影响粮食全要素生产率的机制进行实证检验。从农业分工的视角对农机服务外包影响粮食全要素生产率给出经济学解释。对诱致技术变迁模型做进一步拓展，论证农机服务外包的要素相对价格可以对技术进步偏向产生诱导力，农机服务外包通过技术进步偏向的中介作用促进粮食全要素生产率增长。

（3）采用微观调查数据对农机服务外包影响粮食全要素生产率的微观机制进行实证检验。基于微观调查数据验证农机服务外包程度的提高有助于农户提高粮食全要素生产率，根据劳动密集型和技术密集型环节进行异质性分析。对农机服务外包分别与人力资本和技术学习的交互作用进行实证分析，验证农机服务外包影响农户粮食全要素生产率的微观机制。

（4）提出发展农机服务外包提升粮食全要素生产率的制度设计和政策建议。根据实证研究的结论提出相关政策建议，从制度设计层面考虑如何促进农业生产性服务体系的构建；从政策实施层面给出如何促进农机服务市场发展的建议。

二 主要研究内容

本书主要以"农机服务外包对粮食全要素生产率的影响机制"为科学问题，围绕"有没有影响→如何影响→影响的微观机制"的逻辑，遵循"理论阐释→实证分析→政策建议"这一基本研究思路，设计了以下研究内容。

第一部分：农机服务外包影响粮食全要素生产率的理论借鉴及文献综述。

首先，对本书科学问题所要借鉴的理论进行简要概述。从农户经济理论、分工理论、诱致技术变迁理论等为本书研究提供理论基石和逻辑视角。其次，对国内外相关研究进行文献梳理。通过梳理粮食全要素生产率的相关研究得出粮食生产必须由要素投入贡献为主向全要素生产率贡献为主转变，开发新的增长来源是解决全要素生产率提升问题的关键。对农机服务外包的相关研究进行梳理，并从服务外包与生产率关系的相关研究中找到本书的文献逻辑。最后，进行简要评述。

第二部分：农机服务外包影响粮食全要素生产率的理论分析框架。

从理论上阐释农机服务外包对粮食全要素生产率的影响机制。

基于生产性服务在生产过程中充当人力资本和知识资本传送器的理论（Grubel and Walker，1989），通过农户模型的拓展应用，采用数学推演的方法对农机服务外包促进粮食全要素生产率的提升进行理论分析。考虑服务外包的要素相对价格，基于诱致技术变迁模型论证农机服务外包诱导技术进步偏向的形成，从而促进全要素生产率的提升。通过两部门模型、学习模型的分析应用，论证农户通过农机服务外包可以迂回利用人力资本，降低学习成本，从而提高全要素生产率。

第三部分：农机服务外包的衡量和粮食全要素生产率的测算。

首先，从时空格局，要素投入及产出趋势，面临的问题和挑战等方面描述中国粮食生产的发展现状。其次，参考陈超等（2012）的方法对省级和调查农户的农机服务外包程度进行衡量，参考王志刚等（2011）的研究将农机服务外包分为劳动密集型和技术密集型两大类，用不同类型环节外包服务费用占所有生产环节总费用的比重来衡量不同类型农机服务外包的程度。对农机服务外包的兴起和发展进行简述，分析农机服务外包的供给和需求，指出农机服务外包存在的问题。最后，测算粮食全要素生产率及其分解。采用Gong（2018）的变系数随机前沿模型来估计中国2004—2018年26个省份的粮食全要素生产率，采用超越对数随机前沿分析方法测算调查农户的粮食全要素生产率。

第四部分：农机服务外包影响粮食全要素生产率的宏观机制检验。

首先利用2004—2018年中国26个省份的宏观统计数据构建面板数据模型，采用面板交互固定效应模型和工具变量固定效应模型对农机服务外包促进粮食全要素生产率提升进行验证。其次通过构建调节效应模型，对农业分工程度在农机服务外包与粮食全要素生产率之间的调节效应进行检验。再次采用超越对数随机前沿估计方法测算粮食生产技术进步偏向指数，构建要素相对价格影响技术进步偏向的面板数据模型，采用交互固定效应模型验证农机服务外包的要素相对价格对技术进步偏向的诱导机制。最后利用逐步回归方程组，采用系统 GMM 估计方法验证技术进步偏向在农机服务外包与粮食全要素生产率之间的中介效应。

第五部分：农机服务外包影响粮食全要素生产率的微观机制检验。

首先利用微观调查数据，采用 2SLS、工具变量分位数回归方法验证农机服务外包有助于农户提高粮食全要素生产率。其次利用分组回归的方法对不同粮食经营规模下的异质性影响进行检验。然后将劳动密集型环节外包与老龄化程度的交互项、技术密集型环节外包与受教育程度的交互项分别引入计量模型，采用工具变量分位数回归的方法对人力资本的互补效应进行检验。最后采用 IV-Probit 模型检验农机服务外包对农户技术学习行为的影响，采用 IV-Tobit 模型检验农机服务外包对农户技术学习强度、学习成本的影响，利用 2SLS 方法验证农机服务外包通过技术学习的替代效应影响粮食全要素生产率。

第六部分：农机服务外包提升粮食全要素生产率的政策建议。

在上述理论分析和实证研究基础上，本书针对"大国小农"的现实背景并围绕农机服务外包提升粮食全要素生产率的路径，从制度设计、农机补贴政策、农机服务市场、农机服务队伍、农业生产条件等方面提出了农机服务外包提升粮食全要素生产率的政策建议。最后对后续研究做出研究展望。

第三节　研究思路及方法

一　研究的逻辑思路

本书以农机服务外包与全要素生产率的关系为主要研究对象，以粮食生产为例展开理论与实证研究。首先，依据服务经济文献并利用省级面板数据对农机服务外包促进粮食全要素生产率提升进行验证。其次，从理论上阐述农机服务外包有利于农业分工深化，并对农机服务外包通过农业分工的调节效应促进粮食全要素生产率提升进行验证。然后，将诱致技术变迁模型的核心概念要素相对价格拓展到服务要素，论证农机服务相对价格的下降是农户用机械替代劳动的主要诱致因素，技术进步偏向在服务外包的生产方式下加速形成，并对技术进步偏向在农机服务外包促进全要素生产率增长的中介作用进行验证。最后，利用农户微观调查数据验证农机服务外包有助于农户提高粮食全要素生产率，并从人力资本的互补效应、技术学习的替代效应验证农机服务外包影响全要素生产率的微观机制。研究的技术路线如图1—1所示。

二　研究方法

本书运用到的研究方法主要有如下几点。

（1）随机前沿分析法。本书对全要素生产率的测算主要采用随机前沿分析法。本书借鉴Gong（2018）最新的全要素生产率测算方法，将水稻、小麦、玉米的产量份额作为阈值变量，构建变系数随机前沿模型，对2004—2018年中国26个省份的粮食全要素生产率进行估算。本书采用超越对数随机前沿方法测算调查农户的粮食全要素生产率。

（2）比较研究法。本书从省级层面、农户层面分别对农机服务

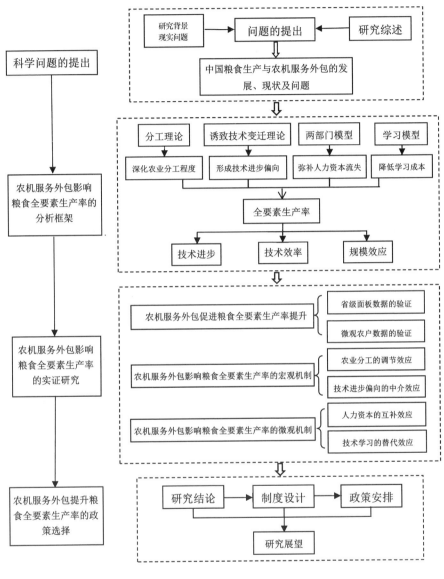

图1—1 本研究的技术路线

外包是否影响粮食全要素生产率进行验证，并对不同经营规模之间的影响进行异质性比较。本书对粮食主产区和非主产区、农业分工高程度组和低程度组分别进行农业分工的调节效应检验。本书对购置农机具的要素相对价格与农机服务要素相对价格对技术进步偏向的影响进行比较研究，得出服务要素相对价格是诱导小农户采用机械技术的主要因素。本书从劳动密集型环节和技术密集型环节的比较研究中探讨人力资本的互补效应，还从不同环节外包程度对农户技术学习成本的差异影响进行比较研究。

（3）计量经济分析方法。本书在省级层面的实证研究中主要用到面板数据模型的相关计量分析方法，具体包括：随机效应模型、固定效应模型、调节效应模型、中介效应模型；在处理内生性问题上用到交互固定效应模型、工具变量法和系统 GMM 估计方法。本书在微观机制的实证研究中主要用到截面数据的相关计量分析方法，具体包括：OLS 回归、工具变量分位数回归、Probit 模型、Tobit模型；在处理内生性问题上用到 2SLS 回归、Ⅳ-Probit 模型、Ⅳ-Tobit 模型。

（4）问卷调查法。本书通过调查问卷对种粮农户的生产经营方式进行实地访问，收集研究所需微观数据。

三 数据来源

本书所涉及的研究数据主要来源于宏观统计数据和微观调查数据两个方面。

（1）省级层面的统计数据。主要来源于：2005—2019 年《中国农村统计年鉴》《全国农产品成本收益资料汇编》《中国农业机械工业年鉴》《全国农业普查资料汇编》《中国统计年鉴》《中国人口与就业统计年鉴》等历年统计年鉴。中央财经大学《中国人力资本报告 2019》、历年《全国科技经费投入统计公报》、中经网数据库、EPS 数据库。2004 年是中国粮食生产的一个重要的时间拐点，2004 年农业部出台的农机购置补贴政策以及后来的农机作业补贴对农机服务市场的发育具有较为明显的政策导向作用。考虑数据的连续性和可获得性，本书根据中国 32 个省、自治区、直辖市粮食生产的实际情况，剔除了北京、上海、天津、台湾、青海、西藏，选取 2004—2016 年中国 26 个省份粮食生产的相关情况建立面板数据。

（2）微观农户层面的调研数据。笔者在 2019 年暑假、寒假发起"农户粮食生产经营情况"抽样调查。采用调查问卷的方式，[①] 对 2018 年度农户家庭种植水稻和小麦的生产经营情况展开详细询问，具体包括农户家庭农业生产基本特征、农户家庭农业生产土地流转及条件、农户种粮投入产出、农户家庭购置农机具情况、农户粮食生产各环节经营方式、农户种粮金融借贷、农户获得粮食生产环节服务外包情况、农户加入农民合作社情况、农户参与种粮技术培训情况等方面。具体的调查设计与抽样思路如下。

①粮食品种选择：水稻和小麦。我国粮食种植分布地域辽阔，水稻、小麦和玉米是三大主要粮食品种。水稻和小麦的种植区域分布较玉米而言更为广泛，南方种植水稻居多，北方种植小麦和玉米居多。主要粮食作物生产机械化稳步推进，三大主要粮食品种中，水稻和小麦的机械化发展水平更高，2018 年小麦和水稻的耕种收综合机械化率分别达 95.10%、80.18%，水稻在薄弱环节的机械种植率达 48.16%。[②] 选择水稻和小麦作为调查对象具有一定代表性。

②生产环节选择：本书在借鉴前人研究的基础上，从生产环节对面积的影响、对产量的影响、劳动强度、技术和知识的密集程度等方面衡量选取农机服务外包的环节。结合水稻、小麦的种植生产过程，考虑各环节机械技术的发展实现程度，本书选择了耕地、播种/育秧、病虫害防治、施肥、灌溉、收获、晾晒/烘干等环节。

③调查区域和抽样：调查区域的选择出于以下四个方面的考

---

① 调查问卷在附录中列出。

② 中国机械工业年鉴编辑委员会、中国农业机械工业协会编：《2019 中国农业机械工业年鉴》，机械工业出版社 2020 年版，第 85—94 页。

虑：一是反映粮食生产区位的影响，覆盖了粮食主产区和非主产区；二是反映地区经济发展水平的影响，覆盖了东部地区、中部地区和西部地区；三是反映农户种粮规模的影响，既包括种粮大县又包括小农户；四是反映种粮机械化程度的影响，既包括机械化程度高的县市又包括机械化程度低的县市。调查省份包括重庆市、四川省、河北省、江苏省、山东省、安徽省、河南省、湖北省、湖南省，具体县市分布详见第七章。调查采用分层随机抽样的方法，在这些省份中随机抽取若干种粮大县，然后再分别在种粮大县中抽取若干粮食生产机械化程度较高和较低的村镇，最后在各村镇中随机抽取若干种粮农户。

第四节 研究创新及不足

一 可能的创新之处

与既有研究相比，本书可能的创新之处有以下几点。

（1）基于服务经济的视角构建农机服务外包影响粮食全要素生产率的理论框架，拓宽了粮食全要素生产率增长来源的研究范围。服务外包在制造业、软件、IT等行业中具有知识、技术溢出效应，能够降低成本、促进技术进步、提高生产效率。本书认为农机服务外包可以在农业中实现人力资本和知识资本的传递，有助于农业分工、提高生产率。本书从服务经济的视角出发，探讨农机服务外包对粮食全要素生产率的影响机制，有助于探索中国粮食全要素生产率增长的新源泉。既有研究大多从物质要素投入层面探讨全要素生产率增长的来源，忽视了机械要素投入服务化对全要素生产率增长的贡献。农机服务外包具有生产性服务属性，发挥生产环节纽带"黏合剂"的功能，既能在一定程度上提高资源配置效率，又能降低资本和技术进入小农户家庭经营的门槛。从农机服务外包的视角探索粮食全要素生产率增长的来源，实际上是强调农业生产性服务对全要素生产率的贡献。本书突破了已有研究农业全要素生产率忽略小农户采用服务外包的生产方式变化带来的影响，在学术视角和分析框架方面有一定创新。

（2）通过分析农机服务外包对要素稀缺状态和投入结构的影响拓展了诱致技术变迁模型，同时基于服务外包的要素相对价格探讨了农机服务外包通过技术进步偏向影响全要素生产率的作用机制。在农业劳动力转移和兼业化的趋势下，服务外包生产方式的变化影响农户要素稀缺状态和生产成本结构。考虑农机服务外包的要素相对价格，需要对诱致技术变迁模型的假设和方法做进一步拓展。如果服务外包的价格比直接购置农机具的价格更具有成本优势的话，那么农户就会采用外包的方式完成农机作业，并由服务商提供品种选择和田间管理，从而实现机械偏向型技术进步偏向的诱导。本书从农机服务外包的视角论证技术进步偏向的形成机制，将诱致性技术变迁分析框架从关注要素相对价格的作用拓展到关注服务相对价格的影响，为不同土地资源禀赋条件下促进丰裕要素替代稀缺要素的技术进步政策设计提供学理借鉴。

（3）从人力资本互补和学习成本节约视角对"大国小农"背景下农机服务外包促进粮食全要素生产率提升的微观机制进行了研究，一方面弥补了既有文献的缺失；另一方面为提高政策的有效性和针对性提供学术借鉴。青壮年劳动力外流对农业技术进步和效率提升的负面影响可能在服务外包的知识共享、技术外溢作用下得到一定程度的抵消。小农户在新技术学习和采纳上的动力和能力不足，如果小农户能够获得各生产环节的外包服务，就可以降低农户的学习成本，优化资源配置，提高生产率，进而带动现代农业技术的推广和应用。技术创新经济学指出超额利润是技术创新的动力，那么对于利润空间较低的小农户而言，通过外包服务来替代农户的技术学习过程就可以规避难以获取超额利润导致的激励不足问题。

二　存在的不足

受笔者研究能力以及经费的限制，本书在以下几方面存在不足。

（1）本书受到数据可获得性的限制，对农机服务外包与粮食全要素生产率的关系展开研究，没有将其他农产品纳入研究范畴。粮食生产的机械化发展程度较高，农机服务外包的方式在粮食生产中具有代表性。本书的相关结论可能只适用于粮食作物。考虑到数据的一致性和研究口径的统一，本书所研究的服务外包主要是指粮食生产环节的机械服务外包，不包含粮食生产前端和后端的服务外包，因而对其他社会化服务可能不具有普适性。

（2）由笔者自行组织开展的农户调查可能存在一些不足。第一，只调查了农户 2018 年的粮食生产经营情况，缺乏长期持续的跟踪研究。第二，由于能力有限，调查农户样本量偏少。第三，尽管在正式调查前已经在重庆市开展了小范围的预调查，但是由于各调查点存在地区差异，调查问卷依然存在考虑不周的题项。当然，笔者在调查实施过程中已尽可能控制调查偏差，保证调查口径的一致性，但难免存在不足之处。

第二章

理论借鉴与文献综述

第一节　理论借鉴

一　农户经济理论

农户是集经济与社会功能于一体的基本单元和组织。中国自实行家庭联产承包责任制以来，农户以家庭为单位进行生产，越来越凸显出农户在生产过程中的经济功能和社会功能。随着对农户研究的深入，农户的特点也越来越明显，农户具有双重性质，集生产和消费于一体。当前，随着中国城镇化和工业化的不断推进，农户由以往的"离土不离乡、离乡不离土"逐步转变为"离土又离乡"。尽管农户非农就业转移成为主流趋势，但是中国的小农户仍将长期大量并存。农户经济理论研究农户的生产行为和消费行为并将二者结合起来进行分析，是在以往的传统微观经济理论的基础上进一步拓展、进一步深入。20世纪20年代开始对农户经济理论进行研究，经典的"小农理论"主要包括以下四个方面。

（1）马克思学派提出的"剥削小农"理论。马克思认为小农制度会消亡，比如小农生产的地块面积非常小，由于土地面积的制约，小农生产的生产性质和社会生产的长期发展的理念是相反的，这样长期发展下去，会降低资本的社会积累以及阻碍相应的科学技术的接纳和运用。另外，高利率和高税收制度对小农生产也会造成十分严重的损害，甚至会导致小农制度的消亡。除此之外，马克思还从小农生产过程中的其他方面阐述小农生产的不合理性。马克思认为农业生产过程中需要生产者和生产资料，但小农的生产者和生产资料会不断的分离，生产资料会越来越昂贵，小农生产的生产条件也会越来越差，长此以往，随着小农生产的资源浪费越来越严重，其生产会越来越不合理。

（2）恰亚诺夫学派提出的"道义小农"理论。该学派认为小农的动机主要是"生存最大化"，小农在生产过程中会面临生产力的压力，进而导致可能存在的生存性压力。小农主要追求的是能够生存下来并且以安全作为第一要则，因此，该学派小农生产又被称为"生存小农"。该学派小农生产的决策权主要遵循的是生产经济学的原则。此外，在小农生产过程中，由于小农彼此之间长期的相处而逐渐形成了相应的道德观念，即尊重每一个小农维持自身基本权利的公正观念。小农之间彼此互惠互利，而对于市场经济、资本主义国家的政权却持自然反抗的态度，但小农的种种行为深受生计的困扰，其必须遵循"生存法则"，因此，同时也被称为"风险小农"。

（3）舒尔茨学派提出的"理性小农"理论。舒尔茨（2017）作为"理性小农"的其中一个代表人物，认为农户是具有理性的经济人，其所研究的小农是现代农业中的小农。小农作为理性的经济人，其主要的目的是实现利润最大化，并且以"帕累托最优原则"进行资源配置。此外，舒尔茨还提出改造传统农业的前提是"理性小农"理论，并且以印度尼西亚等东南亚地区的小农案例作为研究对象来进行说明。

（4）黄宗智学派提出的"综合主义小农"理论。该理论认为在商品经济发达时期，小农追求的是"效用最大化"。黄宗智认为在中国"内卷化"是小农的基本特征，他与恰亚诺夫和舒尔茨所认为的小农经济特征是不相符的，且彼此之间具有明显的差异。黄宗智等（2012）还认为小农的收入主要是由农业收入和非农雇佣收入这两部分构成，非农雇佣收入对农业收入具有支持作用，两者之间形成了特有的"拐杖逻辑"。探究形成这种现象的本质原因，黄宗智认为由于"内卷化"的存在，农村地区的多余劳动力无法形成新的阶层，并且同时还必须以小农经济为依附点，因此无法成为非农就业的雇佣者。

传统农业经济学理论包括消费经济学理论和企业理论。由于按照传统经济学的理论来分析小农经济行为具有一定的局限性，因此产生了农户经济学。对农户的生产和消费不能简单的以传统的方式将其分开，而是要将农户生产、消费决策之间的相关性联系起来判断对政策的影响。农户模型按照一般的经济理论原理，描述农户内部之间的各种关系，通过建立农户生产函数、消费函数和劳动力供给函数来分析农户之间的生产、消费和劳动力供给决策的模型。苏联经济学家恰亚诺夫最早建立了分析农户经济学的理论模型。这一模型具有开创性，主要以苏联小农为主体，分析该国农民是如何分配工作时间和休闲时间的。恰亚诺夫认为农户生产和消费的均衡条件是农户消费的边际效用等于休闲的边际效用。Barnum 和 Squire（1979）进一步发展了农户模型，他们修正了恰亚诺夫模型中没有劳动力市场的假设，在农户模型中加入劳动力市场对农户生产与消费展开分析。近年来，农户模型的应用范围由微观层面逐步拓展至宏观层面，在对农户、农业农村等经济问题的政策分析研究中经常用到农户模型。

二　分工理论

分工理论在经济学研究中经历了漫长的演进。古希腊时期柏拉图指出在"理想国"里人类专业化分工对增进社会福利的意义。他认识到了分工与市场范围、规模有密切的关系。亚当·斯密在1776年出版的《国民财富的性质和原因的研究》中对分工进行了详细分析。从分工与交换相互促进的视角对商品经济的产生和发展进行分析，指出劳动分工是资本主义市场经济运动规律的基础。在论证分工如何提高劳动效率的同时，还发现了经济体获得内生报酬递增的基本规律，即斯密定理。斯密以绝对成本理论建立了分工及国际分工学说观点。马克思在继承亚当·斯密的社会分工内涵的基础之上，认为社会内部的分工是从公社内部的自然分工和公社之间自然形成的差别这两个相反的起点发展起来的。分工必须有生产力的发展，分工与生产力是一种互为因果的逻辑关系。马歇尔进一步发展分工理论，认为分工导致生产专业化和规模经济，分工对报酬递增具有积极作用。李嘉图（2009）以比较成本理论建立了国际贸易分工学说，认为分工理论的核心在于比较优势理论。任何一个国家在国际分工体系中通过相对优势可以找到各自的定位，从而在参与国际贸易分工中获得利益。

新兴古典经济学通过内生市场中每个主体的专业化决策，采用角点解的数学方法对市场供给和需求进行社会分工的解释。杨格在《递增报酬与经济进步》（1928）一文中指出迂回生产经济其实质上就是一种分工环节不断细化深化、中间产品不断复杂化的过程。杨格从三个方面来描述分工，分别是个人专业化水平、迂回生产链条的长度、此链条上每个环节中的产品种类数。分工和专业化程度反映经济增长的全过程，市场与分工相互作用，共同促进经济增长。分工的网络效应不仅取决于企业规模的大小而且还取决于该行业以及其他相关行业的规模大小。以杨小凯为代表的经济学派采用超边际分析方法构建了分工和专业化的决策均衡经济学分析框架。杨小凯和黄有光在《专业化与经济组织：一种新兴古典微观经济学框架》（1999）中提出了使用商品化程度或贸易依存度来量化分工，并对中国农村的分工进行了实证分析。分工深化会带来报酬递增，同时也会增加协调成本。当社会知识存量的积累降低协调成本时，分工程度得到进一步深化。

随着经济全球化一体化的快速发展，产品内国际分工趋势越来越明显，分工方式及理论进一步发展。全球经济一体化背景下呈现出"全球生产组织"和"外包"的现象。Grossman 和 Halpman（1994）将新制度经济学中的制度分析和企业理论运用到产品内分工理论中，从企业行为出发展开国际贸易问题的讨论。卢锋（2007）指出产品内分工的一个典型特征是产品生产过程由不同工序在不同区位完成，是一种新的生产方式。以外包方式为代表的服务经济为经济增长带来重大贡献。当一国从产品生产转向服务生产为主时，经济结构呈现服务化特征。服务经济的发展使生产方式产生了重大变革，知识要素和生产性服务业促进报酬递增的效应，取决于迂回化生产方式的发展程度（阿林·杨格、贾根良，1996）。产业分工、生产性服务业成为技术进步的内生来源，促进技术进步和产业体系整体结构升级，从而使国民经济分工水平提高，经济结构优化，产业整体竞争优势增强。

不论是古典、新古典还是新兴古典经济学派，都一致认同"比较优势推动分工深化"（胡新艳等，2016）。农业生产选择具有比较优势的行为主体，专业化分工经济由此产生（江雪萍、李尚蒲，2015）。由规模经济转向分工经济，必定要依据行为主体的比较优势来发挥分工经济的效益。杨小凯（1999）的内生分工与专业化的贸易模型认为交易效率的改进决定劳动分工演进。杨格在亚当·斯密的基础上解释了劳动分工通过"迂回生产"提高生产率，规模收益递增进一步扩大了市场规模，从而导致分工的进一步深化，形成经济进步的互动过程。分工深化与服务经济的发展与产业结构的演进相辅相成，相互促进。一方面，分工是服务业发展和产业结构演进的根本原因；另一方面，服务业发展和产业结构演进又进一步促进了分工深化。专业化分工是生产性服务业发展的真正决定性因素，农业技术进步最终会深化农业分工，农业生产性服务行业越来越体现出协调分工和降低交易成本的功能（郝爱民，2015）。Alston等（2011）认为生产性服务可以促进技术进步，从而成为改造传统农业的必由之路。农业生产性服务业规模的扩大会产生规模经济效应和学习效应，有助于实现农业生产方式和组织方式的变革。

三 诱致技术变迁理论

农业技术进步的内在动力主要来源于追求产量、质量、利润和提高农产品市场竞争力的目标；外部动力主要是城乡一体化、农业农村现代化以及乡村振兴战略的实施。随着中国工业化进程的加快和城市化水平的提高，耕地资源的稀缺性将日益凸显。保障粮食安全更多地需要依靠农业技术进步。农业技术进步包括三大类型，具体如下。（1）劳动节约型技术。适合资金丰富而劳动力不足的地区，是指节约劳动消耗的技术，通过先进农业技术装备可以实现劳动生产效率的提高；在发展中国家，根据经济效率原则，如果租赁不到拖拉机服务，大多数农民使用拖拉机并不合算（弗兰克·艾利思，2006）。购买拖拉机的农民同时考虑到它在消费领域的广泛用途，例如运输等。考虑到监督用工有关的成本，拖拉机也许应当替代劳动，当农户面积扩大、雇工增加时，购买拖拉机的动力就会变得更强。在许多国家，政府通过补贴、税收减免、专项补贴贷款和汇率高估等，鼓励农民购买拖拉机，这些措施加速农业机械化。（2）资源节约型技术。适合劳动力较多、资源相对贫乏的地区。资源节约型技术可以大大提高土地、机械、资本等非劳动要素的生产效率，比如精耕细作、良种、有机肥、现代生物技术等。（3）中性技术，是指劳动节约型技术和资源节约型技术的有机结合。该技术既可以提高劳动生产效率又可以提高资源生产效率。舒尔茨（2017）强调了农业技术进步对于改造传统农业的重要性。先进的农业技术代表先进生产力，有助于实现规模效益，降低平均成本，实现增产增收。农业技术的推广应用大大提高了农产品产量，改善了农产品质量。农业科技创新有助于提高农业资源的利用效率，促进生物因素与环境因素的统一协调，促进农业农村走向现代化。

技术创新的原动力有强制性技术创新和诱致性技术创新两种类型。强制性技术创新即所有技术创新都是强制的，是外在的和外部性的，是典型的外生性技术进步。诱致性技术创新即迫于竞争压力而创新，通过不断寻求更廉价的方式来生产同样的产品，或者开发出有市场潜力的新产品。诱致创新理论试图依据要素相对稀缺程度的不断变化来解释农业技术进步的道路（Hayami and Rutten，1985）。要素相对价格变动使一些资源变得更加昂贵，诱导农民去寻找更少使用这种资源的生产方法。速水和拉坦从技术变革对农业的基础作用出发，在"诱导革新理论"基础上，根据资源条件有限强调公共部门研究资源分配机制对农业发展有着巨大影响。随着农业的发展，某些特定资源相对其他资源而变得稀缺，使用它们的成本增加。根据土地面积、人口密度和人口增长以及整个经济体系中经济增长的性质，各地变得稀缺的资源是不同的。人地关系决定的资源稀缺性程度可用来确定农业技术进步的两种主要发展道路。劳动稀缺而土地充裕经济中，农民寻求创新，在节约劳动的同时提高产量，其潜在需求引致生产劳动节约型的农业机械。劳动充裕且土地稀缺的经济，农民试图通过创新以提高土地生产率，引致公共部门和私人部门发明增产的农艺。

资源相对稀缺程度将反映在要素相对价格变动上，所有经济主体（包括私人和公共部门）都清楚要素相对价格水平，因此，相对价格引致私人和公共部门去研究能够节约最昂贵资源的创新。诱致创新模型就在于直接利用农业研究、农业技术的开发与推广，保证农业发展的制度性基础结构方面的公共部门投资，消除那些相对缺乏供给弹性的要素对农业生产的制约。这种诱致创新模型被认为是理解农业与经济发展问题的一个巨大飞跃，它提出农业增长是怎样取得的这样一种综合性的经济理论，为不同资源和制度结构状况的情况下制定促进增长的政策与计划提供了一种指导思想。诱致创新模型与古典增长模型不同，该模型认为在技术上和制度结构变化上的投资在发展中起着中心作用。该模型强调资源稀缺性的作用，强调价格在经济发展过程中所起的重要作用，不仅强调价格对农民决策的影响，还强调价格对私人创新者、政府研究人员和政策制定者决策的影响作用。该模型把制度结构的变化引入经济增长理论，为以后制度安排上的变化提供了依据，强调了政府在农业发展中的重要作用。诱导创新理论把技术变化理解成技术对要素相对价格变动的一种内生反应（比如土地价格与劳动价格的比率等），以及各种农业投入和产出的市场规模，这两类变量互相联系，改变了要素价格，促使农民节省稀缺要素，或者生产需要较少稀缺要素的产品，因此缩小了稀缺投入品的市场规模，或者缩小了需要稀缺投入的产品市场规模。

希克斯（1932）最早提出了诱致技术变迁的概念，随后发展的希克斯—速水—拉坦—宾斯旺格假说主要强调要素相对稀缺性对技术变迁的诱导，而施莫克勒—格里克斯假说则强调市场需求对技术变迁的作用。希克斯在《工资理论》（1932）一书中指出，劳动与资本要素的相对价格决定了技术创新的偏向性，市场竞争通过要素价格体现出来，要素相对价格反映要素相对稀缺性，进而诱导技术创新朝着偏向劳动或偏向资本的方向发展。速水和拉坦将农业领域的技术进步问题展开进一步理论与实证研究，认为农业技术变迁是根据要素相对价格所反映出的要素稀缺性而形成的丰裕要素对稀缺要素的替代过程。施莫克勒（Schmookler，1966）认为市场需求决定了创新努力的有效配置。格里克斯（Griliches，1957）认为市场盈利性是诱导杂交玉米技术推广应用的主要因素，新品种技术的推广应用主要受到经济利益的驱动。要素稀缺和市场需求是互相补充的技术进步理论，而不是两种独立的假说。微观主体对利润最大化的追求是要素稀缺和市场需求两种假说内在统一的行为基础。

第二节　粮食全要素生产率的相关文献综述

中国粮食生产要素投入的贡献率已经减弱，全要素生产率的贡献率却在增强（彭代彦、文乐，2015；龚斌磊，2018）。提高全要素生产率不仅是中国粮食安全的动力源泉，同时也是粮食生产可持续发展的迫切需要。在当前中国以小农户家庭经营为主体的背景下，面对劳动力成本高涨、资源与环境的双重约束，如何寻求一种行之有效的途径来实现粮食全要素生产率的提升呢？既有研究对粮食全要素生产率增长的来源及影响因素做了大量研究。现有研究认为农业规模经营有利于全要素生产率的增长。然而学者们已经意识到土地流转推进的规模经营路径会带来高地租引起的高成本（何秀荣，2016），并提出我国农业经营方式应该由土地规模经营转向农业生产环节外包的服务规模经营（王志刚等，2011；廖西元等，2011；陈超等，2012；黄季焜，2010；罗必良，2016）。大量文献指出农业生产环节外包对粮食生产具有重要作用，相关经验研究验证了农业生产性服务对农业生产率的影响、农业生产环节外包对水稻生产效率及技术效率的影响。但是，极少有文献对农机服务外包影响全要素生产率的作用机制进行深入分析，经验研究方面的文献更是少之又少。国内外大量文献论证了制造业、工业企业等服务外包对劳动生产率、全要素生产率的作用机制，为农业部门服务外包影响全要素生产率的作用机制研究奠定了良好的文献基础。农机服务外包能否成为粮食全要素生产率增长的动力来源，农机服务外包对粮食全要素生产率的影响机制是本书所要重点关注的问题。

现有文献围绕粮食全要素生产率的测算、粮食全要素生产率的区域异质性、粮食全要素生产率的增长来源以及影响因素展开大量研究。本书将粮食全要素生产率作为研究落脚点，探索农机服务外包对粮食全要素生产率的影响机制。因此，本节按照"为什么要重视粮食全要素生产率？→粮食全要素生产率的增长来源有哪些？→影响粮食全要素生产率增长的因素有哪些？"这一思路对粮食全要素生产率的相关文献进行梳理，为本书从农机服务外包视角展开研究提供文献基础。

一　全要素生产率在粮食生产中的作用日益突显

中国粮食生产的"十五连增"成效显著，水稻、小麦和玉米等三大粮食作物是粮食增产的主导因素（封志明等，2016），中国粮食持续增产的直接推动力和重点在单产水平的提高上（朱晶等，2013）。既有研究认识到要素投入（劳动、土地、化肥和机械）在粮食生产中的贡献作用逐渐减弱，全要素生产率的提高成为确保粮食安全和生产可持续发展的唯一途径（钟甫宁等，2016）。

（1）劳动要素投入方面。在农业劳动力转移背景下，农业劳动实际工资的快速上涨使劳动力—机械价格比持续上升，机械替代劳动力现象普遍存在（Wang, et al., 2016）。由于生产决策趋同、农业机械社会化服务外包和跨区作业的普及，粮食生产才未受影响（胡雪枝、钟甫宁，2012；Yang, et al., 2013；张宗毅等，2014；伍骏骞等，2017）。但是农村劳动人力资本素质的下降，农业劳动力老龄化、女性化，以及由劳动力外出务工造成的粗放经营均会制约农业技术的进步，导致技术效率下降（彭代彦、吴翔，2013；李士梅、尹希文，2017）。

（2）土地要素投入方面。青壮年或有相对知识技能的劳动力优先外流导致耕地资源的低效率利用，土地撂荒增多（温铁军等，2010）。土地使用权的稳定性影响农民对农地的长期投资以及新技术、新品种的采用，进而影响到农业生产效率（仇焕广等，2017）。土地使用权稳定性的确定有利于兼业农户形成"趋粮化"种植行为（仇童伟、罗必良，2018）。农地产权对农业绩效的影响是通过要素配置实现的（李宁等，2017）。在适度经营范围内，土地经营规模的扩大与资本、技术、劳动力等生产要素相匹配将有助于农业生产率的提高（杨春华、李国景，2016）。

（3）化肥农药要素投入方面。化肥、机械化水平、有效灌溉面积比例等要素投入均对中国粮食单产水平有显著作用（彭代彦、文乐，2015）。龚斌磊（2018）指出劳动力和土地的贡献率已经低于化肥和农机。化肥施用量的增加不再有利于粮食增产，大量的化肥浪费不仅增加了农民的负担，而且引发了显著的农业面源污染问题，导致耕地质量下降（封志明等，2016）。

（4）其他影响粮食生产要素投入的因素。粮食增产除了依靠要素投入以及科技进步外，制度和政策的制定和实施也是促进粮食产量增长的持续动力（彭小辉等，2018）。财政支农政策有效地刺激了农民的种粮积极性，促进了粮食产量的提高（钱加荣、赵芝俊，2015），但我国农业补贴政策的实施效率较低，主要原因在于大部分农业补贴没有用到粮食生产的实处（黄季焜，2010）。农户追求家庭效用最大化和生产效益最大化的目标影响粮食生产种植决策行为。仇童伟、罗必良（2018）的研究表明追求务农收益最大化的纯农户倾向于种植经济作物；而追求务农成本最小化的兼业农户则选择种植粮食作物。此外，粮食生产对气候变化越发敏感，未来气温上升会导致粮食产量的下降（田甜等，2015）。同时，气候变化还加剧了农业科技创新和科技成果转化推广的难度（刘彦随等，2010）。

今后我国必须重视全要素生产率对粮食生产的作用。中国主要粮食产出增长的源泉经历了一场以投入增加为主向以全要素生产率增长为主的粮食生产力革命（陈卫平、郑风田，2006）。Krugman（1994）曾指出效率对经济增长的动力比投入对经济增长的作用更加持久。全要素生产率对中国经济增长和产业发展的重要性已得到国内学术界的广泛认可（徐现祥、舒元，2009）。中国农业发展到了一个转折关口，种粮成本上升与资源禀赋制约的影响相互叠加。要突破资源环境等多方约束，实现粮食生产的可持续发展，必须依靠科技进步提高粮食生产效率（闵锐、李谷成，2012；肖宏波、王济民，2012；尹朝静等，2016）。未来粮食产量增长和质量效益的提升已经不会再依赖物质要素的投入，降低粮食单位生产成本和提高粮食全要素生产率对于粮食安全具有重要作用和意义（江松颖等，2016；朱晶、晋乐，2017）。我国许多地区的生产效率仍有很大提升空间，通过跨区域学习和交流引进管理和技术，缩小地区间差异是现阶段农业的潜在增长点。因此短期内促进农业生产效率的不断提高是刺激农业增长的唯一途径。

总体而言，中国粮食生产要素投入的贡献率已经减弱，全要素生产率的贡献率却在增强，需要更有效的农业政策和技术创新来提高生产力（龚斌磊，2018；Gong，2018）。彭代彦、文乐（2015）指出，在耕地面积日益减少、农村劳动力持续转移的背景下，未来粮食生产不能再依赖要素投入，而应该转向全要素生产率增长。在当前中国以小农户家庭经营为主体的背景下，面对投入要素增长乏力，资源与环境双重约束下，必须使粮食增产来源于全要素生产率增长的贡献（Krugman，1994）。如何寻求一种行之有效的途径来实现粮食全要素生产率的提升呢？开发新的全要素生产率源泉是解决全要素生产率提升问题的关键（蔡昉，2013）。

二　粮食全要素生产率的增长来源

粮食全要素生产率的增长还有较大潜力。既有研究指出，改革开放以后我国粮食生产 TFP 的年均增长率在 0.76% 到 1.45% 之间波动（闵锐、李谷成，2012；尹朝静等，2016）。进入 21 世纪以后，我国粮食全要素生产率的年均增长率提高至 1.3%—3.5%（张利国等，2016；杨义武等，2017）。2004 年以来中国粮食产量连年增长的主要原因在于要素投入的增加和全要素生产率的增长，其中 30.64% 的因素归因于要素投入的增加，69.36% 的因素归因于全要素生产率的增长（彭小辉等，2018）。尽管如此，中国粮食全要素生产率的增长仍然具有较大潜力，比如全要素生产率增长率还有待提高，地区之间的差距有待缩小。江松颖等（2016）的研究反映出中国粮食全要素生产率呈现下降或者先增后减的态势，尹朝静等（2016）在考虑气候因素下测算出的粮食全要素生产率更低，主要原因包括技术进步年均指数的大幅度下降、谷物经营规模变动较频繁、气候因素加重了技术效率恶化程度。部分研究显示中国粮食全要素生产率增长地区差异明显，主要表现在东部地区和粮食主产区粮食生产率高，中西部地区相对较低（闵锐、李谷成，2013；尹朝静等，2016）。部分研究者表示水稻产业的生产效率在总体上有所衰减（闵锐、李谷成，2012），技术进步因素是导致中国水稻生产效率较低的重要原因。

全要素生产率的增长来源包括前沿技术进步、相对前沿的技术效率、要素配置效率和规模效率。科技进步为中国农业生产率增长提供了重要来源，不仅是中国过去农业发展的第一推动力，更是推动中国未来农业发展的第一动力（Huang and Rozelle，1996）。新经济增长理论认为科技投入和人力资本投资是提高全要素生产率的两大增长动力，并能带动经济的持续增长。中国农业全要素生产率的增长原因是：家庭联产承包责任制（Lin，1991）、技术进步、人力资本投资（Schultz，1964）、配置效率提升、农业科研投入（Lin，1991；Schultz，1964；Alston，et al.，2011）以及农村金融发展。

农业技术进步与农业全要素生产率的稳步提升得益于农业科技发展与改革，技术进步是粮食全要素生产率的核心增长来源（闵锐、李谷成，2012；杨福霞等，2018；王亚飞等，2019；廖文康等，2019；李学林等，2019）。技术进步对粮食全要素生产率的贡献率明显高于技术效率（邓灿辉等，2019）。2004年以后国家实施的一系列惠农政策优化了粮食生产投入结构，进而促进了粮食 TFP 增长。区域经营规模越大越有利于优化投入结构，从而有助于粮食全要素生产率的不断提高（赵亮、余康，2019）。综合性收入补贴、政策性农业保险有助于提高粮食全要素生产率，粮食直补对粮食全要素生产率产生抑制性影响。小麦最低收购价政策在提高主产省份小麦全要素生产率方面的作用并不强（贾娟琪等，2019）。

研究资源配置不当对全要素生产率的影响是近十年来增长理论的重要进展之一。在市场不完善的发展中国家，经济体内资源配置存在严重的扭曲，消除扭曲能够促进总产出和生产率增长。Hsieh 和 Klenow（2009）建立起要素配置扭曲同全要素生产率间的关系，提出可以使用全要素生产率的离散程度来衡量资源配置效率。中国农业全要素生产率在纠正资本和劳动的配置扭曲后大约可以增长20%以上（朱喜等，2011）。如果农地流转可以根据效率原则进行再配置，则可以促进农业总产出提高20%以上，农业部门的劳动生产率和全要素生产率将得到提高（盖庆恩等，2017）。资源配置效率变化是全要素生产率地区差异的主要因素。资源配置效率改善对全要素生产率增长的贡献从 19% 上升至 31%，主要来源于资源由低效率农户流向高效率农户（王璐等，2020）。

三 全要素生产率增长的影响因素

既有文献分别从粮食品种、农户经营规模等角度对全要素生产率增长的影响因素展开了研究（肖红波、王济民，2012）。影响全要素生产率增长的因素包括：经济发展水平、种植业结构变动、农业基础设施、农业政策、气候变化、工业化城市化进程、农业贸易条件、城乡收入差距等。张利国、鲍丙飞（2016）指出显著影响主产区粮食全要素生产率的因素为经济发展水平、人均地区生产总值、劳均经营规模、种粮人口比重、单位面积粮食产量。基础设施对全要素生产率的影响反映出基础设施降低私人成本的过程（朱晶、晋乐，2017）。农田交通与水利基础设施的滞后项可以显著正向影响粮食全要素生产率，而农业电力基础设施对粮食全要素生产率的影响则不显著（卓乐、曾福生，2018）。常住人口城镇化和就业城镇化可以促进农业全要素生产率的增长，主要原因是城镇化解决了农业劳动力过剩的问题（武宵旭等，2019）。互联网对农业全要素生产率具有显著的促进作用，城镇化是互联网影响农业全要素生产率的重要路径（刘涛等，2019）。

舒尔茨—波普金理性小农学派指出：要用政策的差异去解释发展中国家的成就，最好不要从初始条件的差异去进行原因分析。1991—2006 年北欧各国面板数据结果表明农业补贴对农业全要素生产率具有消极影响（Kumbhakar and Lien，2010）。农机购置补贴政策对农业机械化的发展确实起到了巨大的推动作用，但是农机购置补贴资金折旧存量越大，对全要素生产率的负向影响越大。农机具饱和程度越高，这种负向影响强度就越大（张宗毅等，2019）。总体而言，环境规制对农业绿色全要素生产率和粮食安全均产生显著影响，而且农业绿色全要素生产率和粮食安全之间存在双向因果关系（展进涛、徐钰娇，2019）。提高农业全要素生产率既要考虑经济影响因素，还要考虑到社会场景因素和时代特征的影响。大力加强农业信息化和数字乡村的建设、改善外商投资营商环境等措施均有利于促进农业经济和农业全要素生产率的增长（秦升泽、吴平，2020）。实施粮食生产规模与效率同步提升战略，加速中国粮食生产转型升级，促进我国粮食规模种植效率的不断实现（罗光强、谭芳，2020）。

四　简要评论

既有研究对粮食全要素生产率的关注颇多，对粮食全要素生产率的增长潜力、来源及影响因素做了大量研究。宏观经济领域发展核算的研究表明，国家间贫富悬殊的主要原因在于全要素生产率的差异（Hsieh and Klenow，2009），最穷5%与最富5%国家之间农业生产率差距高达78倍（Restuccia，et al.，2008）。传统的全要素生产率研究重点在于考究经济增长与资源节约的综合应用，大部分学者认可农业规模经营有利于全要素生产率的增长。但在以小农户家庭经营为主体的中国国情下，以土地流转推进的规模经营存在一定难度，人力资本投资、农业科研投资也难以成为小农户全要素生产率增长的直接来源。学者们已经意识到土地流转推进的规模经营路径会带来高地租引起的高成本，并提出降低地租成本的方案包括股份合作、托管、社会化服务等（何秀荣，2016）。我国农业经营方式应该由土地规模经营转向农业生产环节外包的服务规模经营，农业生产性社会化服务因此成为决策层重点关注的解决方案（王志刚等，2011；廖西元等，2011；陈超等，2012；罗必良，2016）。然而，目前学术界较少涉及关于农机服务影响全要素生产率的研究，农机服务是否可以通过生产环节外包的方式成为全要素生产率增长的动力来源呢？农机服务外包是否能帮助提升小农户的全要素生产率呢？目前学术界对是否可以通过服务外包促进粮食全要素生产率增长的问题还缺乏科学研究。

第三节 农机服务外包的相关文献综述

未来相当一段时间内中国农业发展仍然要立足于小农户生产的基础之上（孔祥智，2017），机械化对于中国现代农业建设来说至关重要（冀名峰、李琳，2020）。农业生产性服务是农业、农村经济新的增长点，是中国传统农业向现代农业转型升级的现实产业路径。实践中，市场主体以服务外包形式在农业生产性服务中普遍存在，最引人关注的就是农业机械化外包（李宁等，2019）。农机作业服务已成为农业生产性服务的重要内容，是连接传统小农户和现代农业之间的重要纽带和工具（张宗毅、杜志雄，2018）。通过社会分工的方式，农机服务外包缓解了小农与大机械的不匹配，农业机械化服务的快速发展有助于加速推进中国农业机械化与农业现代化的进程，在很大程度上帮助中国农业实现规模化经营与增产增收（蔡键、刘文勇，2019）。

近年来，大量研究聚焦以机械化服务为代表的农业生产性服务，以农机服务外包为切入点展开研究。农业机械化服务外包不仅可以解释中国在土地占有率低、土地分割成本高和劳动力成本上涨的背景下农业生产稳步增长的现象（Zhang, et al.，2017），还可以解释农村劳动力大量转移、农业劳动力老龄化并未造成粮食生产的负面效应（彭柳林等，2019）。发达的农业生产性服务业还有利于解决农民老弱化背景下小规模兼业农户与发展现代农业的矛盾（姜长云，2016）。后文从农机服务外包对粮食生产的作用、农机服务外包与分工及市场容量的关系、农户购买农机服务的决策、农户农机服务外包行为的影响因素、农机服务外包对农户行为的影响研究、农机服务外包与效率的关系研究等方面展开综述。

一 农机服务外包对粮食生产的作用

中国已经探索出一条符合当地农业特点的特殊发展路径：通过服务外包来实现农业机械化（Yang, et al., 2013）。有学者指出，服务外包将农业机械技术引入小规模家庭经营，在粮食生产和农业发展中形成重要作用，可以有效缓解农村青壮年和男性劳动力外流对农业生产带来的负面影响（胡雪枝、钟甫宁，2012；彭代彦、吴翔，2013；钟甫宁等，2016）。农机服务外包对家庭农业劳动力数量的替代、劳动力质量下降和技能不足的弥补就是最好的体现（廖西元等，2011；张宗毅等，2014；王欧等，2016；仇童伟、罗必良，2018；杨万江、李琪，2018）。农机服务外包有利于生产专业化，提高农业生产效率，实现规模经济（陈超等，2012；胡新艳等，2016；孙顶强等，2016）。农机服务外包有利于促进农业分工，带动农业经济增长，改造传统农业（穆娜娜等，2019）。农业生产性服务能够有效降低农业生产经营成本（冀名峰、李琳，2020），促进粮食增产与农民增收（王玉斌、李乾，2019）。生产服务要素作为农业生产的"黏合剂"，有机联结着农业生产的各个环节，对农业经济增长发挥着越来越重要的作用（曲昊月、庄丽娟，2018）。

二 农机服务外包与分工及市场容量的关系

农户通过服务外包的纵向分工实现迂回生产，能够内生出服务规模经济性（罗必良，2017）。中国小农户与现代农业发展的有机融合是不同于美国与日本的"第三条道路"，农机服务外包通过"迂回投资"引入现代生产要素、企业家能力与组织方式，将小农户卷入分工经济（罗必良，2020；胡新艳、米薪宇，2020）。规模经济的本质在于分工与专业化（阿林·杨格、贾根良，1996），农业服务外包具备分工内涵要义和合约变革本质（曹峥林、王钊，2018）。农业分工和市场容量之间存在相互关联性，农业分工通过纬度路径的跨区外包服务来促进市场容量的扩张，农业分工的深化及跨区作业服务则能促进服务市场容量产生空间溢出效应（张露、罗必良，2018）。服务商的交易半径和市场容量受制于农业的时令特征和作业周期性，中国农业现代化和组织化进程与农业分工经济和种植业"纬度布局"调整密切关联（仇童伟、罗必良，2018）。当前农业生产服务外包市场及劳动分工形成的核心因素是市场规模，市场规模的扩大需要通过提升外包服务市场的交易半径来实现，不同的生产环节由于进入门槛的不同而呈现出不同的劳动分工程度（杨进等，2019）。合理地确定服务半径是实现服务规模化的重要前提，服务半径的决定受到资源配置效率、地理环境、市场容量和主体类型的共同影响（张琛等，2020）。改善外包服务的交易效率会诱致农业生产的内生分工和"纵向一体化"（仇童伟，2019）。"纵向一体化"生产可以有效提高农业生产效率（罗必良，2017；孔祥智，2017）。

三　农户购买农机服务的决策

Batte 和 Amholt（2003）指出，农户决策行为的重要驱动因素在于对收益性的认知。Quinn 和 Hilmer（1994）将交易费用和战略性风险纳入整个决策过程，从而实现对外包程度的灵活控制。Roy（2008）基于资源基础理论对外包项目进行决策分析，表示伙伴关系也是一种特殊的外包形式。Liang 等（2016）采用阈值扩散模型构建了小农户可以通过不同的供应链（购买、租赁、外包服务）采用不可分技术的框架。当前农业劳动力成本上升（吴丽丽等，2015）与农机购置成本下降（潘经韬等，2018），社会分工产生的农机作业服务可以帮助农户分担机械使用成本，由此产生对机械技术的需求，持有农业机械的农民基于理性选择而向其他农民提供农机作业服务（蔡键、刘文勇，2017）。农业生产决策的个体属性减弱，而集体属性不断强化（祝华军等，2018）。农户自身机会成本、不同功率农机的平均使用成本和农机作业服务的市场价格中，最低的那一个会直接影响农户购买农机还是购买服务的决策（张宗毅、杜志雄，2018）。在非农就业机会、家庭劳动力的健康状况以及家庭收入等约束条件下，农户通过成本收益的充分权衡对是否进行生产环节服务外包做出理性决策（刘家成等，2019）。生产环节外包实质是合作行为，当特殊信任带来的成本节省不足以弥补农户能力有限而带来的成本增加时，农民会选择将生产环节外包（谢琳等，2020）。经营规模是农户机械投入的重要参照依据（张宗毅、杜志雄，2018），农地经营规模在 100 亩左右时，农户购买农机才符合规模经济，小农户购买农机服务是最优决策（胡雯、张锦华、陈昭玖，2019）。随着经营规模扩大，购买插秧、整地、收割、施药和施肥服务的农户数会不断增多（卢华等，2020）。劳动力兼业对小农户农机服务外包的促进作用更强，对规模户而言则是促进其自购农机（邱海兰、唐超，2020）。村庄良好的社会信任状况和村民自治民主的程度对分散农户购买外包服务起到积极促进作用（刘家成等，2019）。

四　农户农机服务外包行为的影响因素

外包决策不是外包与否问题上的一次性决定，而是一个长期的过程，是在不断纠错学习和适应环境变化中做出的不同选择（Lacity, et al.，1996）。农户生产环节外包的影响因素包括种植规模、户主特征、家庭劳动力特征、家庭收入情况、外包供给主体、生产环节特征、区域环境、服务费用、物质资产专用性、农机购置和作业补贴政策等（蔡荣、蔡书凯，2014）。农业劳动成本上升是农户产生农机服务外包行为的主要原因，同时由农机服务形成的市场容量也会对农户农机服务外包行为产生影响（苏柯雨等，2020）。政府补贴政策对农户外包决策具有引导作用（张宗毅、杜志雄，2018）。经营规模、地形条件、务工经历有利于促进农户农业生产环节外包（罗明忠等，2019；陈江华等，2018）；务农经历、务农劳动力人数、农地细碎化、农机服务价格抑制农户农业生产环节外包（罗明忠等，2019；陈江华、罗明忠，2018；卢华等，2020）。农药中毒的经历、农户风险偏好程度显著影响植保、施肥和收割环节的需求，作业质量监督较难的特征在一定程度上抑制了农户对植保环节外包服务的需求（Sun, et al.，2018；孙顶强等，2019）。农户兼业行为有利于农户产生外包行为，非农兼业收入也正向影响生产环节外包。农户兼业导致农业劳动力不足，由此促进农户对劳动密集型环节进行服务外包；规模户更倾向于购买技术密集型环节外包服务（赵培芳、王玉斌，2020）。农地产权通过农地流转的配置行为间接激励农户服务外包行为（胡雯等，2020）。土地承包权的不稳定对购买农机服务的影响程度要超过土地资源禀赋（胡新艳、米薪宇，2020）。实施农地确权政策对农户获取和使用外包服务程度的影响逐步转变为显著正向影响（胡新艳等，2018）。

五　农机服务外包对农户行为的影响研究

农机服务市场的形成与发展使得农户的要素投入、农业经营方式发生了重要变化。农机服务缓解家庭农业劳动力约束、缓解技术约束并且缓解资金约束（杨子等，2019），能够显著抑制农地撂荒行为（罗必良等，2019）。农业机械化服务是土地流转促进农业增收的重要渠道（刘明辉等，2019）。农业生产服务外包在优化农村劳动力资源配置的同时，也对农地流转市场的供需结构进行了重新塑造（万晶晶、钟涨宝，2020）。农业生产外包服务对农村土地流转租金上涨有明显的促进作用，但这种促进作用在丘陵山区会被弱化（康晨等，2020）。土地流转和农机服务在推进中国特色农业现代化进程中是共赢关系（钟真等，2020）。采用服务外包的农户化学品用量和生产成本更低，采用服务外包环节越多，农户的化学品投入水平越低（杨高第等，2020）。农机服务投入的增加对农户扩大土地经营规模有正向影响（杨子等，2019）。由于农机服务外包方式可以降低农业生产成本，因而促进了新型农业经营主体实现农地规模经营。与此同时，新型农业经营主体逐步从购买农机服务向对外提供服务转变（李宁等，2020）。农户采用农机服务外包的方式有利于形成专业化种植，然而目前单位面积的服务价格过高，不利于形成专业化种植（朱薇羽等，2020）。农业生产性服务外包市场的发育进一步强化农户种植结构"趋粮化"趋势（檀竹平等，2019）。农业服务外包可以替代农户的生产性投资行为，这种替代关系会随着种植规模的增大而减弱（胡新艳等，2020）。

六　农机服务外包与效率的关系研究

农机服务外包对技术效率、劳动生产率、土地生产率、成本效率以及全要素生产率产生影响。印度尼西亚农业面板数据表明种植规模较大的农户通过租赁机械服务，使规模与生产率的反向关系发生扭转（Yamauchi，2016）。从日本等东亚国家的经验可以看出，生产环节外包可以缓解土地资源的有限性，促进农业形成规模经营并且提高生产效率（胡新艳、米薪宇，2020）。中国农场面板数据的分析表明机械服务的利用有助于规模经济的实现（Wang, et al.，2016）。生产服务外包可以克服小农分散经营所产生的效率损耗问题（周娟，2017）。通过发展农机服务外包可以使中国农业走向服务规模经营之路（胡新艳、米薪宇，2020）。农业社会化服务能够有效提高农业生产技术效率，更加有利于规模经营主体提高技术效率（杨子等，2019）。农业机械化对小麦生产成本效率具有正向促进作用，且存在沿经度作业的空间溢出效应。2004 年后农机作业的空间溢出效应更加明显，说明政府政策支持对此发挥明显作用（虞松波等，2019）。农业社会化服务可以在降低交易成本的基础上促进服务质量的提高，从而达到提高土地生产率的目的（穆娜娜等，2019）。

七　简要评论

现有研究已经认识到农业生产性服务外包对粮食生产具有重要作用，并试图通过农户生产外包行为决策的分析挖掘其内在的影响机制。在经验研究方面已经开始验证农业生产性服务对农业生产率和技术效率的影响。但是，极少有文献对农机服务外包影响全要素生产率的作用机制进行深入分析，经验研究方面的文献更是少之又少。随着劳动力成本的不断上涨，农业生产过程更加偏向于采用资本来替代劳动力要素，由此农业资本深化的趋势逐渐形成（尹朝静等，2018）。不过以小农户家庭经营为主体的国情限制了在农业生产中直接投入资本，要素投入服务化是资本进入小农户生产的重要路径，也是资本要素的重要使用方式。既有研究大多基于 Hicks（1932）、速水佑次郎（Yujiro Hayami）和弗农·拉坦（Vernon W. Ruttan）的诱致技术变迁理论，从要素相对价格变动的视角探讨诱导粮食生产技术变迁的路径，先后证实投入要素之间相对价格的变化是导致各地区农业技术进步方向发生分异的关键因素（Hayami, et al., 1970；Binswanger, 1974；林毅夫，2011）。近年来国内学者开始关注要素相对价格变动（尤其是劳动力价格上涨）对我国粮食生产中技术进步方向的影响（陈书章等，2013）。然而，这些研究大多隐含了以农户直接购买相对价格便宜的要素为前提，忽略了小农户利用服务外包方式使用资本要素的现实。在农业生产实际过程中,农业投资、新技术的采纳行为则由农机服务组织及外包商代替小农户完成(罗必良,2020)。要素投入服务化不仅降低了资本的进入门槛,还通过机械要素使用的价格优势诱导农户采用节约劳动的技术,在技术溢出过程中影响农户技术学习行为,促进技术进步偏向的形成。因此,后续研究还应该深入挖掘农机服务外包如何通过技术进步偏向影响全要素生产率的作用机制。

第四节　生产服务外包与全要素生产率关系的相关文献综述

国民经济中为生产者提供中间投入的服务部门与行业统称为"生产性服务业"或者"生产者服务业"(Producer Services)。生产服务外包通过市场交易的方式获得生产性服务。服务经济对国民经济的发展及增长发挥了越来越重要的作用(Low,2013),随着国际分工程度的不断深化,全球经济也表现出服务经济的新形势。学术界开始高度关注生产性服务业发展对经济增长和结构调整的作用(程大中,2004)。后文从生产服务外包是否影响全要素生产率、生产服务外包对全要素生产率的影响机制两个方面展开文献综述。

一　生产服务外包是否影响全要素生产率

生产服务外包最早出现在制造业领域,形成制造业服务化现象(Vandermerwe and Rada,1988),随后制造业企业越来越倾向于采用生产服务外包增加自身核心资产的价值。既有研究强调全球价值链中的制造业服务化是企业竞争力的来源,服务投入比重的提高有利于促进更高水平的效率增长,同时还可以降低制造业的投入成本(Kommerskollegium,2012;OECD,2013)。通用、飞利浦、IBM 等企业逐步采用服务外包的模式，从而实现企业生产效率和国际竞争力的提高。学术界关于服务业对经济增长影响的研究逐步由关注劳动单一要素投入的分析扩展到全要素分析（赵瑾，2019）。要素投入份额和结构决定全要素生产率，生产服务外包是要素结构变化的主要影响因素，进而影响全要素生产率（Feenstra and Hanson，1999）。Grossman 和 Rossi-Hansberg（2008）、Baldwin 和 Yan（2014）进一步从理论上证明外包有助于全要素生产率提高。研究产业结构服务化是否已成为全要素生产率的新动能，对改善经济环境、提升全要素生产率水平、引导产业结构转型升级、实现经济高质量发展具有重要意义（江永红、陈羿楠，2018）。

随着经济社会的发展，各类生产活动间的互动与融合对效率发挥的作用越来越明显，因而不能从单方面的企业生产活动来研究生产率问题（Riddle，1986；程大中，2004）。现行的统计方法都大大低估了服务业的产出和生产率的增长（Z. Griliches，1992）。各类生产性服务有利于延长制造业产业链，由此提升效率和附加值。爱尔兰电子企业服务外包对下游部门的劳动生产率产生显著的正效应（Görg，et al.，2008）。发达国家和发展中国家制造业的经验证据均显示生产服务外包对生产率具有正面的促进作用（Girma and Görg，2004）。国际贸易中的服务外包可以帮助本国降低成本，进而提高生产率，对低收入国家进行服务外包能促进其国内全要素生产率的增长（Grossman and Rossi-Hansberg，2008）。工业、制造业的经验表明服务化程度的提高有利于工业增加值和企业全要素生产率的提升（顾乃华，2010）。发达国家的经验证据表明农业生产性服务有利于促进农业效率的提高（Harry，1997；Alston，et al.，2011）。发达国家生产服务投入占农业中间投入的比重越来越大，但是发展中国家农业生产服务要素并没有充分发挥作用（曲昊月、庄丽娟，2018）。农业生产性服务提高了中国农业产业链各环节的运行效率（姜长云，2016）。农业生产性服务业对于农业增长的促进作用并不比工业领域弱，大力发展中国的农业生产性服务业可以促进农业生产效率的提升，由此提高中国农业的综合实力（魏修建、李思霖，2015）。

二 生产服务外包对全要素生产率的影响机制

欧盟各国的证据表明外包对生产率的影响存在长短期效应，国际外包与全要素生产率之间存在长期稳定的关系（Egger and Egger，2006）。从发达国家贸易伙伴进口的服务对我国制造业全要素生产率的影响大于从发展中国家贸易伙伴进口的服务，国家之间的文化距离也会影响全要素生产率。经济发展水平与服务进口共同作用于中国制造业生产率的提高（鲁慧鑫等，2018）。服务贸易自由化对制造业企业生产率产生正向影响，无论是发达国家还是发展中国家，投入服务化对全要素生产率均存在先抑制后促进的"U形"作用（夏秋、胡昭玲，2018；王岚，2020）。规模效应是国内投入服务化影响中国制造业全要素生产率的主要渠道，进一步提高投入服务化水平有利于促进中国制造业提升全要素生产率（王岚，2020）。发包对全要素生产率的促进作用随行业技术密集度的增加而增大（李平、杨慧梅，2017）。信息技术通过生产性服务业形成集聚效应进而促进制造业全要素生产率的提升（余东华、信婧，2018）。尽管中国农业存在人地比例和农村人力资本的约束，通过发展生产性服务业也可以影响农业全要素生产率增长（秦天等，2017）。生产性服务业通过规模和空间集聚促进农业全要素生产率提升，且生产性服务业发展的"规模效应"远高于"集聚效应"（郝一帆、王征兵，2018）。

Grossman 和 Helpman（1994）的研究发现企业通过外包的经营模式不仅可以降低企业经营管理成本，而且可以在专业化分工过程中产生"干中学"效应。外包可以提升劳动者技能,进而提高工人的劳动效率,国际外包的企业通过学习的正外部性改进自身的运作方式进而提高效率(Amiti and Wei, 2006)。服务外包行为是资源配置和生产组织的一种新形态(程大中,2010)。随着新技术和共享经济的不断发展,服务外包更是一种智力资源整合的重要手段。外包是生产边界的推动器,外包使生产结构从劳动密集型向资本密集型转变,是产业结构升级的转换器(Amiti and Wei, 2006)。

国内外文献大多认为分工是生产服务外包影响全要素生产率的重要机制。Grubel 和 Walker(1989)最早用生产迂回学说阐述了生产性服务业对生产过程和生产效率的影响。在全球化的背景下,外包日益成为发展中国家参与国际分工的重要途径,离岸外包已被视为集聚全球资源的新战略。服务外包有助于分工深化,同时国际分工也必然带来服务外包的发展趋势。服务外包有利于促进产业快速转向知识和技术以及资本密集型,带动企业技术和管理的创新(卢峰,2007)。行业特性、行业资本密集度和外向度是影响产品内国际分工对生产率作用程度的重要因素(胡昭玲,2007)。以生产环节外包等形式为代表的社会化分工,能够在保证农户家庭经营和土地权属不变的前提下提高农业生产效率(王志刚等,2011)。社会化分工对全要素生产率和技术效率的提升具有积极影响,生产环节分工越细致,增进的效率水平越高(刘晗等,2017)。

生产服务要素是高端生产要素,主要特征是服务要素以中间投入的形式将人力资本和知识资本带入经济活动当中,进而促进整个产业链的技术进步和创新(舒杏、王佳,2018)。生产性服务业将专业化的知识资本与人力资本输送到制造业,是制造业高技术附加值的重要中间投入品,高附加值的中间投入有利于形成专业化生产,产生技术溢出效应,从而提高生产率(Amiti and Wei, 2006)。生产性服务业在生产过程中充当人力资本和知识资本的传送器

（Grubel and Walker，1989）。服务外包在本质上体现出人力资本配置方式改变（江小涓，2008）。武晓霞、任志成（2010）指出人力资本是服务业的核心资本与高新技术的主要载体。发包方选择接包方的主要目的在于：一是利用接包方廉价的人力资源来降低企业的全球运营成本；二是利用接包方高质量的人力资本形成技术比较优势，最终形成竞争优势。农业生产性服务业的发展对农业技术进步贡献率具有正向溢出效应（郝爱民，2015）。不同生产环节的影响效应差异较大，技术密集环节外包比劳动密集环节外包形成的生产率效应更明显（陈超等，2012；张忠军、易中懿，2015；孙顶强等，2016）。新型经营主体通过生产性服务能够实现水稻的全程机械化种植，既缓解了无人种稻的困境，还能有效应对农业劳动力老龄化带来的负面效应（杨万江、李琪，2017；彭柳林等，2019）。

三 简要评论

国内外大量文献通过实证得出制造业企业、工业企业的服务外包对全要素生产率具有正面作用的结论。可以看出，不同产业、不同类型的外包在不同条件下对全要素生产率的作用机制存在差异，这为农业部门服务外包与全要素生产率的关系研究奠定了良好的文献基础。发达国家农业部门的生产性服务起步较早，发达的社会化服务体系是确保农业高效经营的有力保障。而发展中国家的农业生产性服务起步较晚，各项制度和政策还不够完善，通过发展农业生产性服务外包来提高全要素生产率还有很大空间。当前由于我国农业生产性服务业体系还不够健全，导致服务外包对提高农业生产效率的作用受到抑制（郝爱民，2015）。因此，农业生产服务外包促进粮食全要素生产率的增长还有很大发展空间，有必要对农机服务外包影响粮食全要素生产率的机制展开深入的学术探讨。

第五节　研究述评

既有文献为本书研究奠定了良好的文献基础。大量的经验证据表明中国粮食生产要素投入的贡献作用已经开始下降，全要素生产率的增长成为突破资源环境等多方约束、实现粮食生产可持续发展、保障国家粮食安全的重要途径。全要素生产率是农业供给侧改革中我国农业增长的重要方向。Gong（2018）采用变系数随机前沿模型估计的方法，进一步准确测算出中国农业在六个发展阶段中全要素生产率的增长率，结果表明在 2004—2015 年全要素生产率波动较大且大幅度下滑，刚好在这一阶段农机作业服务快速兴起并逐渐发展，农机服务发展与全要素生产率增长之间的关系值得深入研究。当前由于中国面临土地细碎化问题，加上机械技术瓶颈仍然未能完全突破，劳动密集型生产环节外包的发展明显好于技术密集型环节外包。农艺农机融合、绿色高效植保等技术外包水平有待提高。在有关农业生产环节外包的政策制定方面，存在向大户倾斜和"一刀切"的趋势，未能从政策上有针对性地体现出专业大户和小农户的政策差异。因此，需要对农机服务外包与全要素生产率的关系进行更加深入的相关研究。

一般而言，对经济增长的研究会从生产要素投入的视角出发，认为生产要素是经济增长的直接动力，却很少注意到农业生产组织方式对经济增长的贡献（Brooks，Nash and Gardner，2002）。随着现代农业农村的发展，除了家庭联产承包责任制以外，由服务外包方式形成的迂回生产也对农业增长产生重要作用（罗必良，2020）。农机服务外包是"大国小农"背景下迂回投资的重要实现形式。冀名峰（2020）指出农业生产性服务业集聚了资本、技术和管理等现代农业要素，即将成为农业农村现代化和乡村全面振兴的新动能。

小农户粮食生产效益的提高必须通过生产经营效率的提升来实现，农业生产性服务业既能有效降低劳动力的生产成本，还能缓解技术采用困难的瓶颈，促进农业市场扩大，成为破解小农户粮食生产现代化难题极为有效的方法（张红宇，2008；孔祥智等，2009）。小农户与现代农业发展的矛盾之一主要体现在小农户缺乏采用新技术的动力和能力。农业生产环节外包的方式可以让服务商将新品种、新技术带入小农户的生产中。小农户通过迂回使用外包服务商的人力资本和知识资本就可以解决家庭经营中技术采用难的问题，从而弥补农村的"精英流失"，实现科技成果转化、技术进步和生产率提高。如何发挥农业生产性服务对农业经济增长的作用，需要深入探讨农机服务促进全要素生产率增长的作用机制。服务规模经营是小农户与现代农业有机衔接的实现路径之一，如何通过服务的规模化帮助小农户实现全要素生产率增长的高质量发展也是决策层的重要关切。

通过文献梳理，本书发现既有研究还存在以下几个方面的不足。（1）既有研究强调了农业生产环节外包对粮食生产的重要作用，全要素生产率是供给侧结构性改革的重要方向。学术界和政界认同服务规模经营是小农户与现代农业衔接的有效路径，但是却没有回答农业生产环节外包是否能成为粮食全要素生产率增长的来源。（2）现有的经验研究实证了外包对技术效率、生产率的影响，缺乏农业生产环节外包对全要素生产率影响的实证研究，也未能反映出服务外包对全要素生产率的异质性影响，因此对促进农业生产环节外包发展的政策选择缺乏实证依据。（3）当前农户分化现象明显，农业生产环节外包的政策制定存在向大户倾斜的趋势。农机购置补贴的"黄箱"政策与深松作业补贴的"绿箱"政策正在不断地试验和调整，在实证研究上缺乏农户异质性层面的经验证据，因而未能有针对性地体现出农户通过服务外包提升全要素生产率的政策差异。（4）农业资本深化迹象明显，农业生产要素投入服务化降低了资本和技术进入小农户家庭经营的门槛。现有研究忽略了服务外包的价格对诱导技术变迁的影响，农机服务外包如何通过技术进步偏向影响全要素生产率增长的机制缺乏深入研究。（5）农机服务外包影响粮食全要素生产率的微观机制没有得到深入研究。

第 三 章

农机服务外包影响粮食全要素
生产率的分析框架

　　前文简要介绍了农户经济理论、分工理论和诱导技术变迁理论，还说明了与本书相关的文献基础。服务经济对制造业全要素生产率的影响已被广泛讨论，由于农业部门的特殊性，农业生产的周期性、季节性和农业生物的生命节律等属性与制造业截然不同，加上"大国小农"的基本国情，生产性服务对农业部门全要素生产率的影响机制还需要展开进一步探讨。本章首先对农机服务外包、粮食全要素生产率的概念进行界定，然后对农机服务外包影响粮食全要素生产率的作用机制展开分析，提出相关研究假说，为本书后续章节的研究提供理论支撑。

第一节　核心概念界定

一　农机服务外包

　　目前学界对农机服务外包的研究涉及多种概念，包括农业社会化服务、农业生产性服务、农机作业服务、农业生产环节外包、农业生产托管等。本书借鉴服务经济理论中的相关论述，从生产性服务（生产者服务）的概念出发，根据服务外包的特点，结合农业部门的生产特性，对农机服务外包的概念进行界定，并对农机服务外包相关的衍生概念作简要介绍。

（一）生产性服务

国民经济中的服务业范围比较宽泛，我们把专为生产者提供作为中间投入的服务部门与行业统称为"生产性服务业"或"生产者服务业"。生产性服务主要是提供知识与技术方面的服务（姚为群，1999）。Greenfield（1966）较早提出生产性服务业，后经经济学家的研究而得到深化。生产性服务有两类：一是指通过市场交易而获得的生产性服务；二是指企业内部自我提供的生产性服务。2017年8月农业部、国家发展改革委、财政部联合印发《关于加快发展农业生产性服务业的指导意见》，其中明确农业生产性服务是指直接或间接参与农业产前、产中、产后各个环节作业的社会化服务，它全面贯穿农业生产作业链。发展农业生产性服务业，要积极拓展农资供应服务、农业绿色生产技术服务、农业市场信息服务、农产品初加工服务和农产品营销服务、农机作业及维修服务、农业废弃物资源化利用服务，要大力培育服务组织，不断创新服务方式并加强指导服务。关凤利、裴瑱（2010）认为农业生产性服务主要指与农业经济发展相关的服务产业。从产业链角度进行细分：良种、农机具、农药化肥等农用物资的生产和供应等服务属于农业产前的服务；技术、信息、植保防疫、保险等服务属于产中的服务；农产品采后处理、保鲜储运、加工包装、营销等服务属于产后的服务。资金服务产业链条全过程。

（二）农业社会化服务

在18世纪欧洲合作思潮影响下，农业社会化服务概念应运而生，美国称其为"农业服务"，澳大利亚称其为"农村服务"，世界银行称其为"支持服务"。1983—1986年中央一号文件中出现了多个与农业社会化服务相关的概念，比如"社会化服务""社会服务""产前产后服务""农业生产服务社会化"。在 1990 年《关于一九九一年农业和农村工作的通知》中首次明确提出"农业社会化服务"的概念。1991 年，国家颁布《国务院关于加强农业社会化服务体系建设的通知》，明确农业社会化服务主要指专业的经济技术部门、乡村合作社等社会其他组织为农、林、牧、副、渔各业发展所提供的服务。农业社会化服务涵盖农业产前阶段、产中阶段与产后阶段全部农业产业链。它是指政府机构、企业、乡村合作社等社会组织为农户的农业生产及经营提供的各种服务。从 2012 年起每年中央一号文件都围绕"新型农业社会化服务"的内涵作了许多方面的具体部署。

学者们主要从产业链、供应链、生产价值链的角度对农业社会化服务进行了分析。Moseley 和 Owen（2008）将农业社会化服务解释为农资购销、基础设施建设、信息咨询、技术指导、贫困救助等多方面的服务。龚道广（2000）指出农业社会化服务是乡村合作经济组织和专业经济技术部门等社会组织为农、林、牧、副、渔各业发展提供的各种服务。黄守宏（2008）认为农业社会化服务是指由各类服务机构为农业生产提供的产前、产中和产后全过程综合配套服务。李俏（2015）认为农业社会化服务是指政府及其他公共机构、农民专业合作组织、龙头企业、科研院所、个体经销商等为农户的农业生产经营活动所提供的各种服务。陈义媛（2017）认为近年来出现的"土地托管"正是农业社会化服务的一种形式。

（三）服务外包

生产性服务的市场化发展又被称为服务外包（Service Outsourcing），是指企业为专注核心业务，而将其非核心的业务外包，交于外部专业化团队处理。江小涓（2008）认为服务只是让渡人力资本使用权而非所有权的交易。在外延上，生产者服务是指为相关的具体产业服务过程中的重要专家组。国内外学术界大多将农业生产性服务等同于农业社会化服务，认为农业生产性服务过程是农业社会化服务过程。目前，国内外学术界对农业生产性服务和农业社会化服务的概念还没有形成统一。姜长云（2016）认为农业生产性服务业和农业社会化服务体系二者在内容上大致相同，只是强调的重点有所不同。芦千文等（2019）把涉及农业社会化服务体系的政策纳入农业生产性服务业发展政策。农业生产托管本质是农业作业托管，农业土地托管实质是农地经营权托管，前者是帮助农户，后者是代替农户。农业生产性服务业是指"下地干活"的那部分社会化服务（姜长云，2020）。农业生产托管的实质就是农业生产环节的外包（赵培芳、王玉斌，2020）。目前，国内外对于农业生产性服务和农业社会化服务的内涵认识基本一致，即为农业生产过程提供服务。近年来，我国政府开始大力发展农业生产性服务业，可见其重要性。

基于服务经济文献的研究，农户外包可以简单定义为"农户签订外部合约完成过去由农户家庭内部进行的农事活动"。由于劳动力成本上涨，农业生产逐渐由机械替代劳动力，因此表现为生产环节机械化作业，甚至发展到全程机械化作业。为了凸显机械化发展在农业生产现代化过程中的重要地位和作用，本书在农户生产环节服务外包中突出农机要素使用的特点，认为农业生产环节外包即为农机服务外包的概念，并将农机服务外包界定为：农户将农业生产环节以外包的方式交由农机服务组织（农机户）完成机械化作业。具体而言，农户通过支付服务费用，将粮食生产过程中耕地、播种、育秧、施肥、植保、收割等环节交给农机服务组织（承包方）完成。农户种粮过程中任意环节使用了机械作业服务则认定该农户有农机服务外包行为。农机服务外包是农户以外包的方式进行的机械要素投入，是农户实现机械要素投入的一种方式。由于农业生产托管模式是农户将农业生产过程全部外包出去，因此被认为是最高程度的农机服务外包模式。从本质上讲，农机服务属于生产者服务范畴，是农机服务组织（承包方）为农户提供的与农业生产环节相匹配的各类生产性服务。

（四）农机服务外包的衡量方法

本书对农机服务外包的衡量主要参考生产性服务和外包的衡量方法。服务投入占总投入的比重称为服务投入率，生产性服务投入是指由生产者服务部门提供的服务投入。服务投入比重反映国民经济服务化程度。对服务投入率的衡量大多使用投入—产出分析法，该方法由列昂惕夫创立，完整的国民经济价值型投入—产出表包括四个部分：中间使用、最终使用、附加值以及收入再分配。投入—产出分析法可以避免由于服务部门的人为因素而产生的误差。比如Antonelli（1998）分析了信息通信技术与知识密集型商务服务业之间的"协同演进"关系以及它们的产出弹性；陈波和侯永志（2002）采用该方法分析中、日、韩三国服务各行业生产者使用率的差异；程大中（2006）使用中间投入的服务产出占服务部门总产出的比重衡量生产者服务比重。

在外包文献中，最常见的外包程度衡量方法是由 Feenstra 和 Hanson（1999）提出的 FH 指标方法。该方法的核心是用每个行业中间投入品的比重乘以中间投入品中进口部分占所有消费量的比重来衡量外包的程度。这里的外包大多指国际贸易中的外包行为，因而进口的中间投入品占所有中间投入的比重是外包衡量的关键。具体计算公式为：

$$OS_{FH} = \sum_j \frac{X_i^j}{Y_i} \frac{M_j}{C_j} \qquad (3.1)$$

（3.1）式中，Y_i 表示行业 i 中所有的中间投入品费用，X_i^j 表示行业 i 对商品 j 的中间投入，M_j 表示商品 j 的进口总量，C_j 表示商品 j 的总消费量。此外，Geishecker 和 Görg（2004）用外包指数来衡量一国某一行业承接国际外包的程度，具体计算指标为中间投入品进口金额占总产出的比重。外包程度取值介于 0 和 1 之间，越靠近 1，说明中间投入中来自国际承包的部分越多，外包程度越高，反之则外包程度越低。

由于农业生产与制造业等其他行业有着明显的不同，对农机服务外包的衡量只能借鉴现有研究的方法。农机服务外包本质上是生产环节外包的方式，国际上测量外包水平的主要方法包括加工贸易额近似量化外包、垂直专业化指数法和外包水平测算法（吕延方、王冬，2010）。工业、制造业大多采用同产业内的中间投入或中间投入占比来测算外包水平，张忠军和易中懿（2015）、陈超等（2012）采用外包环节所支付的费用占所有生产环节总费用的比重来表示农业生产环节的外包程度。郑旭媛、徐志刚（2017）采用亩均机械作业费用来衡量 26 个省份的农机服务水平。本书考虑农机服务外包属性，依据外包文献从服务投入费用占比来衡量农机服务外包程度的方法，对 26 个省份粮食生产农机服务外包程度进行衡量；根据农户生产粮食各环节用于农机服务外包的费用占生产总成本的比重，对微观调查农户的农机服务外包程度进行衡量。测算公式如下：

$$SO_{mac} = \frac{S_{it}}{Y_{it}} \tag{3.2}$$

$$SO_{mic} = \sum_j \frac{S_j}{Y_{总}} \tag{3.3}$$

（3.2）式是对 26 个省份粮食生产农机服务外包程度衡量的计算公式。Y_{it} 表示 i 省份在 t 年的粮食生产每亩总成本，S_{it} 表示 i 省份在 t 年粮食生产亩均机械服务投入费用。现有的各类统计年鉴中均没有农机服务费用指标的明确统计，本书借鉴郑旭媛、徐志刚（2017）的做法，将历年《全国农产品成本收益资料汇编》中水稻、小麦、玉米的亩均机械作业费用作为亩均机械服务费用的近似值，加权平均计算得到粮食生产亩均机械服务费用的近似值。由于宏观数据没有详细给出农业生产各环节的投入产出情况，对粮食生产各环节服务外包的研究需要进一步通过微观调查数据展开。（3.3）式是微观调查农户粮食生产农机服务外包程度衡量的计算公式。$Y_{总}$表示农户生产粮食总共投入的成本，S_j表示农户在 j 生产环节采用农机服务外包方式的费用，各生产环节农机服务外包费用之和占粮食生产总成本的比重即为农户农机服务外包程度。（3.2）式、（3.3）式测算结果介于 0—1，测算指标越接近 1，说明农机服务外包程度越高，越接近 0，说明农机服务外包程度越低。

二　粮食全要素生产率

全要素生产率是衡量经济增长绩效的重要指标，直接反映出生产效率的高低。全要素生产率综合反映技术升级、管理模式改进、产出质量提高以及生产结构升级。全要素生产率也可以称为系统生产率，全要素生产率提高就是产业升级与生产力的发展。

全要素生产率的概念最早由 Solow（1957）提出，是指各要素（劳动、土地、资本等）投入之外的技术进步和能力实现等导致的产出增加，是剔除要素投入贡献后所得到的残差，也称为索洛残差。索洛认为衡量产出生产率不仅需要依赖要素投入，还取决于技术、规模、配置、制度等非要素因素。因此，全要素生产率增长率是指当全部生产要素（包括资本、劳动、土地）的投入量都不变时，而生产量仍能增加的部分。全要素生产率增长率并非所有要素的生产率，而是指经济增长中不能分别归因于有形生产要素增长的那部分，全要素生产率是用来衡量生产效率的指标，它主要有三个来源：一是效率改善；二是技术进步；三是规模效应。本书将粮食全要素生产率定义为剔除全部生产要素投入之后由技术进步、管理方式改进以及现代化生产等因素带来的粮食产出增加量。粮食全要素生产率是衡量生产率的综合性指标，粮食产出量增长率扣减加权要素投入增长率的部分为粮食全要素生产率的增长率。粮食全要素生产率增长率也是粮食产量增长的重要源泉。

第二节　农机服务外包促进粮食全要素生产率提升的基本逻辑

由于农业部门与工业部门有很大的不同，农业生产也与制造业表现出非常不同的特性，本书重点从农业生产的周期性、季节性以及农业生物生命节律等特征出发，立足农户家庭小规模经营的中国国情，对农机服务外包和粮食全要素生产率的关系展开论述。

一　整体思路

本书主要从以下三个方面对农机服务外包和粮食全要素生产率的关系展开研究：（1）有没有产生影响？（2）如何影响的？（3）影响是怎么产生的？从"大国小农"的背景出发，结合中国粮食生产的特点加以解释。农机服务外包的本质是农业生产性服务，农户采用农机服务外包方式种植粮食的生产过程既反映了外包行为对全要素生产率的作用，又反映出生产性服务对全要素生产率的贡献。根据外包和服务经济文献的相关结论（Grubel and Walker，1989；Amiti and Wei，2006），生产服务外包有助于分工深化，从而促进生产率提升；服务外包通过技术溢出效应促进企业技术创新。考虑到农业部门与工业、制造业等部门截然不同，尤其是农业生产的周期性、季节性决定了农机服务外包的特点，加上"大国小农"和土地细碎化的特殊国情，本书认为农机服务外包影响粮食全要素生产率的理论分析框架可以从两个层面来探讨：一是宏观层面的影响机制；二是微观层面的影响机制。

宏观机制主要从农业分工深化和技术进步偏向两个维度展开论述。主要原因在于以下两点。（1）服务规模经济的本质在于分工，分工的发展是社会进步、经济发展的强大推动力。农业分工是农机服务外包影响粮食全要素生产率的条件，从农业分工深化的维度探讨宏观机制，有利于探究克服农业分工天然障碍的制度逻辑和政策机制。（2）全要素生产率增长的核心来源是技术进步，农业技术进步的基础条件是人力资本提升和农户新技术采纳，农机服务外包在帮助小农户实现机械作业的同时，也带动了农业机械化技术的进步。在小农户"干不动""干得不经济"和机械使用经济性制约的现实下，农机服务外包通过价格优势促进机械投入偏向型技术进步的形成，最终促进粮食全要素生产率提升。从技术进步偏向的维度探讨宏观机制的影响过程，有利于探究小农生产实现机械技术进步的学理依据。

微观机制主要从人力资本和技术学习两个维度展开论述。实际上农户与农机服务组织是"发包方"与"承包方"的关系（如图3—1所示）。农户以"发包方"的角色向农机服务组织说明农机作业诉求、支付服务费用，农机服务组织作为"承包方"根据合约规定完成机械作业任务，同时将人力资本、知识资本等输送到农业生产过程。承包方通过向发包方输入人力资本和知识资本来促进发包方农户的技术创新，由此促进粮食生产的全要素生产率提高。人力资本和知识资本是农机服务外包生产方式为农户带来的最大受益，基于人力资本和技术学习两个维度探讨农机服务外包影响粮食全要素生产率的微观机制，有利于深入挖掘农业生产性服务对小农户技术创新的学理依据，同时也为小农户技术采纳动力和能力的双重不足寻找激励举措。

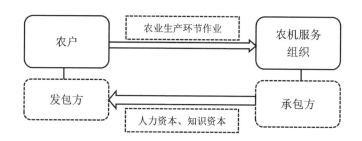

图3—1　农户（发包方）与农机服务组织（承包方）的关系

本书的理论分析框架如图3—2所示。首先，基于拓展的农户模型，对农机服务外包对粮食全要素生产率的促进作用进行论证。其次，从农业分工程度深化和技术进步偏向形成这两个维度研究农机服务外包影响粮食全要素生产率的宏观机理。将农机服务外包形成的市场容量作为切入点，根据分工理论推演模型，阐释农机服务外包在农业分工的前提条件下促进粮食全要素生产率的提升。将农机服务外包作为机械要素投入的使用方式之一，农机服务的要素相对价格的变化诱导机械偏向型技术进步的形成，由此论证农机服务外包通过影响技术进步偏向形成的过程进而提高粮食全要素生产率。最后，从人力资本和技术学习的视角论证农机服务外包影响粮食全要素生产率的微观机制。农机服务外包可以将人力资本和知识资本输送到农业生产过程，基于两部门模型构建农机服务外包、人力资本促进粮食全要素生产率提升的分析框架。基于学习模型探讨农机服务外包降低技术学习成本，通过学习成本的节约促进粮食全要素生产率的提高。

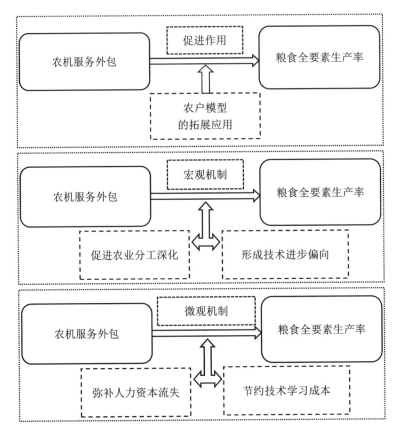

图3—2 农机服务外包影响粮食全要素生产率的分析框架

二 农户模型的拓展应用

农机服务外包实际上就是农户通过外包的方式将生产中的一部分环节交给农机户或者专业化农机服务组织来完成。外包的概念在本质上涉及某个"产品内部"诸环节和区段分工的特定形态，是"投入环节活动"的外部转移（卢锋，2007）。农机作业服务是农业生产过程的中间产品与交易（杨进等，2019），因此可以被视为以外包的方式进行的中间服务投入。制造业企业通过外包方式下的中间服务投入可以提高生产效率（李平、杨慧梅，2017；刘维刚、倪红福，2018）。陈超等（2012）、张忠军和易中懿（2015）用农业生产环节外包所支付的费用来表示中间服务投入。郑旭媛、徐志刚（2017）采用各省粮食生产的亩均机械投入费用来表征农户机械投入。本节将服务经济融入农户经济学中，根据拓展的农户模型分析农机服务外包是否影响粮食全要素生产率。假设农户以利润最大化为目标，农户生产粮食作物需要投入三种要素：劳动力 L 、土地 T 和资本 K 。劳动力 L 以农户家庭劳动投入时间衡量，并且劳动力市场中的劳动力是同质的。土地 T 以经营粮食面积的大小来衡量，农地市场中的土地也是同质的。资本 K 是粮食生产中用于购买种子、化肥、农药、农机等的费用。农户家庭劳动时间禀赋为 $\bar{L}$ ，土地禀赋为 $\bar{T}$ ，用于农业生产的资本禀赋为 $\bar{K}$ 。

为了简化分析过程，本书假设农户只生产一种粮食作物，且农户周边该种粮食作物连片种植的比率为 λ ，农户面临着农机服务外包 S 的决策选择。与传统的效率分析文献一致，本书假设不同的农户拥有相同的生产函数（Stigler，1976），同时假定粮食全要素生产率为农机服务外包的函数 $TFP(S)$ ，并将粮食全要素生产率设定为农户实际总产出量与理论最大产出量之比。由于农机作业服务为农户粮食生产的中间投入，因此农机服务投入可以表示为关于粮食投入产出测算所得全要素生产率的函数。采用农机服务外包的农户理论最大产出量为 $f_s[L(S), T_s, K(S)]$ ，实际总产出量为 $TFP(S) f_s[L(S), T_s, K(S)]$ ，由粮食全要素生产率的内涵可知，全要素生产率越高的农户，其理论最大产出量与实际产出量之间的差距越小。假定非农劳动市场上对农户支付的工资为 w ，那么农户提供非农劳动时间的预期收益为 $P(\cdot)w[P(\cdot)$ 为农户非农劳动的概率]。农户采用服务外包的方式经营某种粮食作物的面积为 T_s ，设定非粮作物经营面积获得的收益率为 β 。当前中国农机服务市场处于不完全竞争阶段，农户采用农机作业服务需要支付一定的交易

成本 $C_s(\lambda)$，粮食作物连片种植比率越高，服务交易成本可能越低。为简化分析过程，暂不考虑农机服务的异质性，也不考虑农机服务的考核和监督成本。农户将会选择合适的 L、T、K 以满足利润最大化，采用农机服务外包方式的农户所面临的利润最大化问题如（3.4）式所示：

$$
\begin{cases}
\max U_S = TFP(S)f_S[L(S),T_S,K(S)] + \\
\qquad [\bar{L}-L(S)]P(\,\cdot\,)w + (\bar{T}-T_S)\beta - C_S(\lambda) \\
\text{s. t.} \quad 0 \leqslant L(S) \leqslant \bar{L} \\
\qquad 0 \leqslant T_S \leqslant \bar{T} \\
\qquad 0 \leqslant K(S)+C_S(\lambda) \leqslant \bar{K} \\
\qquad T_S = \lambda\bar{T}
\end{cases}
\tag{3.4}
$$

对采用农机服务外包的农户利润进行一阶求偏导，得到利润最大化的一阶条件如下：

$$
\begin{cases}
L(S): TFP(S)f_S[L(S),T_S,K(S)] = P(\,\cdot\,)w \\
T_S: TFP(S)f_S[L(S),T_S,K(S)] = \beta \\
K(S): TFP(S)f_S[L(S),T_S,K(S)] = -1
\end{cases}
\tag{3.5}
$$

由于劳动时间和资本投入是农机服务费用的函数，再分别对（3.5）式 $L(S)$、$K(S)$ 中的农机服务外包进行二次求偏导，得到：

$$
\begin{cases}
TFP'(S)f_S[L(S),T_S,K(S)] + TFP(S)L'(S) = 0 \\
TFP'(S)f_S[L(S),T_S,K(S)] + TFP(S)K'(S) = 0
\end{cases}
\tag{3.6}
$$

农机服务具有替代农户家庭劳动时间的作用，因此农户家庭劳动时间投入为农机服务的减函数，即 $L'(S)<0$。农机服务包括代替农户完成耕地、收割等劳动密集型环节的机械作业，以及

帮助农户进行工厂化育秧、机播机插秧、无人机植保等技术密集型环节机械作业，采用外包服务的方式可帮助农户减少相对资本投入，因此农户资本投入为农机服务的减函数，即 $K'(S) < 0$。将 $L'(S) < 0$，$K'(S) < 0$ 代入（3.6）式得到：$TFP'(S) > 0$，即粮食全要素生产率是农机服务外包的增函数。由此得出，农机服务外包程度的提高有助于提升粮食全要素生产率。

不同环节服务外包程度的提高有助于提升粮食全要素生产率。既有研究对不同环节外包带来的差异影响做了初步探索。在农业人力资本大量外流的背景下，将农业生产中的育秧、植保、动植物疫病防治等现代技术密集的环节进行服务外包有利于小规模兼业农户解决现代农业的技术瓶颈问题（姜长云，2016），实证研究表明，这些技术密集型环节外包有利于提高水稻生产率（陈超等，2012；张忠军、易中懿，2015）。在农业劳动力老龄化的背景下，劳动密集型环节需要投入大量劳动力，实证研究表明整地、播种等劳动密集型环节的外包有利于提高水稻生产技术效率（孙顶强等，2016）。以农机服务外包的方式完成劳动密集型环节作业实际上是通过机械产品内分工完成机械对劳动力的替代。技术密集型环节通过引进新技术、新方法改进原有生产方式的平均生产率。比如机械植保等环节通过外包的方式利用大数据智能机械化实现精量播种、精准施肥、精细病虫害防治，可以实现现代化农业生产，解决农户家庭小规模经营达不到的先进技术效果。

农机服务外包有利于小农户获取本应在大规模生产中才有的规模经济。比如整地时的深耕有利于作物根系的吸收，提高作物的生物产量、降低成本；同步收获的秸秆还田有利于提高地力。农机服务外包有利于实现共享经济。技术密集型环节外包将高科技农业机械以及配套的种子、生物技术、种植工艺等引入农业生产过程，农户采用外包的方式形成技术溢出效应，通过支付服务费用就可以分享科技成果转化带来的经济效益。农机服务外包的方式可以帮助小农户将专业的事情交给专业的服务供应商来做，有利于促进专业化生产。农户家庭小规模经营通过外包的方式可以将生产环节融入农机作业的大规模生产，一方面可以避免劳动力老龄化干不动的问题；另一方面还可以缓解农业人力资本流失带来的技术学习困境。

综上所述，农机服务外包的生产方式有利于实现粮食全要素生产率的增长；无论是劳动密集型还是技术密集型环节外包均有利于提高粮食全要素生产率。农机服务外包可以帮助小农户实现本应在大规模生产中才有的规模经济。由此提出研究假说1：

农机服务外包有助于促进我国粮食全要素生产率增长。

第三节　农机服务外包影响粮食全要素生产率的作用机制

一　促进农业分工深化

首先从分工理论的视角研究农机服务外包影响粮食全要素生产率的作用机制，理论逻辑如图3—3所示。从农户采用农机服务外包的决策行为出发，基于第三章第二节的农户模型，将农户服务外包行为中形成的农机作业服务容量引入农户生产函数。根据粮食作物连片种植后形成的纵向分工和横向分工，借鉴"斯密—杨格"定理的理论内核，将服务经济与农户经济相结合，分析农机服务外包促进粮食全要素生产增长的分工机制。

农机服务外包是农业分工和专业化发展的产物（龚道广，2000）。农业生产性服务提高了农业产业链各环节的运行效率，是推动农业生产标准化、规模化、产业化的内在动力（姜长云，2016）。以农机服务为代表的生产性服务可以带动农业发展方式的

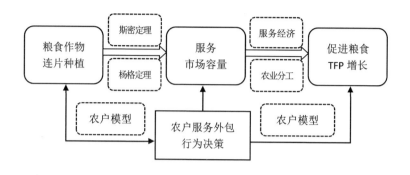

图3—3　农机服务外包、农业分工影响粮食全要素生产率的作用机制

变革，是实现中国特色社会主义现代农业的必由之路（陈晓华，2012）。小农户通过农机服务外包形成的生产环节纵向分工实现迂回生产，一方面有利于实现社会资源的优化配置；另一方面还有利于促进农业生产力的提高，内生出服务规模经济（张晓恒等，2017；罗必良，2017）。农机服务外包的方式是农业分工和专业化发展的产物，加快培育各种类型的农业生产专业化社会化服务组织可以促进农业走向服务规模经营之路（龚道广，2000）。曲昊月、庄丽娟（2018）指出，生产服务要素作为农业生产的"黏合剂"，有机联结着农业生产的各个环节，对农业经济增长发挥着越来越重要的作用。可见，农业生产中的环节外包可以通过产品内分工、专业化水平的提高促进全要素生产率提升。

国内众多学者［如罗必良（2017），胡新艳等（2016），陈昭玖、胡雯（2016），杨进等（2019），仇童伟等］（2018）均指出，农业生产环节服务外包表达出分工经济的内涵是转变农业经营方式的重要创新路径。因此，本书试图从农业分工的视角解释农机作业服务如何影响粮食全要素生产率。亚当·斯密很早就指出专业化分工是经济增长的源泉，"斯密定理"（亚当·斯密，1997）的重要含义之一是分工程度取决于市场容量的大小，随后 Young（1928）

进一步拓展了"斯密定理"，认为由分工引发的专业化生产环节（市场容量）的多少及其网格效应也会影响分工，由此形成斯密—杨格定理。罗必良（2017）指出农业生产环节外包有利于农业进行迂回生产，而迂回生产的方式则体现了农业逐步实现分工与专业化的过程（Young，1928）。农户粮食生产分工程度与农业生物的生命节律有关，粮食作物连片种植所决定的市场特殊性影响着市场容量，即农户对生产环节外包服务需求的市场容量取决于连片种植的比率 λ，因此农机作业服务量与粮食作物连片种植的比率可以用 $S(\lambda)$ 函数关系来表达。粮食作物连片种植的比率越高，机械作业越能形成规模化条件，农机服务市场容量越大。本节根据"斯密—杨格"定理得到"粮食作物连片种植比率→市场容量→农业分工"的理论逻辑。

从理论上说，分工程度可以从专业化水平、迂回生产程度和中间产品种类数三个方面进行度量（Young，1928）。专业化水平提高意味着更多的劳动力越来越脱离"自给自足"式的传统农业生产，即从事商品化生产的比例越来越大（高帆，2009）。庞春（2019）通过理论分析得出市场的产销转化率同分工程度呈正相关的结论，这里所指的产销转化率反映市场化程度，是人均实际交易量与人均产量的比例，与粮食商品化率的概念基本一致。据文献报道，江西和广东的农户调查反映出产品市场化程度有利于促进农户的分工深化（陈昭玖、胡雯，2016）。刘晗、王钊（2017）的研究表明商品化率在1%的显著水平下正向影响农户分工，表明种植业的商品化率对其生产分工具有明显促进作用。农机作业服务直接反映迂回生产程度（陈昭玖、胡雯，2016），由于中间产品种类数的具体数据无法获取，为了在模型中更好地反映农机作业服务与农业分工的关系，本书从专业化水平的维度，选取粮食商品化率来表征农业分工程度。

假定由粮食商品化率表征的农业分工程度为农机作业服务的函数 $D(S)$，根据斯密—杨格定理，粮食生产的纵向分工以及横向分工又取决于市场容量的大小。则有 $D(S) = \theta S(\lambda)$，$\theta \in (0, \infty)$，将 $S(\lambda) = \frac{1}{\theta} D(S)$ 代入 (3.6) 式中的 TFP 函数中得到：

$$\begin{cases} TFP'\left[\frac{1}{\theta}D(S)\right]D'(S)f_s\{L[S(\lambda)], T_s, K[S(\lambda)]\} \\ \quad + TFP\left[\frac{1}{\theta}D(S)\right]L'[S(\lambda)] = 0 \\ TFP'\left[\frac{1}{\theta}D(S)\right]D'(S)f_s\{L[S(\lambda)], T_s, K[S(\lambda)]\} \\ \quad + TFP\left[\frac{1}{\theta}D(S)\right]K'[S(\lambda)] = 0 \end{cases}$$

$$(3.7)$$

由第三章第二节分析的 $L'[S(\lambda)] < 0$，$K'[S(\lambda)] < 0$ 得到：

$$TFP'\left[\frac{1}{\theta}D(S)\right]D'(S) = \frac{1}{\theta}TFP'[D(S)]D'(S) > 0 \quad (3.8)$$

由于 $D'(S) = \theta S'(\lambda)$，连片种植比例越大，统一进行农机作业服务的可能性越高，即 $S'(\lambda) > 0$，所以 $D'(S) > 0$。农业分工程度是农机作业服务的增函数，农机服务水平越高，由粮食商品率表征的农业分工程度越高。将 $D'(S) > 0$ 代入 (3.8) 式得到，$\frac{1}{\theta}TFP'[D(S)] > 0$，因此 TFP 是 $D(S)$ 的增函数。根据系数 $\frac{1}{\theta} > 0$ 可知，由农机作业服务决定的农业分工程度对粮食全要素生产率的提升存在正向的边际效应，农机作业服务提升小农户的粮食全要素生产率需要以农业分工程度的深化为前提条件。

农机服务组织在承包中可以帮助小农户经营实现大机械、新技术的分工经济。农户采用服务外包的方式进行机械化生产能够使小农户获得大规模生产才有的规模经济，便于小农户利用先进技术，特别是具有规模效应门槛的先进技术。小农户将机械作业环节发包出去还需要一定的经营规模作为条件。因为经营规模太小无法形成一定的农机服务市场容量，也很难达到大机械化作业要求的规模门槛。比如，中国目前还有相当数量的农户属于超小规模经营（2 亩以下）的范畴，他们种植粮食并非以商品交易为主要目标，而是为了自给自足或者半自给自足。超小规模经营的小农户更倾向于传统的生产方式，因为超小规模的农机服务可能会产生高额的交易成本，从而降低服务外包的交易效率。只有当经营规模超过一定的阈值后，在实现连片种植的条件下形成服务市场容量，由商品化率表征的农业分工程度得到深化，此时才能产生促进全要素生产率提升的边际效应。因此，农机服务外包的生产方式对一定经营规模的农户才会起到促进全要素生产率提高的作用。农业分工深化与服务市场容量密切相关，一方面，分工深化由农机服务外包程度反映出来；另一方面，由连片种植形成的服务市场容量是农业分工的条件。农机服务外包在农业分工深化的条件下促进粮食全要素生产率增长。因此，农业分工深化在农机服务外包影响粮食全要素生产率增长过程中产生调节效应；当粮食种植集中连片的比例越来越高时，由粮食商品率表征的农业分工程度有助于进一步促进农机服务外包对粮食全要素生产率的提升。由此提出研究假说 2：

农机服务外包通过农业分工深化的调节效应提升粮食全要素生产率。

二　形成技术进步偏向

本节主要从技术进步偏向的视角探讨农机服务外包影响粮食全要素生产率的作用机制，本书的观点是农机服务外包通过诱导机械投入偏向型技术进步的形成来提升粮食全要素生产率。具体的理论逻辑如图3—4所示。在劳动力上涨的背景下，农户根据自身要素禀赋，在利润最大化目标下做出购置农机具还是农机服务外包的机械使用方式决策。由于"大国小农"的国情和家庭小规模分散经营的特殊性，这两种主要的机械要素投入使用方式存在明显的财务差异。据文献报道，农地经营规模在100亩左右的农户购买农机具才符合规模经济，购买农机服务对小农户而言更划算（胡雯等，2019）。本书将服务外包的价格纳入机械要素投入方式的考察范畴，认为购买服务与购买农机具之间所形成的相对价格会在诱致技术变迁模型基础上进一步形成对技术进步偏向的诱导力，技术进步偏向在服务外包生产方式下加速形成，由此促进全要素生产率提升。本书采用盈亏平衡点分析两种机械要素使用方式的成本差异，同时通过拓展的诱致技术变迁模型，探讨农机服务与农机购置的相对价格对技术进步偏向的影响，进而分析农机服务外包通过技术进步偏向的中介作用促进全要素生产率提高。

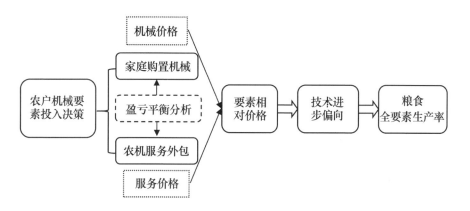

图3—4　农机服务外包通过技术进步偏向影响粮食全要素生产率

农户扩大农地经营规模是机械化耕种的前提条件，然而我国当前农地市场发育还不完善，农户扩大经营规模受到制约，因此农业生产的机械投入决策不仅受到劳动力价格上涨的影响，还与机械作业的成本密切相关。农机作业服务的出现为小农户提供了低成本使用机械作业的可能。小农户在购置大型农机具时存在资金约束，在使用操作大型农机具时还面临人力资本约束。农户对劳动价格相对于机械价格上升最直接的反应是增加机械投入减少劳动投入。然而，农户直接购买农机具还是购买农机服务的决策过程中不仅存在盈亏平衡点，还与土地经营规模有关，并且在土地要素市场不完善的情况下，机械替代劳动的具体方式受到盈亏平衡点的限制。本书认为，在超小土地经营规模的条件下，由于机械使用经济性或盈亏平衡点的制约，机械相对价格的下降可能不足以产生诱致作用，机械服务相对价格的下降可能才是农户用机械替代劳动的主要诱致因素。从诱致技术变迁模型的角度来看，农机服务外包相对价格的下降对小农户采用节约劳动技术的诱致可能比机械要素相对价格下降对节约劳动技术的诱致作用更明显。

（一）农户机械要素投入的使用方式决策分析

本书首先分析农户农业生产决策中机械要素使用方式的选择过程，论证机械购置与机械服务均会影响农户的机械使用方式决策。假设农户以收益最大化为目标，为简化分析过程，假定在农地经营规模不变的情形下，农户生产只考虑劳动力与机械的投入。农户生产粮食作物的生产函数为 $Q = f_d(L, M, S)$（$d = 0, 1$），其中，L 为劳动力投入，M 为购置机械的投入，S 为机械服务外包的投入。当 $d = 0$ 时，农户通过购置农机具实现机械化作业；当 $d = 1$ 时，农户采用农机服务外包的方式实现机械化作业。农户家庭劳动时间禀赋为 $\bar{L}$，机械投入禀赋为 $\bar{M}$。在家庭小规模经营的国情下，农户种粮的收益在农机服务外包方式下大于购买机械。假定非农劳动市场上的工资为 w，粮食价格为 P。为了保证利润最大化有解，假设生产函数为严格凹的，即生产函数的一阶偏导大于0，二阶偏导小于0。
农户的利润最大化问题如（3.9）式所示：

$$
\begin{cases}
\max \pi = P f_1(L_1,\ S) + P f_0(L_0,\ M) + (\bar{L} - L_0 - L_1) w - S - M \\[2mm]
\text{s. t.} \quad 0 \leqslant L_1 \leqslant L_0 \leqslant \bar{L} \\[2mm]
\qquad\qquad S \leqslant \bar{M} \\[2mm]
\qquad\qquad M \leqslant \bar{M} \\[2mm]
P f_1(L_1,\ S) + (\bar{L} - L_1) w - S \geqslant P f_0(L_0,\ M) + (\bar{L} - L_0)\ w - M
\end{cases}
$$
$$(3.9)$$

将 π 分别对 M、S 求一阶偏导并令两个一阶偏导分别为零，
则有：

$$
\begin{cases}
\dfrac{\partial \pi}{\partial M} = P f'_{0M}(L_0,\ M) - 1 = 0 \\[3mm]
\dfrac{\partial \pi}{\partial S} = P f'_{1S}(L_1,\ S) - 1 = 0
\end{cases}
$$
$$(3.10)$$

f'_{0M}、f'_{1S} 分别为 M、S、L 的函数，故对（3.10）式再求关于
M、S、L、P 的全微分，则有：

$$
\begin{cases}
P f''_{0MM} dM + P f''_{0ML_0} dL_0 + f'_{0M} dP = 0 \\[3mm]
P f''_{1SS} dS + P f''_{1SL_1} dL_1 + f'_{1S} dP = 0
\end{cases}
$$
$$(3.11)$$

令 $dP = 0$，由（3.11）式求得 dM、dS：

$$
\begin{cases}
dM = -\dfrac{f''_{0ML_0} dL_0}{f''_{0MM}} \\[4mm]
dS = -\dfrac{f''_{1SL_1} dL_1}{f''_{1SS}}
\end{cases}
$$
$$(3.12)$$

由（3.12）式可以得出机械购置 M 对农机服务外包 S 的影响，
则（3.12）式可以写为：

$$
\dfrac{dS}{dM} = \dfrac{f''_{0MM}(f''_{1SL_1} dL_1)}{f''_{1SS}(f''_{0ML_0} dL_0)}
$$
$$(3.13)$$

由生产函数为严格凹性的假设可得：$f''_{1SS} < 0$，$f''_{0MM} < 0$。那么 $\dfrac{dS}{dM}$ 的符号取决于 f''_{1SL_1} 和 f''_{0ML_0} 的符号。由于机械投入与劳动力投入要素是替代性生产要素，因此不论农户采用何种方式（购置农机具或者农机服务外包）进行机械投入，机械购置 M 与机械服务 S 均与劳动力 L 呈替代关系。劳动力成本上升促使农户增加机械要素投入，减少劳动力投入，机械购置 M 或者机械服务 S 的边际产出上升，机械购置 M 或者机械服务 S 投入上升。故 $f''_{1SL_1} < 0$，$f''_{0ML_0} < 0$，则 $\dfrac{dS}{dM} > 0$，表示当购置机械的价格上升，理性农户会增加农机服务投入来实现收益最大化。由此可见，农机服务外包与购置机械的价格均会对农户机械要素使用方式的决策产生影响。

（二）两种机械要素使用方式的盈亏平衡分析

既有文献关于劳动力价格上涨对机械投入的影响做了大量研究，认为劳动力价格上涨会提高农业机械化水平（郑旭媛、徐志刚，2017；Wang, et al.，2016）。在劳动力成本快速上涨的背景下，农户增加机械要素投入表现为要么购置农机具，要么采用农机服务外包的方式使用他人的农机具。那么，理性小农如何做出购置农机具或者采用农机服务外包的判断呢？本书采用盈亏平衡点的分析方式进行说明。假定农户购置一台农机具需要花费 M 元，使用年限为 N 年，每年重复利用率为 b，净残值率为 a%，则农户在农业生产中每次机械投入的费用为 $K = \dfrac{M(1 - a\%)}{Nb}$。若农户采用农机服务外包的方式，费用为每亩 r 元，农户的土地经营面积为 A 亩，则农户在农业生产中每次进行农机服务的费用为 $S = rA$。为了简化分析过程，暂不考虑购置农机具的农户将农机租赁出去的收入。当且仅当 $K = S$，即农地经营面积为 $A^* = \dfrac{M(1 - a\%)}{Nbr}$ 时，农户购置农机具与采用农机服务外包的机械使用成本无差异。若农地经营面积 $A < A^*$，则农户采用农机作业服务外包的成本更低；若农地经营面积 $A > A^*$，则农户购置农机具的成本更低。

　　为了进一步说明农地经营面积对农户机械投入决策的影响，下面通过农户机械投入盈亏平衡点分析图（图 3—5）来说明。为简化分析过程，假定农户投入的劳动力是固定不变的，即农户购置农机具或者采用农机作业服务外包对劳动投入没有影响。图 3—5 横轴代表农地经营面积 A，纵轴代表单位面积农地收入 W，农地经营的其他物质（种子、化肥、农药等）投入成本为 V，假定农户购置农机具或者采用农机作业服务外包的方式对单位面积农地收入无影响，对其他物质投入成本也没有影响。农户购置农机具情形下，总成本为每次机械购置的分摊成本与其他物质投入成本之和 K + V；农户采用农机作业服务外包情形下，总成本为农机服务费用与其他物质投入成本之和 S + V。根据前面的分析可知，当农地经营面积 $A < A^*$ 时，农户会采用农机作业服务外包的方式使用机械；当农地经营面积 $A > A^*$ 时，农户会直接购置农机具。

　　农户农地经营总收入为单位面积农地收入与农地经营面积的乘积，即 $Y = WA$。总收入与总成本的交点即为农地经营的盈亏平衡点。如图 3—5 所示，农户的总收入与农机服务情形下的总成本相交于 B 点，与购置农机具情形下的总成本相交于 C 点。盈亏平衡点 B 对应的农地经营面积为 A_2，盈亏平衡点 C 对应的农地经营面积为 A_1。当农户的农地经营面积 $A < A_2$ 时，无论农户购置农机具还是采用农机作业服务外包，农户都会亏损。此情形下，农户只有放弃机械化作业，选择传统方式耕作。当农户的农地经营面积 $A_2 < A < A_1$ 时，农户的总收入大于采用农机作业服务外包情形下的总成本，但却小于购置农机具情形下的总成本，此时理性农户会选择采用农机作业服务外包的方式进行机械化作业。当农地经营面积 $A_1 < A <$

A^* 时，农户总收入始终大于总成本，但农机服务情形下总成本更低，理性农户仍会选择采用农机作业服务外包的方式。当农地经营面积足够大，直到超过 A^* 时，农户购置农机具的总成本更低，此时理性农户才会选择直接购置农机具。

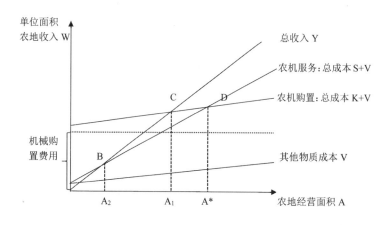

图3—5 农户机械投入方式的盈亏平衡点分析

由以上分析可以看出，农户生产经营中的机械要素投入不仅与农地经营面积有关，还与机械使用方式的价格有关。农地经营规模越大，购置农机具的分摊成本越低，农户越倾向于直接购买农机。然而，在中国农村，以家庭为单位的农户经营规模普遍较小，呈现出土地细碎化的特征。在农地市场发育缓慢的情况下，农户也难以通过土地流转降低土地细碎程度、实现土地规模扩张。采用农机作业服务外包的方式在机械使用成本上更具有优势，因此成为越来越广泛的机械化作业模式。当机械购置的价格越高时，农户购置农机的固定成本越高，A^* 向右移动，农机服务外包更具有价格优势，农户更会倾向于选择农机作业服务外包的方式采用机械技术。

（三）考虑服务要素相对价格的诱致技术变迁模型

在新古典经济学分析框架中的诱致性创新理论有一个前提假

设，那就是厂商根据完全竞争市场反映的要素价格调整生产计划，而这个要素价格则是资源有限性的市场反馈（速水佑次郎，2003）。农业部门中劳动、资本和土地是必不可少的三大要素。土地利用的"集约性"与"规模性"要求机械技术的投入使用需要与足够适度的土地规模相匹配（刘玉梅、田志宏，2008），土地要素的自由流动是机械替代劳动的基本条件。然而，在我国特殊农情及其农地流转交易不畅的约束下，通过服务外包的方式也可以满足机械化技术装备对土地规模的技术经济要求（胡新艳等，2016）。那么，在超小土地经营规模的条件下，诱致农户用机械替代劳动的相对价格是什么呢？

在劳动力成本快速上涨的背景下，机械要素投入与劳动投入相对价格的下降会诱导农户增加机械投入，减少劳动投入，从而形成机械投入偏向型技术进步。农户对机械要素的投入可以通过购置、租赁、农机服务外包等多种方式来实现。农户购置小微型农机具可以暂时节省劳动力，但在中国大部分地区小微型农机具的作业能力有限，很难实现省力又提质增效的双重目标。若农户直接购置大型农机具，一方面会受到人力资本水平和农地经营规模的双重制约，另一方面需承担高额维护成本、面临高风险。农机服务外包的方式可以提高大型农机具的利用率，形成对农业资本要素的迂回使用。尤其对小农户而言，农机服务外包的方式既能节约劳动力，又能降低农户机械采用的成本，还有利于农户迂回使用先进技术并实现提质增效。因此，机械要素投入方式对技术进步的偏向起着重要作用；在小规模经营和农地市场发育缓慢的国情下，农机服务外包的方式可能对于技术进步偏向的作用更为直接和有效。

本书通过拓展的诱致技术变迁模型来分析农机服务和农机购置方式下要素相对价格对技术进步偏向可能产生的影响。诱致技术变迁理论强调了农业生产要素相对价格对技术进步偏向的诱导作用，其隐含的前提条件是农户直接通过购置农机来替代劳动力的投入。但家庭购置农机只是农户机械投入的一种方式，租赁机械和购买农机外包服务也是实现机械替代劳动力的可能途径。特别是在小规模经营的条件下，农户购置农机通常是不划算的，农机作业服务外包方式为小农户提供了实现机械作业的可行性。因此农机服务与劳动力的相对价格对小农户使用机械替代劳动力的影响和技术偏向的诱导可能更直接、更明显。诱致技术变迁理论忽视了机械要素使用方式对要素相对价格变化的影响，难以准确反映在主要通过外包服务方式使用机械作业的条件下要素相对价格对技术进步偏向的诱导过程，本书则弥补了相关文献的不足。

图 3—6 和图 3—7 展示了不同土地要素市场类型下机械与劳动力相对价格变化对技术进步偏向的诱致过程。图 3—6 和图 3—7 中三条坐标分别代表农户在生产中三种要素（劳动力、土地、机械购置或者服务外包）的投入数量，横坐标以下部分反映在用机械替代劳动的情形下土地与机械的互补关系。I 曲线表示农户生产的"创新可能性曲线"，指同一时期内农户可以利用的所有要素相对应的单位等产量曲线的包络线。随着经验的积累和农户生产能力的提高，这条曲线会移动，从 0 时期的 I_0 移动到 1 时期的 I_1 再到 2 时期的 I_2，表明随着技术的改进，生产同样产量的投入要素更少。i 曲线表示在特定要素组合下生产成本最小化的技术，随着要素稀缺的变动，i 曲线由 0 时期的 i_0 移动到 1 时期的 i_1 再到 2 时期的 i_2，表明技术变迁的方向。技术曲线与创新可能性曲线的交点即为要素组合下最小成本点。

（1）在土地要素市场完善的情形下，诱导农户采用机械的相对价格为农户购置机械与劳动力的相对价格。土地规模扩张不受限制，机械替代劳动力可以通过土地规模的调整实现机械技术对规模性的要求。此时图 3—6（a）显示土地要素市场完善下在 0 时期农户技术选择的最小成本点为 a，劳动力、机械和土地要素投入分别为 L_0、M_0、A_0，此时机械与劳动力的相对价格为 $P_0 = \left(\dfrac{k}{w}\right)_0$，其中 k 表示购置农机的价格，w 表示劳动力的价格。图 3—6（b）显示在 1 时期劳动力价格上涨，劳动要素变得相对稀缺，购买机械与劳动力之间的相对价格变小，$P_1 = \left(\dfrac{k}{w}\right)_1 < P_0 = \left(\dfrac{k}{w}\right)_0$。理性农户出于利润最大化做出使用机械替代劳动的技术选择，由于土地市场完善，农户可以低成本扩大土地要素投入至 A_1，以满足机械技术对土地规模的技术经济要求。1 时期农户通过购置农机达到最小成本点 b，机械投入增加至 M_1，节约劳动力投入 $L_0 L_1$。

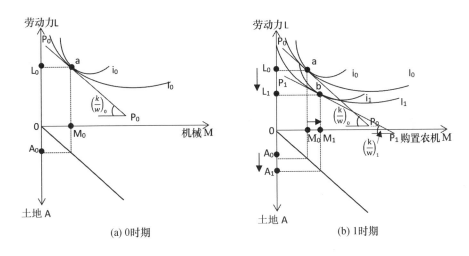

图3—6 土地市场完备时的诱致技术变迁模型

（2）事实上我国土地要素市场并不完善，诱导农户采用机械的相对价格为农机服务外包与劳动力的相对价格。土地流转往往受到约束，超小土地规模经营是大多数农户家庭经营的常态。农户通过服务外包的方式使用机械可以规避土地规模对机械技术操作的要求，成为"大国小农"国情下小农户机械技术选择的路径。图3—

7（c）显示土地要素市场不完善情形下在 0 时期农户技术选择的最
小成本点为 a。图 3—7（d）显示在 2 时期劳动力价格上涨使得劳
动要素相对稀缺。由于土地市场不完善，农户难以通过扩大土地经
营规模来达到自家购置机械的技术经济性，生产方式和管理水平的
改进使农机服务外包的方式成为小农户采用机械作业的技术选择路
径。此外，农户家庭购买机械与服务外包方式之间的盈亏平衡点决
定了小规模经营条件下服务外包比机械购置（尤其是高科技含量的
大型农机具）更划算。如图 3—7（d）所示，农机服务与劳动力的
相对价格从 P_0 进一步下降至 $P_2 = \left(\dfrac{r}{w}\right)_2$，r 表示购买农机服务的价
格。创新可能性曲线朝着原点方向由 I_0 移动到 I_2，均衡点由 a 到 c。
此时技术由 i_0 非平行移动至 i_2，技术进步进一步向机械偏向型方向
发展。农户扩大土地规模受到限制〔如图 3—7（d）所示，A_0A_2 极
小〕，在服务外包的相对价格诱导下达到最小成本点 c，机械投入
增加至 S_1，节约劳动力投入 L_0L_2。

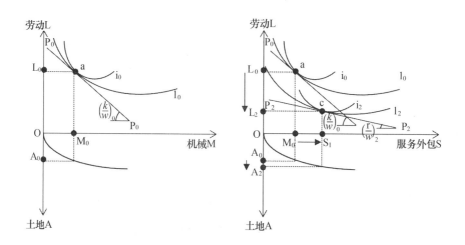

图 3—7　土地市场不完备时拓展的诱致技术变迁模型

综合以上分析，在中国土地市场不完善的现状下，机械替代劳

动力受到家庭购置农机与购买服务之间盈亏平衡点的制约，农业生产机械技术变迁更主要是受到农机服务外包相对价格的诱导。本书的观点将诱致技术变迁模型的核心概念要素相对价格进行了拓展，并将诱致技术变迁分析框架从关注要素相对价格的作用拓展到关注服务相对价格的影响。

（四）要素相对价格诱导技术进步偏向的数理模型：考虑服务要素的相对价格

农户扩大农地经营规模是机械化耕种的前提条件，然而我国当前农地市场发育还不完善，农户扩大经营规模受到制约，因此农业生产的机械投入决策不仅受到劳动力价格上涨的影响，还与机械作业的单位成本密切相关。农机服务外包的出现为小农户提供了低成本使用机械作业的可能。然而，农户不仅要考虑预期收益或者成本减少，还要考虑选择不同机械要素投入方式之间的盈亏平衡问题。为了简化分析过程，暂不考虑购置农机具的农户将农机租赁出去的收入。令农户家庭购置一台农机具的价格为 k，可以正常使用 N 年，每年重复利用率为 b，净残值率为 a%。若农户采用农机服务外包的价格为 r 元/亩，农户的土地经营面积为 A 亩。根据前文盈亏平衡分析可知，当且仅当农地经营面积为 $A^* = \dfrac{k(1-a\%)}{Nbr}$ [①] 时，农户购置农机具与采用农机服务外包的机械使用成本无差异，A^* 即为两种机械要素实现方式的农地经营规模盈亏平衡点。当农地经营面积 $A < A^*$ 时，农户经营 A 亩粮食的总收入始终大于总成本，但农机服务情形下总成本更低，理性农户会选择采用农机服务外包

---

① 根据文中假定，农户购置一台农机具的价格为 k 元，使用年限为 N 年，每年重复利用率为 b，净残值率为 a%，则农户在农业生产中分摊的农机具购置成本为 $\dfrac{k(1-a\%)}{Nb}$，盈亏平衡点的实现条件为：农户服务外包的费用与购置农机具的分摊成本相等，即 $rA^* = \dfrac{k(1-a\%)}{Nb}$。

的方式。当农地经营面积 A 足够大，直到超过 A^* 时，农户购置农机具的总成本更低，此时理性农户才会选择直接购置农机具。当农地流转受限无法继续扩大经营规模时，利用农机服务外包的方式使用机械具有成本优势。

下面分析农户生产决策中机械要素使用方式的相对价格变动对技术进步偏向的影响机制。假设农户以利润最大化为目标，为简化分析过程，假定农户生产中考虑劳动力、土地与机械要素的投入。农户生产粮食作物的生产函数为 $Q = f_d(L, A, B \cdot M/S)$，其中 d = 0 或 1，L、A 分别为劳动力和土地要素的投入份额，M/S 表示不同方式下的机械要素投入份额，M 为购置农机具，S 为农机服务外包；B 表示机械投入偏向型技术进步率，是指由技术进步带来的机械要素相对边际产出的比率（Acemoglu，2007）。f_d 表示农户采用不同机械实现方式下的生产函数，当 d = 0 时，农户直接购置农机具投入机械要素，机械要素投入份额表示为 BM；当 d = 1 时，农户采用农机服务外包的方式实现机械化作业，机械作业投入份额表示为 BS。农户家庭劳动时间禀赋为 $\bar{L}$，土地禀赋为 $\bar{A}$，机械投入禀赋为 $\bar{M}$。假定农业劳动力的价格为 w，农机服务外包的价格为 r，农机购置的价格为 k，粮食价格为 P。由于土地经营规模是制约农户机械实现方式选择的重要因素，农户的利润最大化问题转化为关于土地投入 A 的分段函数，如（3.14）式所示：

$$\max \pi = \begin{cases} P f_1(L_1, A, B \cdot S) - L_1 w - rS (A \leqslant A^*) \\ P f_0(L_0, A, B \cdot M) - L_0 w - \dfrac{k(1 - a\%)}{Nb} M (A > A^*) \end{cases}$$

$$s.t. \, 0 \leqslant L_1 \leqslant L_0 \leqslant \bar{L} \qquad (3.14)$$

$$S \leqslant \bar{M}, \, M \leqslant \bar{M}$$

机械要素使用方式的选择条件为：

①当农地经营规模小于等于两种机械实现方式的盈亏平衡点

时，农户采用服务外包方式使用机械技术的成本收益大于直接购置农机具的成本收益。

$$Pf_1(L_1, A, BS) - wL_1 - rS > P$$

$$f_0(L_0, A, BM) - wL_0 - kM(A \leqslant A^*) \quad (3.15)$$

②当农地经营规模大于两种机械实现方式的盈亏平衡点时，农户直接购置农机具的成本收益大于采用服务外包方式使用机械技术的成本收益。

$$Pf_0(L_0, A, BM) - wL_0 - kM > P$$

$$f_1(L_1, A, BS) - wL_1 - rS(A > A^*) \quad (3.16)$$

将 π 分别对 M、S、L_1、L_0 求一阶偏导并令四个一阶偏导分别为零，得到农户利润最大化的条件为：

$$
\begin{cases}
\dfrac{\partial \pi}{\partial M} = PBf'_{0M}(L_0, A, BM) - \dfrac{k(1 - a\%)}{Nb} = 0 \\[2mm]
\dfrac{\partial \pi}{\partial S} = PBf'_{1S}(L_1, A, BS) - r = 0 \\[2mm]
\dfrac{\partial \pi}{\partial L_1} = PBf'_{1L_1}(L_1, A, BS) - w = 0(A \leqslant A^*) \\[2mm]
\dfrac{\partial \pi}{\partial L_0} = PBf'_{0L_0}(L_0, A, BM) - w = 0(A > A^*)
\end{cases}
\quad (3.17)
$$

由（3.17）式整理可得：

$$
\begin{cases}
B = \dfrac{k}{w} \cdot \dfrac{1 - a\%}{Nb} \cdot \dfrac{f'_{0L_0}(L_0, A, BM)}{f'_{0M}(L_0, A, BM)}(A > A^*) \\[3mm]
B = \dfrac{r}{w} \cdot \dfrac{f'_{1L_1}(L_1, A, BS)}{f'_{1S}(L_1, A, BS)}(A \leqslant A^*)
\end{cases}
\quad (3.18)
$$

由（3.18）式可以看出，技术进步偏向指数 B 是关于要素相对价格的函数。（3.18）式中 $\dfrac{k}{w}$ 为购置农机具与劳动力的相对价格，$f'_{0L_0}(L_0, A, B \cdot M)$ 为购置农机具情形下的劳动要素边际产出率，

$f'_{0M}(L_0, A, B \cdot M)$ 为购置农机具的边际产出率；（3.18）式中 $\frac{r}{w}$ 为农机服务与劳动力的相对价格，$f'_{1L_1}(L_1, A, B \cdot S)$ 为服务外包情形下的劳动要素边际产出率，$f'_{1S}(L_1, A, B \cdot S)$ 为农机服务的边际产出率。本书依据"要素相对价格变化→要素投入结构变化→要素边际产出率变化/要素相对边际产出率变化→技术进步偏向形成"的影响机制展开分析。根据（3.18）式，分别将 B 对 $\frac{k}{w}$ 和 $\frac{r}{w}$ 求偏导，则要素相对价格变化对技术进步偏向的影响机制可以用公式表达为：

$$\begin{cases} \dfrac{\partial B}{\partial \left(\dfrac{k}{w}\right)} = \dfrac{1 - a\%}{Nb} \cdot \dfrac{f'_{0L_0}(L_0, A, BM)}{f'_{0M}(L_0, A, BM)}(A > A^*) \\[3mm] \dfrac{\partial B}{\partial \left(\dfrac{r}{w}\right)} = \dfrac{f'_{1L_1}(L_1, A, BS)}{f'_{1S}(L_1, A, BS)}(A \leq A^*) \end{cases} \quad (3.19)$$

当劳动力价格上涨时，机械与劳动要素的相对价格下降。劳动要素的投入成本增加，增加农业劳动投入不利于提高边际产出率，$f'_{1L_1}(L_1, A, BS) < 0$，$f'_{0L_0}(L_0, A, BM) < 0$。若土地投入超过盈亏平衡点的经营规模（$A > A^*$），农户直接购置农机具更符合经济原则，增加购置农机具的投入可以提高机械要素的边际产出率，$f'_{0M}(L_0, A, BM) > 0$，形成机械投入偏向型技术进步。若土地投入小于盈亏平衡点的经营规模（$A \leq A^*$），农户采用服务外包的方式进行机械作业更经济，增加农机服务的投入可以提高服务要素的边际产出率，$f'_{1S}(L_1, A, BS) > 0$，形成机械投入偏向型技术进步。由于购置农机具的分摊成本比率 $\frac{1 - a\%}{Nb} > 0$，将以上分析式子全部代入（3.19）式可得：$\dfrac{\partial B}{\partial \left(\dfrac{k}{w}\right)} < 0$，$\dfrac{\partial B}{\partial \left(\dfrac{r}{w}\right)} < 0$，要素相对价格

$\dfrac{k}{w}$、$\dfrac{r}{w}$ 的变化与技术进步偏向 B 呈反比例关系。

当劳动力价格下降时，购置农机具与劳动力的相对价格上升，农机服务与劳动力的相对价格也上升。此时增加机械要素投入的成本过高，对边际产出率不利，$f'_{0M}(L_0,A,BM)<0$，$f'_{1S}(L_1,A,BS)<0$。劳动要素的使用成本降低，增加劳动投入有利于提高边际产出率，$f'_{1L_1}(L_1,A,BS)>0$，$f'_{0L_0}(L_0,A,BM)>0$。将以上分析式子代入（3.19）式可得：$\dfrac{\partial B}{\partial\left(\dfrac{k}{w}\right)}<0$，$\dfrac{\partial B}{\partial\left(\dfrac{r}{w}\right)}<0$，要素相对价格 $\dfrac{k}{w}$、

$\dfrac{r}{w}$ 的变化与技术进步偏向 B 呈反比例关系。由此可得，若购置农机具与劳动力的相对价格变化与机械偏向型技术进步之间表现出反比例关系，则说明购置农机与劳动的要素相对价格对技术进步偏向产生诱导作用；若农机服务外包与劳动力的相对价格变化与机械偏向型技术进步之间表现出反比例关系，则说明农机服务与劳动的要素相对价格对技术进步偏向产生诱导作用。

同时考虑不同机械要素投入方式（购置农机具和农机服务外包）对技术进步偏向的作用，还需要对比两种机械要素投入方式形成的相对价格带来的影响。由（3.18）式变换可得：

$$\frac{\dfrac{r}{w}}{\dfrac{k}{w}}=\frac{1-a\%}{Nb}\cdot\frac{f'_{1S}(L_1,A,BS)}{f'_{0M}(L_0,A,BM)}\cdot\frac{f'_{0L_0}(L_0,A,BM)}{f'_{1L_1}(L_1,A,BS)} \quad (3.20)$$

由于 $BM=\dfrac{k(1-a\%)}{Nb}$，代入（3.20）式得：$B=\dfrac{r}{k}\cdot\dfrac{k}{M}\cdot$

$\dfrac{f'_{0M}(L_0,A,BM)}{f'_{1S}(L_1,A,BS)}\cdot\dfrac{f'_{1L_1}(L_1,A,BS)}{f'_{0L_0}(L_0,A,BM)}$

将 B 对 $\dfrac{r}{k}$ 求偏导可得：

$$\frac{\partial B}{\partial \left(\dfrac{r}{k} \right)} = \frac{k}{M} \cdot \frac{f'_{0M}(L_0, A, BM)}{f'_{1S}(L_1, A, BS)} \cdot \frac{f'_{1L_1}(L_1, A, BS)}{f'_{0L_0}(L_0, A, BM)} \quad (3.21)$$

当劳动力价格上涨时，$f'_{1L_1}(L_1, A, BS) < 0$，$f'_{0L_0}(L_0, A, BM) < 0$。若 $A \leqslant A^*$，农机服务外包比农户直接购置农机具的成本更低，农机服务与农机购置的相对价格下降，增加农机服务作业量相比较于增加购置的农机具而言更加有利于提升机械要素的边际产出率，此时 $\left| \dfrac{f'_{0M}(L_0, A, BM)}{f'_{1S}(L_1, A, BS)} \right| < 1$。理性农户会增加农机作业服务量，削减农机具购置的投入，因此 $f'_{1S}(L_1, A, BS) > 0$，$f'_{0M}(L_0, A, BM) < 0$。将其代入（3.21）式可得：$\dfrac{\partial B}{\partial \left(\dfrac{r}{k} \right)} < 0$。若 $A > A^*$，农机服务与农机购置的相对价格上升，增加购置的农机具相比较于增加农机服务作业量而言更加有利于提升机械要素的边际产出率，此时 $\left| \dfrac{f'_{0M}(L_0, A, BM)}{f'_{1S}(L_1, A, BS)} \right| > 1$。理性农户会直接增加购置农机具的支出，减少农机服务作业量，因此 $f'_{0M}(L_0, A, BM) > 0$，$f'_{1S}(L_1, A, BS) < 0$。将其代入（3.21）式得到：$\dfrac{\partial B}{\partial \left(\dfrac{r}{k} \right)} < 0$。农机服务与农机购置相对价格 $\dfrac{r}{k}$ 的变化与技术进步偏向 B 呈反比例关系。由此，同时考虑两种不同的机械使用方式，若农机服务与购置农机具的相对价格变化与技术进步偏向之间表现出反比例关系，则说明农机服务与农机购置的相对价格对技术进步偏向产生诱导作用，并且购置农机具通过农机服务外包的方式对机械偏向型技术进步产生叠加的诱导效应。

（五）农机服务外包、技术进步偏向与粮食全要素生产率

前文基于服务要素相对价格的诱导，论证了农机服务外包的方式可以促进机械要素投入偏向型技术进步的形成。农机作业服务是农业资本化的主要方式，是衔接"小农户"与"大生产"的重要桥梁（胡雯等，2019）。奥地利学派将生产者服务过程称为资本积累和专业化过程。农户通过农机服务外包的方式实现机械化的粮食生产，实际上是通过生产性服务形成资本积累，加速农业资本深化过程。资本深化有利于农业经济的增长，以农机服务带动的资本积累型技术进步成为现代农业发展的先进生产力（李谷成等，2013）。在人地比例没有发生根本性转变的现实国情下，资本深化有利于补充劳动力、土地和技术等要素，兼具生产率效应和要素替代效应，资本深化成为农业增长的动力来源（李谷成，2015）。技术进步偏向性与要素结构适配性有利于全要素生产率的增长（雷钦礼、徐家春，2015），中国各省份和国外研究均表明投入偏向型技术进步会促进农业全要素生产率增长（武舜臣等，2016；付明辉、祁春节，2016；尹朝静等，2018）。

为了进一步分析农机服务外包、技术进步偏向对粮食全要素生产率的影响机制，本书借鉴陈汝影、余东华（2019）的分析思路，将粮食生产函数设定为只包含劳动力和资本两要素（简化分析过程需要）的 CES 模型：

$$Y = A \left[\theta(B_k K)^{\frac{\sigma-1}{\sigma}} + (1-\theta)(B_l L)^{\frac{\sigma-1}{\sigma}} \right]^{\frac{\sigma}{\sigma-1}} \qquad (3.22)$$

（3.22）式中，Y 表示粮食产出，K 表示资本要素，L 表示劳动力要素。农机服务外包用资本深化 $\Delta \dfrac{K}{L}$ 的形式来表示，当资本与劳动力要素的比值变化越大，资本深化深度越高，农机服务外包的程度也越高。A 为广义技术进步参数，$\theta \in (0,1)$ 为要素分配参数。B_k、B_l 分别表示资本偏向型和劳动偏向型技术进步，假设其他条件

不变，B_k 或者 B_l 增大时，增加资本或者劳动要素会提高粮食产量，因此 B_kK、B_lL 表示为以生产能力进行衡量的要素投入。σ 表示资本要素与劳动力要素的替代弹性，当 $\sigma > 1$ 时，要素之间呈替代关系，当 $\sigma < 1$ 时，要素之间呈互补关系。

计算资本与劳动要素的边际产出比值为：

$$\omega = \frac{MP_K}{MP_L} = \frac{\theta}{1-\theta}\left(\frac{B_k}{B_l}\right)^{\frac{\sigma-1}{\sigma}}\left(\frac{K}{L}\right)^{\frac{\sigma-1}{\sigma}} \tag{3.23}$$

本书参照戴天仕和徐现祥（2010）的方法计算 Hicks 型技术进步偏向指数：

$$d = \frac{1}{\omega} \cdot \frac{\partial \omega}{\partial\left(\frac{B_k}{B_l}\right)} = \frac{\sigma-1}{\sigma}(B_k - B_l) \tag{3.24}$$

根据 Hicks 型技术进步偏向的定义，由技术进步引起的资本劳动边际产出比的绝对值越大说明技术进步偏向程度越高。当技术进步偏向指数 $d > 0$ 时，为资本偏向性技术进步；当 $d < 0$ 时，则为劳动偏向性技术进步；当 $d = 0$ 时，为中性技术进步。借鉴 Kmenta（1967）的方法，本书对（3.22）式取对数后在 $\sigma = 1$ 处进行二阶泰勒展开得到：

$$\log(Y) = \log(A) + \theta\log(B_kK) + (1-\theta)$$
$$\log(B_lL) + \frac{\sigma-1}{2\sigma}\theta(1-\theta)\left[\log(B_kK) - \log(B_lL)\right]^2$$
$$\tag{3.25}$$

对（3.25）式求全微分，根据 Solow（1957）对全要素生产率的定义，在经济增长率中剔除 K 与 L 要素投入增长的影响，得到 TFP 增长率的表达式为：

$$\Delta TFP = \theta B_k + (1-\theta)B_l + \frac{\sigma-1}{\sigma}\theta(1-\theta)$$
$$\left(B_k - B_l + \Delta\frac{K}{L}\right)\log\left(\frac{B_kK}{B_lL}\right) \tag{3.26}$$

将（3.24）式代入（3.26）式得到：

$$\Delta TFP = \theta B_k + (1 - \theta)B_l + \theta(1 - \theta)$$

$$\left(d + \frac{\sigma - 1}{\sigma}\Delta\frac{K}{L}\right)\log\left(\frac{B_k K}{B_l L}\right) \tag{3.27}$$

对（3.27）式求 $\Delta\frac{K}{L}$ 的偏导可得：

$$\frac{\partial \Delta TFP}{\partial \Delta\frac{K}{L}} = \frac{\sigma - 1}{\sigma}\theta(1 - \theta)\log\left(\frac{B_k K}{B_l L}\right) \tag{3.28}$$

由（3.28）式可以看出资本深化对全要素生产率的影响机制。本书将 $\frac{B_k K}{B_l L}$ 看成是粮食生产资本与劳动力投入的要素结构，即资本与劳动力两种要素生产能力强弱的比较。在小农户的粮食生产过程中，由于劳动成本不断上涨，农户倾向于采用农机服务外包的方式实现资本对劳动力的替代，资本要素生产能力较劳动力要素生产能力更强，要素结构偏向资本，$B_k K > B_l L$。由于粮食生产中资本与劳动力要素之间呈替代关系，$\sigma > 1$，因此 $\dfrac{\partial \Delta TFP}{\partial \Delta\frac{K}{L}} > 0$，由农机服务外包形成的资本深化有利于粮食全要素生产率增长率的提高。

对（3.27）式求 d 的偏导可得：

$$\frac{\partial \Delta TFP}{\partial d} = \theta(1 - \theta)\log\left(\frac{B_k K}{B_l L}\right) \tag{3.29}$$

从（3.29）式可以看出技术进步偏向对全要素生产率增长率的影响取决于 $\frac{B_k K}{B_l L}$。根据前文分析可知，粮食生产中小农户通过服务外包的方式实现机械作业，要素结构偏向资本，$B_k K > B_l L$，$\dfrac{\partial \Delta TFP}{\partial d} > 0$，此时技术进步偏向资本将有利于提高粮食全要素生产率增长率。由

（3.21）式的推导结果可知，农机服务外包在要素相对价格的诱导机制下促进技术进步偏向的形成。（3.29）式的推导结果显示，农机服务外包的生产方式有助于小农户实现资本对劳动力的替代，资本深化通过技术进步偏向的中介效应促进粮食全要素生产率提高。综合上述分析和推演提出以下研究假说。

研究假说3：农机服务的要素相对价格对机械偏向型技术进步产生诱导作用。

研究假说4：技术进步偏向在农机服务外包与粮食全要素生产率之间产生中介效应。

农业生产面临人口老龄化和人力资本流失的双重制约，严重阻碍农业生产现代化发展。农户通过外包的方式迂回利用机械、知识和技术等要素，使得更多农业科技成果、先进生产技术、工艺流程以中间服务的形式嵌入农户生产过程，弥补农业人力资本流失带来的负面效应。此外，农机服务供应商的技术溢出还会影响农户的技术学习行为、降低农户技术学习成本。本书认为农机服务外包影响粮食全要素生产率的微观机制主要体现在人力资本效应和技术学习效应。具体而言，农机服务商通过专业化的服务将农业新品种、种植新技术、新工艺等直接引入农业生产过程，不仅弥补农业人力资本流失，而且降低农户学习新技术的成本，减小农户采纳新品种的风险，有利于农户提高全要素生产率。农机服务外包影响粮食全要素生产率的微观机制可以用图3—8表示。

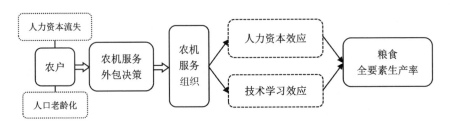

图3—8　农机服务外包影响粮食全要素生产率的微观机制

三　弥补人力资本流失

人力资本与知识资本在经济增长中具有重要作用（Schultz，1964）。大部分的人力资本与知识资本通过厂商进入生产过程，厂商通过运用高新科学技术及知识获取市场竞争力。在乡村振兴战略的实施中人才是关键，知识和技术是农业农村现代化的必要保障，因此需要大力提高人力资本，为创新发展提供智力支持。农业农村经济的发展离不开农业生产的技术创新、生产方式创新以及商业运营模式创新，而这些创新的关键在于人才和知识的积累（谢兰兰，2020）。服务业在国民经济中具有"黏合剂"的功能，这一功能使之成为经济增长的牵引力和经济竞争力提高的助推器（程大中，2004）。Grubel 和 Walker（1989）将生产者服务部门形象地比喻为把日益专业化的人力资本和知识资本引进商品生产部门的飞轮。服务部门的增长是知识和人力资本积累过程的结果，也是伴随着生产日益迂回的结果，奥地利学派称之为资本积累和专业化过程。通过服务部门，创新的收益将转移到服务的购买者身上，对生产率的提高产生重要贡献。

服务外包的本质在于通过合约的形式将人力资本市场和企业的劳务活动匹配协调起来，有助于优化人力资本的资源配置，带来人力资本配置方式变革（江小涓，2008）。服务供应商的人力资本和研发是影响技术外溢程度的两个主要因素，服务外包的比较优势在于人力资本，有助于实现知识的有效生产和传播（Nelson and Phelps，1966；Cui, et al.，2011）。由服务外包带来的人力资本与其劳务活动相分离，可以使资源配置降低成本和提高效率，人力资本能力积累加速，推动经济增长。农业生产性服务业将专业的人才、知识和技术引入小农户生产过程，实现农业现代化专业化生产，可以有效促进劳动、土地、资本等要素生产率的提高，进而促进农业全要素生产率增长（秦天等，2017）。

本书借鉴 Marrewijk（1997）的分析框架，假设粮食生产由农户和中间服务部门组成。粮食生产的投入包括劳动力、土地、物质资本和人力资本，中间服务部门为农户提供农机服务，产出的是知识资本和人力资本。把农机服务外包作为农户粮食生产的中间投入，将其输入的人力资本、知识资本引入农业生产函数模型 $f[L, T, K, H(S)]$。农户投入土地 T、劳动力 L 和物质资本 K，中间服务商通过迂回生产的方式将人力资本、知识资本 H 带入农业生产过程。本书假定农户生产的粮食价格为 P，假设不同的农户拥有相同的生产函数（Stigler，1976），同时假定粮食全要素生产率为农机服务外包环节的函数 $TFP(S)$，并将粮食 TFP 设定为农户实际总产出量与理论最大产出量之比，农户实际总产出量为 $TFP(S)f[L,T,K,H(S)]$。由全要素生产率的内涵可知，TFP 越高的农户其理论最大产出量与实际产出量之间的差距越小。由于粮食比较收益偏低，理性农户倾向于投入部分家庭劳动力 L 在粮食生产中，并且倾向于将高水平的人力资本投入非粮化领域，w 为非粮化劳动的工资收益率。土地 T 以经营粮食面积的大小来衡量，r 为土地非粮化的租金收益。物质资本 K 是粮食生产中用于购买种子、化肥、农药等的费用，农机作业服务 S_j 是农户服务外包的总投入。农户家庭劳动时间禀赋为 $\bar{L}$，土地禀赋为 $\bar{T}$，用于农业生产的物质资本禀赋为 $\bar{K}$。农户利润最大化问题可以表示为：

$$\max\pi = TFP(S) \cdot P \cdot f[L,T,K,H(S)]$$

$$+ (\bar{L} - L)w + (\bar{T} - T)r - (K + S_j)$$

$$s.t. \ 0 \leqslant T \leqslant \bar{T}$$

$$0 \leqslant L \leqslant \bar{L}$$

$$0 \leqslant K + S_i \leqslant \bar{K} \tag{3.30}$$

假设农户将 j 个生产环节以外包的方式交给农机服务组织（农机户）完成，则粮食生产由农户 Y 和中间服务商两个部门组成。专业化的生产性服务供应商不仅提供农机作业，还会提供适应农机操作的品种配套方案以及后续环节的技术方案。由此，知识资本和人力资本通过生产性服务供应商注入了种粮生产过程。农户采用服务外包的方式进行迂回生产相当于借用生产性服务供应商输送的知识资本和人力资本。假定中间服务商通过无条件地组合生产环节 $S_1, \cdots, S_j$ 进行服务，每个环节为农业生产注入的人力资本和知识资本为 $H_1, \cdots, H_j$，则中间服务商为农业生产输入人力资本的生产函数可以表示为：

$$H = \sum_{j=1}^{n} H_j(S_j) = \left(\sum_{j=1}^{n} S_j^{\rho} \right)^{\frac{1}{\rho}} \tag{3.31}$$

（3.31）式中，参数 $0 < \rho < 1$，ρ 越接近 1 说明在由服务组织为生产过程提供知识资本和人力资本时，各环节的生产性服务越容易实现相互替代。假设农机服务的生产函数相同，在提供人力资本、知识资本的过程中每个服务环节的地位相同，也就是说各服务环节处于对称均衡中，所有的生产服务环节的价格相同，生产中投入的数量也相同。用公式表达为：$S_j = m, j = 1, 2, \cdots, n$，则农机服务的投入总量可以表示为 $S = nm$，代入（3.31）式可得：$H = n^{\frac{1}{\rho}} m$，转换为农机服务投入量与人力资本的关系式为：

$$H = n^{\frac{1-\rho}{\rho}} S \tag{3.32}$$

由于 $\rho < 1$，人力资本输入量随着农业生产环节外包数量的增加而增加，人力资本 H 随着生产环节 n 的扩大出现报酬递增，由此说明随着农业生产性服务投入的增加，输入农业生产过程的知识资本和人力资本呈现报酬递增，生产性服务的知识密集性质产生规模经济效应。中间服务商在为农业生产输送知识资本和人

力资本的过程中，农户外包的环节数越多，外包行为越统一，则各生产环节的生产性服务之间的匹配度越高，生产效率越高。随着迂回生产的逐步深化，采用农机服务外包的农户越来越多，中间服务商的规模报酬开始递增。报酬递增又会激励中间服务商进一步增加人力资本投资，通过研发和创新将更多的知识和技术输送到农业生产领域。

将中间服务商的生产函数所表达的人力资本产出（3.32）式代入农户的生产函数得到 $f(L, T, K, n^{\frac{1-\rho}{\rho}}S)$，农户利润最大化表达为：

$$\max\pi = TFP(S) \cdot P \cdot f(L, T, K, n^{\frac{1-\rho}{\rho}}S)$$

$$+ (\bar{L} - L)w + (\bar{T} - T)r - (K + S_j)$$

$$\text{s. t.} \quad 0 \leqslant T \leqslant \bar{T}$$

$$0 \leqslant L \leqslant \bar{L}$$

$$0 \leqslant K + S_i \leqslant \bar{K} \tag{3.33}$$

对（3.33）式进行一阶求偏导，得到利润最大化的一阶条件如下：

$$\begin{cases} L: TFP(S)f'_L[L, T, K, n^{\frac{1-\rho}{\rho}}S] = w \\ \\ T: TFP(S)f'_T[L, T, K, n^{\frac{1-\rho}{\rho}}S] = r \\ \\ K: TFP(S)f'_K[L, T, K, n^{\frac{1-\rho}{\rho}}S] = -1 \\ \\ S: TFP(S)n^{\frac{1-\rho}{\rho}} + TFP'(S)f[L, T, K, n^{\frac{1-\rho}{\rho}}S] = -1 \end{cases} \tag{3.34}$$

对农机服务投入的一阶条件求二阶偏导得到：

$$2TFP'(S)n^{\frac{1-\rho}{\rho}} + TFP''(S)f[L, T, K, n^{\frac{1-\rho}{\rho}}S] = 0 \tag{3.35}$$

根据前文论证所得结论，农机服务外包程度的提升有利于促进全要素生产率的提升，综合（3.35）式可得：$TFP'(S) > 0$，$TFP''(S) < 0$。全要生产率对人力资本的偏导数可以表示为：

$$TFP'(H) = TFP'(S)\frac{\partial S}{\partial H} \qquad (3.36)$$

根据（3.32）式求导得到农机服务对人力资本的偏导数为：$\frac{\partial S}{\partial H} = n^{\frac{\rho-1}{\rho}}$，代入（3.36）式可得：$TFP'(H) = TFP'(S)n^{\frac{\rho-1}{\rho}}$，由 $0 < \rho < 1$，$TFP'(S) > 0$ 得到 $TFP'(H) > 0$。由生产服务外包向粮食生产过程输入的人力资本、知识资本与全要素生产率之间呈正相关关系，服务外包的环节越多，输入的人力资本、知识资本越多，越有利于提高粮食全要素生产率。农机服务组织以迂回生产的方式利用农机手的知识资本和人力资本，农户只需要支付一定的服务费用，就可以完成粮食生产过程。这样农户就可以将家庭自身的人力资本配置在收益率更高的部门，由此实现农户利润最大化。农户通过服务外包的方式迂回利用中间生产性服务商的人力资本，弥补农业生产人力资本流失带来的负面影响，实现专业化生产，提高粮食全要素生产率。由此提出研究假说5：

农机服务外包通过人力资本的互补效应促进粮食全要素生产率提升。

四 节约技术学习成本

外包文献指出知识接受方和传输方既可以是发包企业，也可以是承包企业。承包企业将其独有的知识储备等信息传输给发包企业。外包具有互补性质，发包与承包双方可以从外包的知识转移和分享功能中互相学习（王永贵、马双，2018）。知识的隐含性和外溢性决定了外包方式是实现知识转移的重要台阶之一。发包与承包双方通过知识转移扩大竞争优势，获取合作博弈下双方的利润最大化。供应商（接包方）创新与跨组织学习有助于提高制造商（发包方）能力（Almas，2003）。许晖等（2013）发现利用式学习对突破性技术创新发挥正向作用。既有研究认为农民特征（人力资本）和农场结构（物质资本）是影响技术效用的主要因素（Foster and Rosenzweig，1996；Wossen，et al.，2015；Ainembabazi，et al.，2017），但这些因素仅针对农户个人层面，忽略了农户决策被嵌入一个更为复杂的系统带来的影响。比如，农机服务外包的方式将农户技术采纳决策嵌入农业生产性服务系统中，农户的技术学习及效用受到生产性服务系统的影响。随着生产性服务业的发展，农户采用农机服务外包的程度逐步提高，农业生产技术的溢出效应增强，农户和农机服务组织之间的学习能力和技术水平差距会在服务外包过程中逐渐缩小（刘志彪，2009）。

农机服务外包的技术溢出效应表现为：农机服务组织和专业农机手将新技术、新知识自愿或非自愿地扩散到农业生产过程，带动农户在种粮技术效率、生产效率等方面的提升。农户对新品种的采纳是农业现代化生产的重要决策之一。然而，农户在品种选择时不仅受到人力资本约束，还因市场信息不对称存在逆向选择的道德风险。农户往往通过种子经销商、信息邻居（Conley and Udry，2010）、社会学习（Social learning）（Genius，et al.，2014）等渠道学习新品种和新技术。农户投入时间、精力甚至金钱搜寻信息，了解新品种、学习新技术，形成"搜寻—认知—学习—行动"的过程。服务外包的生产方式打破了这一传统技术学习过程。根据笔者实地调查，服务外包的农户在种粮品种选择上更加依赖农机服务组织，主要原因是农机服务商为了保证机械化的产出率对品种进行了"捆绑式"销售。农户按照农机服务供应商的"服务菜单"选择品种（祝华军等，2018），不仅节省技术学习时间和费用，还可以规避品种采纳风险。Conley 和 Udry（2010）指出，邻居、亲朋好友作为农户的"信息邻居",是农户学习新技术的主要来源。农户会根据自身的农业生产条件、以往的种植经验以及"信息邻居"前期的生产投入和利润做出自己当期的种植决策。农机服务市场拓展了农户"信息邻居"的来源渠道,农机服务组织充当农户"信息邻居"角色,影响农户技术学习过程。由此可见,农机服务外包的生产方式可以降低农户的技术学习时间和成本,甚至替代农户的学习过程。

本书借鉴 Conley 和 Udry(2010)的学习模型,构建农机服务外包影响农户技术学习的分析框架。假定农户是理性经济人,在种植粮食的过程中他们关注投入产出并以预期利润最大化为目标。假定农户 i 在 t 时期选择自给自足方式投入生产要素 $x_{i,t}$,在 t + 1 时期采用服务外包的方式投入生产要素 $x_{i,t+1}$。农户在 t 时期和 t + 1 时期的产出函数可以表达为:

$$\left. \begin{array}{l} y_{i,t} = w_{i,t}[f(x_{i,t}) + \varepsilon_{i,t}] , \\ y_{i,t+1} = w_{i,t+1}[f(x_{i,t+1}) + \varepsilon_{i,t+1}] \end{array} \right\} \quad (3.37)$$

其中,$y_{i,t}$、$y_{i,t+1}$ 分别为农户在 t 时期和 t + 1 时期的产出量;$w_{i,t}$、$w_{i,t+1}$ 分别表示农户 i 在 t 时期和 t + 1 时期的外生变量,它影响投入要素的边际产出;$\varepsilon_{i,t}$、$\varepsilon_{i,t+1}$ 为影响农户生产的随机变量,期望均为 0。假定农户在 t 时期和 t + 1 时期的技术学习成本分别为 $c_{i,t}$、$c_{i,t+1}$。为了简化分析,假定在 t 时期和 t + 1 时期农户的投入和产出价格均不变,投入要素价格为 1 个单位,产出价格也为 1 个单位。则农户在 t 时期和 t + 1 时期的利润函数可以表达为:

$$\left. \begin{array}{l} \pi_{i,t} = w_{i,t}[f(x_{i,t}) + \varepsilon_{i,t}] - x_{i,t} - c_{i,t} , \\ \pi_{i,t+1} = w_{i,t+1}[ff(x_{i,t+1}) + \varepsilon_{i,t+1}] - x_{i,t+1} - c_{i,t+1} \end{array} \right\} \quad (3.38)$$

本书用 $E(\pi)$ 来表示农户对未来利润的预期,在数值上等于农户利润函数的数学期望,农户 i 在 t 时期和 t + 1 时期的期望利润分

别为 $E_{i,t}(\pi_{i,t})$、$E_{i,t+1}(\pi_{i,t+1})$。农户对生产方式的选择取决于服务外包期望利润与自给自足期望利润的大小：

$$\Delta E = E_{i,t+1}(\pi_{i,t+1}) - E_{i,t}(\pi_{i,t})$$

$$= w_{i,t+1}f(x_{i,t+1}) - x_{i,t+1} - c_{i,t+1} - w_{i,t}f(x_{i,t}) + x_{i,t} + c_{i,t}$$

$$(3.39)$$

若 $\Delta E > 0$，农机服务外包方式的期望利润超过自给自足式生产的期望利润，农户在 $t+1$ 时期转变生产方式，由自给自足式生产转为服务外包的方式。前文已经论证农机服务外包的方式可以帮助农户节约劳动投入，提高粮食产出，意味着 $w_{i,t+1}f(x_{i,t+1}) > w_{i,t}f(x_{i,t})$，$x_{i,t+1} < x_{i,t}$。代入 (3.39) 式可知，$w_{i,t+1}f(x_{i,t+1}) - x_{i,t+1} > w_{i,t}f(x_{i,t}) - x_{i,t}$。若农户采用服务外包的方式，则必须 $\Delta E > 0$，此时 $c_{i,t+1} < c_{i,t}$，即农机服务外包的方式有利于降低农户的技术学习成本。

Becker 和 Murphy (1992) 认为分工可以节省学习时间，因而能加速知识积累。分工提高生产效率的一个原因在于分工有利于节省学习费用，尤其是节省由于重复学习带来的费用增加（鞠建东等，2004）。农机服务外包形成的农业分工是否也可以降低农户学习成本，并提高全要素生产率呢？本书将农机服务外包、农户学习成本以及全要素生产率均纳入生产函数模型来讨论三者之间的关系。为了简化分析过程，将农户生产函数设定为 $f(X)$，X 包含所有粮食生产的投入要素量。假定粮食全要素生产率为农机服务外包环节的函数 $TFP(S)$，农机服务外包是关于学习成本的函数，并将粮食 TFP 设定为农户实际总产出量与理论最大产出量之比，农户实际总产出量为 $TFP(S)f(X)$，由全要素生产率的内涵可知，TFP 越高的农户，其理论最大产出量与实际产出量之间的差距越小。假定粮食价格为 P，投入要素的单位价格为 r，农户学习成本为 C，为了保

证利润最大化有解，本书假设生产函数为严格凹的函数，即生产函
数的一阶偏导大于 0，二阶偏导小于 0。农户的利润最大化问题如
（3.40）式所示：

$$\max \pi = P \cdot TFP(S)f(X) - rX - C \qquad (3.40)$$

对（3.40）式求关于投入要素 X 的一阶偏导，并令一阶偏导
条件为 0 即可得到利润最大化问题的求解条件：

$$\frac{\partial \pi}{\partial X} = P \cdot \left[TFP(S)f'(X) + TFP'(S)f(X) \right] - r = 0 \quad (3.41)$$

再对（3.41）式中的 X 求二次偏导得到：

$$TFP(S)f''(X) + TFP'(S)f'(X) = 0 \qquad (3.42)$$

由于 $TFP(S) > 0$，$f'(X) > 0$，$f''(X) < 0$，结合（3.42）式得
到：$TFP'(S) > 0$。对全要素生产率求学习成本的偏导数得到：
$\frac{\partial TFP}{\partial C} = TFP'(S)\frac{\partial S}{\partial C}$。由于前文已经论证农机服务外包有利于降
低农户学习成本，即 $\frac{\partial S}{\partial C} < 0$，因此 $\frac{\partial TFP}{\partial C} < 0$，由此可知，农机
服务外包通过降低农户学习成本促进粮食全要素生产率提高。因此
提出以下研究假说。

研究假说 6：农机服务外包对农户的技术学习产生替代效应。

研究假说 7：农机服务外包通过技术学习的替代效应促进农户
粮食全要素生产率的提升。

第四节　本章小结

本章构建了农机服务外包影响粮食全要素生产率的理论分析框
架。首先对农机服务外包和粮食全要素生产率及其相关概念进行界
定，对目前学界大多数研究中提到的农机作业服务、农业生产环节
外包、农业生产性服务、农业社会化服务等概念做了梳理和界定。

其次构建农机服务外包影响粮食全要素生产率的整体框架，基于拓展的农户模型推演了农机服务外包对粮食全要素生产率的促进作用。再次从深化农业分工程度和形成技术进步偏向两个维度探讨农机服务外包影响粮食全要素生产率的宏观作用机制。农机服务外包以农业纵向分工的方式形成市场容量，通过专业化的机械作业服务提升粮食全要素生产率。农机服务要素的相对价格诱致技术进步偏向的形成，并在技术进步偏向的中介作用下促进粮食全要素生产率的提升。最后论证农机服务外包影响粮食全要素生产率的微观机制，农机服务外包通过弥补人力资本流失和降低学习成本促进粮食全要素生产率的提升。

第 四 章

中国粮食生产和农机服务
外包的发展现状

前文对农机服务外包与粮食全要素生产率的关系做了深入的理论分析，在展开实证研究之前，先对中国粮食生产和农机服务外包的发展现状进行描述。首先对中国粮食生产的发展现状进行分析，从中国粮食生产的时空格局到粮食生产的投入产出分析，再指出粮食生产面临的问题和挑战。其次从省级和农户层面对农机服务外包的衡量展开描述与说明。最后对农机服务外包的发展现状进行质性研究，包括农机服务市场的发展阶段、农机服务外包的需求与供给分析以及存在的问题。

第一节　中国粮食生产的发展现状

进入 21 世纪以后，中国粮食生产进入了历时发展新阶段。伴随着城镇化进程的加速，农村劳动力转移和农村人口非农就业快速推进，农业劳动力"过密化"和"内卷化"问题的改善释放出农业生产更大的空间。2004—2018 年中国粮食生产出现"十五连增"现象，也让学术界开始关注中国粮食生产的学理特征。总体而言，2000 年以后中国粮食生产发展趋势良好，本节从中国粮食生产的时空格局、中国粮食生产的投入产出来分析 2000 年以来中国粮食生产的发展现状，并分析中国粮食生产面临的问题和挑战。

一 中国粮食生产的时空格局

中国粮食生产能力逐年提高。图 4—1 显示的是 2000—2018 年中国粮食总产量及其增长率情况。中国粮食总产量 2000 年为 4.62 亿吨，在 2007 年突破 5 亿吨，2013 年超过 6 亿吨，至 2018 年中国粮食总产量已经高达 6.58 亿吨。2000—2018 年 18 年间粮食总产量增长 42%，平均年增长率为 2%。其中 2003—2015 年粮食产量呈现"十二连增"现象，尽管 2016—2017 年粮食总产量有小幅度下滑，但 2018 年的粮食总产量又出现历史新高。

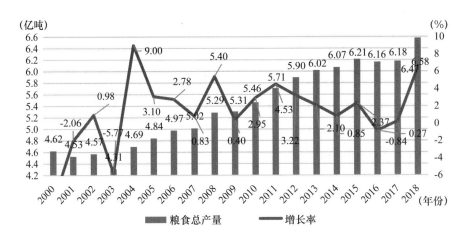

图 4—1 2000—2018 年粮食总产量及其增长率情况

资料来源：原始数据来源于 2001—2019 年《中国农村统计年鉴》，由笔者根据原始数据绘制。

图 4—2 显示的是 2000—2018 年粮食单位面积产量及其增长率情况。2000 年粮食单位面积产量为 284.07 千克/亩，2004 年粮食单位面积产量突破 300 千克/亩，2012 年粮食单产超过 350 千克/

亩，至 2018 年粮食单位面积产量达到 374.73 千克/亩。粮食生产的单位面积产能总体呈现增长趋势，平均年增长率为 1.57%。总体而言，2000 年以来中国粮食总产量和单位面积产能在总体上均呈现增长趋势。分粮食品种来看，三种主要粮食作物水稻、小麦和玉米在总产量和单位面积产量方面也都呈现总体增长的趋势，但在增长速度上存在差异。

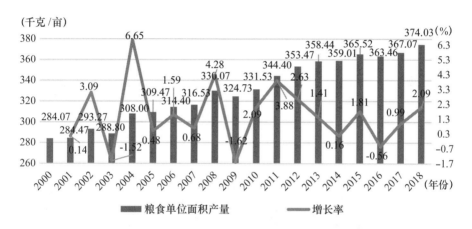

图 4—2　2000—2018 年粮食单位面积产量及其增长率情况

资料来源：原始数据来源于 2001—2019 年《中国农村统计年鉴》，笔者根据原始数据绘制。

图 4—3 显示水稻和小麦的产量增长比较平稳，而玉米的总产量增长幅度更为明显。主要原因是玉米作为饲料需求的增长激发了玉米的产能增加。图 4—4 显示的是 2000—2018 年主要粮食品种单位面积产量情况，可以看出小麦的单产比水稻和玉米单产增长幅度更大。主要原因是小麦品种近二十年内的机械化程度发展更为迅速，这与小麦的生长特征和种植特点有关，小麦与水稻和玉米相比较而言更加容易实现全程机械化作业。

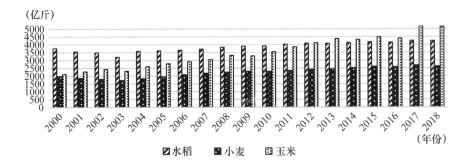

图4—3 2000—2018年主要粮食品种总产量情况

资料来源：原始数据来源于2001—2019年《中国农村统计年鉴》，由笔者根据原始数据绘制。

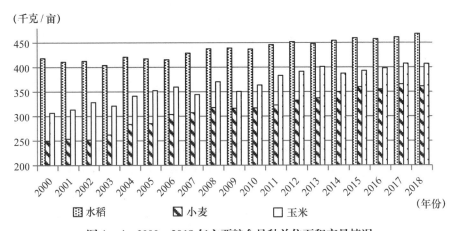

图4—4 2000—2018年主要粮食品种单位面积产量情况

资料来源：原始数据来源于2001—2019年《中国农村统计年鉴》，由笔者根据原始数据绘制。

依据《中国农村统计年鉴》对粮食产区的划分①，2000年主产

---

① 粮食主产区包括：河北、内蒙古、辽宁、吉林、黑龙江、江苏、安徽、江西、山东、河南、湖北、湖南、四川。粮食主销区包括：北京、天津、上海、浙江、福建、广东、海南。粮食平衡区包括：山西、广西、重庆、贵州、云南、西藏、陕西、甘肃、青海、宁夏、新疆。参见国家统计局农村社会经济调查司编《2019中国农村统计年鉴》，中国统计出版社2019年版，第395—404页。

区的粮食播种面积为 7314 万公顷，占全国粮食播种面积的 67.44%；主销区的粮食播种面积为 889 万公顷，占全国粮食播种面积的 8.2%；平衡区的粮食播种面积为 2642 万公顷，占全国粮食播种面积的 24.36%。到 2018 年，主产区的粮食播种面积增加至 8831 万公顷，播种面积构成增长至 75.46%；主销区的粮食播种面积缩减为 478 万公顷，播种面积占全国比重仅为 4%；平衡区的粮食播种面积也有略微缩减，为 2394 万公顷，播种面积占全国比重为 20.46%。在粮食播种面积的产区分布上，粮食生产布局结构逐步调整，全国绝大部分粮食生产主要集中在粮食主产区。从主销区和平衡区粮食播种面积的逐年削减可以看出粮食生产集中在主产区的地理格局已经逐渐形成。

从不同产区的产能来看，粮食主产区、主销区和平衡区在总产量和单位面积产量上的表现存在明显差异（见表 4—1）。2000 年主产区粮食产量为 3261 亿吨，占全国粮食总产量的 70.55%；主销区粮食产量为 447 亿吨，占全国粮食总产量的 9.67%；平衡区粮食产量为 914 亿吨，占全国粮食总产量的 19.77%。至 2018 年，主产区粮食产量增加至 5177 亿吨，占全国粮食总产量的 78.69%；主销区粮食产量减少至 279 亿吨，占比缩减为 4.23%；平衡区粮食产量略有增长，为 1123 亿吨，但是占比却缩减至全国粮食总产量的 17.08%。可以看出，随着粮食播种面积越来越集中在主产区，主产区的粮食产量贡献越来越大。尽管平衡区的粮食播种面积构成和产量占比均有所下降，但是平衡区的产能略有提高。在单位面积产量上，各区域单产均呈现增长趋势，但不同粮食产区的增长速度呈现出明显差异。2000 年粮食主销区的单位面积产量明显高于主产区和平衡区，主销区单位面积粮食产量为 335 千克/亩，而主产区和平衡区的单产还未达到 300 千克/亩。至 2018 年，粮食主产区的单位面积产量已接近 400 千克/亩，高于粮食主销区和平衡区的单位面积产量。可见，主产区粮食单产增长率高于主销区和平衡区，粮食主产区的单产能力优势显现。

表4—1　　不同产区历年粮食播种面积构成、产量占比及单产情况

（单位：%，公斤/亩）

年份	粮食主产区			粮食主销区			粮食平衡区		
	播种面积占比	产量占比	单产	播种面积占比	产量占比	单产	播种面积占比	产量占比	单产
2000	67.44	70.55	297	8.20	9.68	335	24.36	19.77	230
2001	68.26	71.53	298	7.60	9.03	338	24.14	19.44	229
2002	68.57	72.01	308	7.07	8.15	338	24.37	19.84	239
2003	68.96	71.00	297	6.80	7.94	337	24.24	21.07	251
2004	69.27	72.67	323	6.66	7.35	340	24.06	19.98	256
2005	69.59	73.23	326	6.53	7.06	334	23.88	19.72	256
2006	69.90	74.02	333	6.46	7.08	345	23.64	18.90	251
2007	72.09	75.04	330	5.64	6.35	356	22.26	18.61	265
2008	71.84	75.50	347	5.71	6.14	355	22.45	18.36	270
2009	71.58	74.81	339	5.70	6.33	360	22.72	18.86	270
2010	71.49	75.36	350	5.64	6.08	358	22.88	18.56	269
2011	71.54	76.02	366	5.56	5.97	370	22.90	18.02	271
2012	71.60	75.66	374	5.52	5.81	372	22.89	18.53	286
2013	71.66	76.03	380	5.40	5.47	363	22.94	18.51	289
2014	71.93	75.81	378	5.32	5.47	369	22.75	18.72	295
2015	72.04	76.18	387	5.27	5.33	370	22.70	18.49	298
2016	72.11	75.90	383	5.21	5.34	373	22.68	18.76	301
2017	75.21	78.81	392	4.08	4.18	383	20.71	17.01	307
2018	75.46	78.69	391	4.09	4.23	388	20.46	17.08	313

资料来源：原始数据来源于2001—2019年《中国农村统计年鉴》，笔者根据原始数据计算。

2000—2018年水稻、小麦和玉米越来越集中种植于粮食主产区，主销区和平衡区的播种面积均呈递减规律。至2018年，74%

的水稻、82%的小麦、78%的玉米种植于主产区；主销区水稻、小麦和玉米的种植比例仅为1%左右。可见不同产区水稻、小麦、玉米的种植分布结构存在明显差异。从产量上看，主产区是水稻、小麦、玉米总产量的主要贡献区域。至2018年，小麦和玉米在主产区的产量已达到80%，在主销区的产量不到1%。从水稻、小麦和玉米三种主要粮食产量的区域贡献来看，小麦和玉米的主产区集中趋势更加明显，说明粮食品种种植结构调整初见成效。从单位面积产量上看，不同产区水稻、小麦和玉米的单产均呈逐年增长的趋势，主产区水稻、小麦和玉米的单位面积产量均高于主销区和平衡区。这说明主产区已经成为中国主要粮食品种的高效产能区域。

二　中国粮食生产的投入产出

前文对中国粮食生产的时空格局进行了分析，下面对粮食生产的投入产出情况进行简要分析。2004年是中国粮食生产步入21世纪后的重要转折点。首先，2004年以来粮食产量"十二连增"成效显著；其次，2004年之后中国农业补贴政策开始逐步推行，包括粮食直补、三项改革等；此外，2004年通过并实施《中华人民共和国农业机械化促进法》标志着中国农机服务市场开始起步，随后农机作业服务在全国各地迅速推广并逐步发展。由于本书的主题是围绕农机服务外包而展开，考虑到数据的可获得性和对比研究，故以2004年为省级数据研究的时间起点。考虑到部分粮食生产数据的可获得性，本书在粮食生产省级面板数据研究中主要采用的是26个省份的相关数据。①

---

① 26个省份包括：河北、山西、内蒙古、吉林、辽宁、黑龙江、江苏、浙江、安徽、福建、广东、广西、海南、江西、山东、河南、湖北、湖南、重庆、四川、贵州、云南、陕西、甘肃、宁夏、新疆。考虑到粮食生产的特性，以及后续研究相关数据的可获得性，因此未将北京、天津、上海、青海、西藏纳入研究。

　　表4—2列出的是2004—2018年粮食生产的投入产出增长率情况。与绝大多数研究一致，粮食生产的投入要素包括劳动力投入数量、粮食播种面积、化肥施用量以及机械总动力。中国粮食总产量自2004年至2018年增长39.89%。在粮食生产的四种投入要素中，化肥施用量和机械动力的增长幅度最为明显。化肥施用量在2015年达到最大值，为4039.29万吨，较2004年的化肥施用量（2951.45万吨）增长36.86%。化肥施用过量问题已经引起关注，尽管2016—2018年粮食生产的化肥施用量有所下降，但是在2018年化肥施用量仍有3859.21万吨。机械动力持续增长，在2015年达到最大，为76432.26万千瓦；2018年机械动力投入较2004年的机械动力投入增长70.73%，年均增长4.72%。2004—2018年粮食播种面积略微上涨，粮食播种面积由2004年的100451.20万公顷上涨至2018年的116031.70万公顷，年均增长1%。2004—2018年种粮劳动力明显减少，2004年种粮劳动力为10835.46万人，2018年种粮劳动力减少至9308.64万人，减少14.09%。可见，2004—2018年粮食总产量的增长主要来源于化肥施用量和机械动力的投入，尤其是机械动力的大幅度增加对粮食总产量增长的贡献作用最为明显。

表4—2　　　　　　　　2004—2018年粮食生产投入产出情况

年份	粮食产量 （万吨）	种粮劳动力 （万人）	粮食播种面积 （千公顷）	化肥施用量 （万吨）	机械动力 （万千瓦）
2004	46600.84	10835.46	100451.20	2951.45	40900.49
2005	47973.93	10591.41	103167.20	3086.04	44729.74
2006	48746.54	10401.50	102488.00	3148.76	47264.82
2007	49400.27	10382.35	104406.70	3371.94	51245.35
2008	52143.83	9782.27	105427.50	3430.46	54731.65
2009	52608.21	10145.58	107626.10	3569.92	58741.03

续表

年份	粮食产量 （万吨）	种粮劳动力 （万人）	粮食播种面积 （千公顷）	化肥施用量 （万吨）	机械动力 （万千瓦）
2010	54208.49	10434.28	108534.00	3669.36	62271.17
2011	56846.24	9932.82	109297.90	3763.39	65607.85
2012	58818.18	9971.47	110031.60	3867.89	69082.52
2013	60282.82	9981.36	111007.90	3931.35	70293.36
2014	60984.08	9904.90	111923.70	4003.30	73540.43
2015	62711.76	9807.62	112886.60	4039.29	76432.26
2016	62843.68	9477.57	112731.20	3984.34	65626.84
2017	65562.91	9468.89	116969.60	4015.22	68921.79
2018	65190.44	9308.64	116031.70	3859.21	69829.33

资料来源：原始数据来源于 2005—2019 年《中国农村统计年鉴》，由笔者根据原始数据计算。

2004 年中国通过并实施《中华人民共和国农业机械化促进法》，农业劳动力大量转移，劳动力成本高涨，在机械替代劳动力的趋势下农机作业服务市场兴起并发展。其中，以机耕、机收为代表的生产环节外包发展最为迅速，由南北纬度差异条件决定的农机跨区作业服务成为区域农机服务外包推广扩散的重要途径。2007 年中国农作物耕种收综合机械化水平比上年提高 3.2 个百分点，达到 42.5%，标志着我国农业机械化发展由初级阶段跨入中级阶段。[①] 如表 4—3 所示，农机服务发展中级阶段（2008—2018 年）的粮食产量增长率 25.02% 明显高于农机服务发展初级阶段（2004—2007 年）的 6.01%；粮食产量的增长速度在农机服务发展的中级阶段明显更快。2004—2007 年劳动力减少 4.18%，播种面积增长 3.94%，化肥施用量增长 14.25%，机械动力增长 25.29%。

---

① 中国机械工业年鉴编辑委员会、中国农业机械工业协会编：《2008 中国农业机械工业年鉴》，机械工业出版社 2009 年版，第 91—92 页。

2008—2018 年劳动力减少 4.84%，播种面积增长 10.06%，化肥施
用量增长 12.50%，机械动力增长 27.58%。26 个省份粮食生产投
入产出的年均增长率反映出各省份粮食生产投入产出存在明显差
异。浙江、福建、广东、广西、海南、重庆、贵州的粮食总产量在
下降，其余省份均为增长趋势；绝大部分省份种粮劳动力明显减
少。部分地区种粮土地面积减少，部分地区粮食播种面积有所增
加。粮食播种面积呈增长趋势的省份大多为主产区，呈减少趋势的
省份多为非主产区。绝大多数省份种粮的化肥施用量和机械动力投
入均呈增长态势。

表4—3 　　　　　　　26 个省份粮食生产投入产出增长率 　　　　（单位：%）

	粮食产量	劳动力	播种面积	化肥施用量	机械动力
初级阶段：2004—2007 年	6.01	-4.18	3.94	14.25	25.29
中级阶段：2008—2018 年	25.02	-4.84	10.06	12.50	27.58
河北	2.90	0.70	0.61	1.58	0.65
山西	1.89	0.97	0.50	2.03	-2.09
内蒙古	6.33	1.18	3.52	6.21	5.98
辽宁	1.75	0.63·	1.16	1.77	2.66
吉林	2.68	-1.74	1.88	2.95	7.49
黑龙江	6.77	1.41	3.78	4.83	9.43
江苏	1.86	-3.58	0.98	0.11	4.82
浙江	-2.47	-3.91	-2.81	-1.71	-0.49
安徽	2.74	-1.19	1.06	2.25	5.45
福建	-2.39	-2.39	-3.59	-1.35	0.93
江西	1.40	-0.95	0.75	0.24	3.80
山东	3.00	-1.56	2.23	1.42	3.21
河南	3.23	-0.14	1.41	3.38	3.13

续表

	粮食产量	劳动力	播种面积	化肥施用量	机械动力
湖北	2.18	-2.07	1.72	1.30	7.79
湖南	0.97	-1.41	-0.01	1.06	5.46
广东	-1.08	-1.66	-1.84	-0.03	1.13
广西	-0.13	-0.77	-1.60	0.76	4.12
海南	-1.81	-0.53	-3.51	-1.34	3.50
重庆	-0.42	-3.25	-1.57	-0.03	3.47
四川	0.75	-0.82	-0.24	0.24	5.68
贵州	-0.58	-4.43	-0.73	-0.50	6.16
云南	1.50	-2.15	0.03	2.22	2.62
陕西	0.40	-1.10	-0.30	3.14	3.86
甘肃	2.58	-0.24	0.31	1.10	3.48
宁夏	2.17	-0.12	-0.52	1.81	0.60
新疆	4.65	1.44	3.27	6.42	6.53

资料来源：笔者根据2005—2019年《中国农村统计年鉴》和《中国农业机械工业年鉴》整理计算。

三　中国粮食生产面临的问题和挑战

习近平总书记在2021年12月8日的中央经济工作会议上指出："中国人的饭碗任何时候都要牢牢端在自己手中。"保障粮食安全、牢牢端稳中国饭碗，是实现社会主义现代化的基础工程，是事关国家长治久安的重大战略。在大国人口持续增加的国情下，面对消费需求结构的变化以及资源环境的双重压力，中国粮食生产的总体仍然处于紧平衡状态。在国际形势日益复杂的当下，面对新冠疫情和中美经贸摩擦对粮食产业链带来的冲击，粮食安全依然不可松懈，确保国家粮食安全仍然是中国"三农"工作的首要任务。尽管中国粮食生产连年增收，中国粮食口粮自给率已经高于世界平均水平，但是饲料粮短缺却对粮食安全产生威胁。总体而言，中国粮食生产面临的问题和挑战主要有以下四个方面。

（一）粮食生产成本过高

近年来中国粮食生产成本不断上涨，加之种粮收益的不断下滑，极大打击了农民的种粮积极性。一些粮食品种出现阶段性过剩，形成高产量、高收购量、高库存量的现象。粮食品质和价值的下降，造成资源浪费。土地成本和劳动力成本上涨是推动中国粮食生产成本不断提高的关键因素。粮食单位生产成本上涨幅度显著高于美国，粮食生产成本差距逐渐拉大。劳动力成本和土地成本过高，核心问题在于许多产品的机械化程度有限。国家实施粮食补贴政策，目的主要在于降低粮食生产成本。但从补贴政策实施的效果来看，粮食三项补贴对农民吸引力下降，中青年农民种粮意愿大多不高。主要原因是：补贴政策往往没有补在粮食上，而是对农民或者农田进行补贴。种粮补贴的增长带动土地租金的上涨，反而增加了种粮的土地成本。此外，粮食补贴资金发放环节多，相对农资价格上涨，粮食收益偏低，小额的补贴对农民种粮积极性推动有限。

（二）资源禀赋约束

在"大国小农"的基本国情下，资源禀赋约束是粮食生产面临的主要威胁。农户家庭小规模经营粮食的情况普遍存在，土地细碎化程度高，规模化程度低，抗自然灾害能力弱。受到灌溉条件、土壤条件和坡度地形的制约，粮食生产与经济作物生产之间形成竞争，粮食生产面临被挤出的竞争威胁。个别粮食产区退化趋势正在加快、退化程度不断加深，比如部分省份逐渐从粮食产销平衡区退化为主销区，一些粮食产销平衡区自给率明显下降，主销区自给率持续下降。工商资本下乡，出现大规模流转耕地却不种粮的现象。18 亿亩耕地红线是中国确保耕地保有量的约束性指标，它被看成是保障中国粮食安全的"安全线"。2017 年国务院印发《全国国土规划纲要（2016—2030 年）》，明确要求到 2020 年、2030 年中国耕地保有量分别要保持在 18. 65 亿亩、18. 25 亿亩以上。2021 年中央一号文件再次强调 18 亿亩耕地红线的重要性。中国的耕地保护依然面临多方面压力。首先是耕地面积的持续减少。耕地减少的同时，耕地抛荒的势头也在加剧，存在"季节性抛荒"、"非粮化抛荒"和"绝对抛荒"现象。尤其是在中国南方山区和丘陵地带，由于人均耕地面积太少，难以维系农民的基本生存，大面积全年抛荒的耕地随处可见。其次是当前耕地过度利用、土壤污染，导致耕地质量下降，给粮食生产带来一定威胁。目前，中国耕地基础地力对粮食生产的贡献率仅为 50%—60%，比欧美发达国家低 20 个百分点。[①] 中国农业的面源污染、耕地酸化和板结化等问题十分突出。

（三）气候环境的制约

越来越多的学者注意到气候因素对中国粮食生产的影响，认为粮食生产对气候变化非常敏感，未来气温上升会导致粮食产量的下降；对中国未来的粮食安全形势构成重大威胁（Chen, et al., 2016）；农业科技的突破和推广也越来越受到气候条件的制约。樊胜根（2020）指出，就长期而言，气候变化对粮食生产的影响位居首位，居第二位的是资源（包含粮食）浪费和资源缺乏。随着全球人口的持续增加、土地资源的不断减少，将来农业生产用地、用水，以及生物多样性的损失，都会对粮食安全构成重要威胁。随着大量化肥、农药投入粮食生产，农业面源污染带来的环境负面效应也将对未来粮食生产的可持续发展造成影响。在全球气候变暖的形式下，自然灾害频发，对粮食生产也会带来负面影响。

（四）外部环境的影响

近年来中美经贸摩擦不断升温，中美经贸摩擦的升级必将会影响中国粮食进口，尤其是中国的大豆进口主要来源于美国，一旦中

---

① 胥大伟：《中国"粮策"》，《中国新闻周刊》2020 年第 35 期。

美贸易争端继续升温,势必会影响中国的大豆进口。全球暴发的新冠疫情也给中国粮食生产的稳定性带来一定威胁。新冠疫情不仅直接冲击了粮食生产系统,还引发了国际粮食市场波动,对粮食贸易和国际市场造成威胁。在外部环境的不断变化中,确保国内粮食市场的稳定和自给是关键。首先,坚持"18亿亩"红线战略,确保优质耕地资源的粮食种植,稳定粮食生产总供给量。其次,通过新品种审定和科技成果转化的推广应用提高粮食生产的质量和效应,改善粮食种植结构,满足粮食消费需求端升级改造。最后,依靠规模经营来降低粮食生产成本,依靠科学技术提高单位面积粮食产量,通过现代农业提高全要素生产率,缓解资源禀赋和气候环境的制约。

第二节 农机服务外包的程度

一 省级农机服务外包的程度

本书采用(3.2)式的方法对2004—2018年中国26个省份农机服务外包的程度进行衡量,需要先测算出中国历年各省份粮食生产的每亩总成本以及亩均农机服务费用。根据2004—2018年《全国农产品成本收益资料汇编》得到历年各省份水稻、小麦和玉米的生产成本,然后根据历年实际种植的水稻、小麦和玉米三种粮食品种面积的算术平均值估算得出粮食生产成本。借鉴郑旭媛、徐志刚(2017)的研究,采用历年各省份水稻、小麦和玉米的亩均机械作业费用来衡量农机服务外包水平,[①]再根据历年水稻、小麦、玉米实际播种面积的算术平均值估算得出粮食机械作业费用。所有成本和费用均根据农业生产服务价格指数平减后得到亩均实际成本和亩

---

① 由于各类统计年鉴中均没有农机服务费用指标的明确统计,本书借鉴郑旭媛、徐志刚(2017)的做法,将历年《全国农产品成本收益资料汇编》中水稻、小麦、玉米的亩均机械作业费用作为农机服务费用的近似值。

均机械作业实际费用。然后用每亩机械作业服务费用占每亩总成本的比重来衡量农机服务外包程度。

表4—4 列出的是 2004—2018 年中国水稻、小麦和玉米的每亩总成本和亩均机械作业费用的年均值，然后估算得到粮食生产每亩总成本和亩均机械作业费用。2004 年水稻生产总成本为 500.47 元/亩，小麦生产总成本为 366.64 元/亩，玉米生产总成本为 402.77 元/亩，粮食生产总成本为 426.91 元/亩。2004—2016 年粮食生产成本以及分品种的水稻、小麦、玉米亩均生产成本均呈逐年递增趋势。2016 年水稻亩均生产成本有小幅度降低，2017—2018 年有所增加。小麦、玉米和粮食亩均生产成本在 2016—2017 年有小幅度降低，2018 年成本有所上涨。至 2018 年，粮食生产亩均成本达到 1165.70 元。分品种来看，水稻的亩均生产成本最高，玉米次之，小麦的亩均成本相对较低。随着农机服务市场的发展，粮食生产服务外包广泛推广，水稻、小麦、玉米的亩均机械作业费用均呈逐年递增趋势。因作物品种以及生产特性的差异，水稻的亩均机械作业费用比小麦和玉米高，并且水稻的亩均机械作业费用增速明显高于小麦和玉米。由此可见，中国粮食生产的农机服务外包水平逐年提高，不同粮食品种之间农机服务外包发展水平存在差异。

表4—4　2004—2018 年粮食生产每亩总成本和亩均机械作业费用（单位：元）

年份	每亩总成本				亩均机械作业费			
	水稻	小麦	玉米	粮食	水稻	小麦	玉米	粮食
2004	500.47	366.64	402.77	426.91	31.36	35.21	16.97	28.33
2005	534.95	390.22	410.47	449.40	40.36	40.30	19.13	34.31
2006	571.61	408.99	429.51	472.35	48.22	47.15	24.33	42.51
2007	622.77	440.04	474.97	512.33	57.73	55.48	28.64	49.20
2008	725.94	505.75	552.83	598.86	75.17	73.09	35.09	61.84

年份	每亩总成本				亩均机械作业费			
	水稻	小麦	玉米	粮食	水稻	小麦	玉米	粮食
2009	745.39	557.62	582.75	628.84	79.06	75.34	38.04	66.29
2010	862.85	616.54	675.31	708.74	96.56	83.64	47.64	78.88
2011	1005.77	718.64	805.65	833.30	112.79	92.67	57.90	92.52
2012	1180.28	838.68	991.14	990.51	133.71	103.44	70.51	107.69
2013	1306.87	925.64	1082.90	1087.09	144.08	110.06	79.99	118.63
2014	1325.84	969.66	1131.92	1125.59	155.97	116.25	88.50	127.69
2015	1362.20	988.88	1152.76	1150.07	161.91	119.56	97.64	133.74
2016	1361.83	1015.75	1145.37	1155.60	171.39	120.56	100.37	136.66
2017	1378.18	1007.35	1127.50	1150.32	180.01	123.38	101.64	139.80
2018	1381.05	1054.12	1138.90	1165.70	187.81	123.90	102.76	144.63

数据来源：笔者根据历年《全国农产品成本收益资料汇编》相关数据整理计算，每亩总成本包括每亩人工成本和每亩物质与服务费用。

为了比较不同省份之间粮食每亩生产成本和农机服务外包水平的差异，表4—5将2004—2018年26个省份粮食生产每亩总成本和亩均机械作业费用的省级均值列出。由于部分省份粮食种植结构存在差异，加上各省份粮食生产存在结构调整，表4—6部分省份个别品种的每亩成本和亩均机械作业费用数据缺失。笔者根据历年各省份水稻、小麦和玉米实际种植面积加权平均得到26个省份粮食生产的每亩成本和亩均机械作业费用。由表4—5可以看出，26个省份粮食生产每亩总成本和亩均机械作业费用存在明显差异，不同品种之间的每亩成本和亩均机械作业费用也存在差异。从加权平均得到的估算数据来看，贵州、云南、甘肃的粮食生产每亩成本均超过1000元，远高于全国平均水平830.37元；河北、山西、内蒙古、黑龙江、江苏、浙江、安徽、江西、山东、河南、湖北、湖南、海南、四川、陕西、新疆16个省份粮食生产每亩总成本均低于全国平均值,这些省份大多为粮食主产区。在亩均机械作业费上,重庆、四川、贵州、云南仅为35—55元,远低于全国平均费用90元。这主要是由于川渝云贵地区山区丘陵地形导致的农机服务外包发展水平较为落后。吉林、黑龙江、江苏、浙江、安徽、江西、湖南、广东、广西、海南等地粮食生产亩均机械作业费用均超过100元,说明这些地区农机服务发展水平较高。

表4—5　　　2004—2018年26个省份粮食生产每亩总成本和亩均机械作业费省级均值　（单位：元）

省份	每亩总成本				亩均机械作业费			
	水稻	小麦	玉米	粮食	水稻	小麦	玉米	粮食
河北	1418.86	782.23	674.08	735.18	125.84	107.01	74.95	90.10
山西	1020.51	715.04	782.90	768.55	44.27	102.79	77.55	83.39
内蒙古	1117.69	891.54	698.57	728.81	159.31	89.82	85.73	89.00
辽宁	1151.91	—	754.29	851.83	165.87	—	64.98	89.67
吉林	1059.51	—	838.40	879.99	149.23	—	97.41	107.09
黑龙江	996.87	507.44	622.77	781.39	163.05	66.01	93.21	122.42
江苏	886.36	661.89	684.03	795.98	124.25	100.26	47.08	110.47
浙江	854.03	—	—	783.15	166.03	—	—	152.19
安徽	813.67	608.14	600.29	701.26	126.25	98.59	51.28	104.85
福建	961.07	—	—	929.47	90.38	—	—	87.36
江西	797.48	—	—	791.98	114.03	—	—	113.21
山东	1007.47	742.72	681.90	720.10	89.84	118.51	74.61	97.15
河南	874.63	721.84	669.15	717.94	95.08	103.69	66.43	91.10
湖北	783.61	527.93	774.61	741.60	93.82	80.55	32.21	84.16
湖南	784.30	—	—	732.42	133.08	—	—	124.14
广东	905.59	—	—	851.48	128.96	—	—	121.25
广西	938.76	—	872.33	927.10	118.41	—	19.80	100.14

省份	每亩总成本				亩均机械作业费			
	水稻	小麦	玉米	粮食	水稻	小麦	玉米	粮食
海南	724.15	—	—	702.35	121.67	—	—	118.28
重庆	944.34	715.96	932.95	929.82	80.44	0.77	6.57	53.70
四川	821.12	709.83	817.25	803.98	55.33	41.54	37.26	47.67
贵州	1211.08	682.27	921.47	1055.96	50.47	0.08	23.17	35.87
云南	1261.00	688.78	1052.05	1124.92	76.35	25.56	25.31	47.78
陕西	1041.85	744.57	799.10	797.83	37.44	112.09	68.89	83.45
甘肃	—	860.02	1283.61	1126.92	—	101.08	93.27	96.43
宁夏	1142.80	827.92	863.52	922.75	113.73	97.92	77.31	90.28
新疆	—	745.49	816.41	740.71	—	92.72	95.17	89.44
全国平均	991.07	720.30	806.98	830.37	111.28	86.34	60.61	90.85

资料来源:"-"表示数据缺失,笔者根据历年《全国农产品成本收益资料汇编》计算整理。

本书根据亩均机械作业费用除以每亩生产总成本的方法计算得到农机服务外包程度。如表4—6所示,26个省份粮食生产的农机服务外包程度存在明显差异。全国粮食生产的农机服务外包平均值为0.1081,说明总体上中国粮食生产农机服务外包程度还有很大的发展空间。从各省份的服务外包程度来看,河北、内蒙古、吉林、黑龙江、江苏、浙江、安徽、江西、山东、河南、湖南、广东、海南、新疆这14个省份粮食生产的农机服务外包程度高于全国平均值,说明这些地区农机服务外包发展水平略高于其他地区。农机服务外包程度较低的地区主要为福建、重庆、四川、贵州、云南、甘肃,这些地区的山区陡坡地形严重制约当地农机服务市场的发展。分品种来看,小麦的农机服务外包程度高于水稻和玉米,主要原因是现有的机械化操作技术水平更加适用于小麦生产的品种特性和生命节律。

表4—6 　　　　　　　　26个省份农机服务外包程度省级均值

服务外包程度	水稻	小麦	玉米	粮食
河北	0.0826	0.1405	0.1072	0.1227
山西	0.0108	0.1472	0.0957	0.1072
内蒙古	0.1377	0.1038	0.1177	0.1179
辽宁	0.1331	—	0.0805	0.0984
吉林	0.1316	—	0.1095	0.1145
黑龙江	0.1557	0.1390	0.1460	0.1508
江苏	0.1421	0.1551	0.0668	0.1410
浙江	0.1921	—	—	0.1921
安徽	0.1501	0.1625	0.0782	0.1463
福建	0.0841	—		0.0841
江西	0.1308	—		0.1308
山东	0.0908	0.1600	0.1012	0.1321
河南	0.1066	0.1520	0.0912	0.1298
湖北	0.1105	0.1532	0.0367	0.1062
湖南	0.1596			0.1596
广东	0.1359	—	—	0.1359
广西	0.1200		0.0217	0.1034
海南	0.1680	—		0.1684
重庆	0.0707	0.0006	0.0062	0.0476
四川	0.0608	0.0539	0.0430	0.0544
贵州	0.0331	0.0000	0.0187	0.0265
云南	0.0563	0.0348	0.0199	0.0393
陕西	0.0311	0.1503	0.0806	0.1023
甘肃		0.1104	0.0664	0.0800
宁夏	0.1001	0.1131	0.0803	0.0931
新疆	—	0.1245	0.1103	0.1175
全国平均	0.1055	0.1066	0.0739	0.1081

资料来源：由笔者整理计算。

　　图4—5显示，2004—2018年我国粮食生产的农机服务外包程度总体呈增长趋势。2004年粮食农机服务外包程度还很低，仅为

0.0706，在农机购置补贴的激励下，随着跨区作业的广泛开展，2005—2010 年粮食农机服务水平逐年增长，2010—2013 年进入缓慢发展阶段，2014 年以后又开始逐年升高。2018 年我国粮食农机服务外包程度为 0.1277，仍然还有待进一步提高。分品种来看，水稻和玉米的农机服务外包程度呈逐渐增长的趋势；小麦的农机服务外包程度大致呈现倒"U"形，2004 年开始增长，在 2008 年达到 0.1213，2009 年之后开始逐渐下滑。三个品种之间农机服务外包程度存在明显差异，2010 年以前，小麦的农机服务外包程度最高，水稻次之；2011 年之后，水稻的农机服务外包程度已赶超小麦。三个品种之间玉米的农机服务外包程度最低，主要原因是玉米的机械化作业技术瓶颈还未突破。

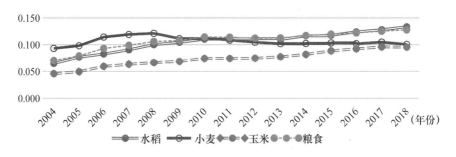

图 4—5　2004—2018 年粮食生产农机服务外包程度

资料来源：笔者根据 2005—2019 年《全国农产品成本收益资料汇编》计算并绘制。

二　农户农机服务外包的程度

本书采用（3.3）式的方法对微观调查农户的农机服务外包程度进行衡量。微观调查数据来自笔者在 2019 年暑假、寒假发起的"农户粮食生产经营情况"抽样调查。笔者采用调查问卷对抽样农户 2018 年度家庭种植水稻和小麦的生产经营情况展开详细询问，尤其对农户粮食生产各环节经营方式和农机服务外包情况展开细致访谈。经过数据梳理及统计，后文首先对调查样本农户分布及各环节外包行为展开分析；其次对不同经营规模下，农户对种粮生产环节服务外包的情况进行统计描述；最后对农户农机服务外包程度的测算结果进行描述性统计。

本书将生产托管定义为外包程度最高的粮食生产方式，即粮食生产全过程均托管给农机服务组织。如表4—7所示，调查样本中只有2.86%的农户选择生产托管，说明当前中国生产托管的模式并未在全国大面积实现。笔者将粮食种植过程划分为耕地、播种/育秧、打药、施肥、灌溉、收获、晾晒/烘干、脱粒等8个生产环节。调查样本中，42.86%的农户选择对耕地环节进行服务外包；23.74%的农户选择对播种/育秧环节进行服务外包；3.3%的农户选择对打药环节进行外包；2.42%的农户选择对施肥环节进行服务外包；13.85%的农户选择对灌溉环节进行服务外包；52.09%的农户选择对收获环节进行服务外包；2.2%的农户选择对晾晒/烘干环节进行服务外包；10.77%的农户选择对脱粒环节进行服务外包。根据各个生产环节投入的劳动强度以及知识技术强度，参考廖西元等（2011）、张忠军和易忠懿（2015）的研究，本书将耕地、收获、晾晒/烘干、脱粒等环节视为劳动密集型环节，将播种/育秧、打药、施肥、灌溉等环节视为技术密集型环节。经过统计，调查样本中有59.34%的农户对劳动密集型生产环节进行了服务外包，27.25%的农户对技术密集型生产环节进行了服务外包，说明调查的样本农户对劳动密集型环节外包比例高于技术密集型环节外包。

表4—7　　　　　　**农户各生产环节外包比例**　　　　（单位：%）

环节	总体	安徽	河北	河南	湖北	湖南	江苏	山东	四川	重庆
生产托管	2.86	6.82	0	5.88	2.63	0	0	9.26	0	2.17
耕地	42.86	43.18	94.44	70.59	76.32	100	54.90	35.19	10.13	7.61
播种/育秧	23.74	0	91.67	64.71	36.84	0	27.45	33.33	3.80	4.35

续表

环节	总体	安徽	河北	河南	湖北	湖南	江苏	山东	四川	重庆
打药	3.30	2.27	2.78	8.82	15.79	0	0	1.85	1.27	2.17
施肥	2.42	0	2.78	5.88	15.79	0	0	1.85	1.27	0
灌溉	13.85	0	44.44	32.35	21.05	0	29.41	9.26	3.80	5.43
收获	52.09	45.45	94.44	64.71	63.16	100	100	44.44	18.99	21.74
晾晒/烘干	2.20	0	5.56	0	15.79	0	0	3.70	0	0
脱粒	10.77	0	2.78	67.65	21.05	0	0	9.26	3.80	9.78
劳动密集型	59.34	20.45	83.33	14.71	7.89	29.63	13.73	68.52	100	100
技术密集型	27.25	4.55	13.89	5.88	7.89	0	5.88	37.04	55.70	48.91

资料来源：笔者根据 2019 年组织的抽样调查计算整理。

下面从不同经营规模的分组，对农户种粮生产环节服务外包的情况进行统计描述。如表 4—8 所示，本书将调查样本农户的种粮面积规模划分为六大区间，分别为小于等于 1 亩、1—2 亩、2—3 亩、3—5 亩、5—10 亩和经营规模在 10 亩以上。调查样本中经营规模在 3—5 亩之间的农户选择生产托管的比例最高，如果将生产托管视为服务外包的最高程度，那么经营规模在 3—5 亩的农户更愿意采用高水平的服务外包模式。经营规模在 1 亩以下的农户选择将施肥、晾晒/烘干环节外包的比例最高，经营规模在 1—2 亩的农户选择将耕地、播种/育秧、收获、脱粒环节外包的比例最高，经营规模在 3—5 亩的农户选择将灌溉环节外包的比例最高，经营规模在 5—10 亩的农户选择将打药环节外包的比例最高。可以看出，经营规模较小的农户更愿意选择将劳动密集型环节外包出去，而经营规模较大的农户更会选择将技术密集型环节外包出去。由此可见，农户对生产环节外包的选择行为与种粮经营规模密切相关。

表4—8　　　　　　不同经营规模农户种粮生产环节外包情况　　　　（单位：%）

规模区间	生产托管	耕地	播种/育秧	打药	施肥	灌溉	收获	晾晒/烘干	脱粒
(0, 1]	15.38	16.92	13.89	6.67	45.45	12.70	15.61	50.00	14.29
(1, 2]	23.08	28.21	25.00	20.00	0	15.87	29.54	30.00	26.53
(2, 3]	15.38	10.77	12.96	13.33	18.18	12.70	10.97	0	12.24
(3, 5]	30.77	16.92	23.15	6.67	9.09	30.16	18.57	10.00	20.41
(5, 10]	0	21.03	18.52	46.67	9.09	20.63	19.41	0	24.49
>10	15.38	6.15	6.48	6.67	18.18	7.94	5.91	10.00	2.04

资料来源：笔者根据2019年组织的抽样调查计算整理。规模区间划分依据为农户粮食播种面积（亩）。

调查样本农户农机服务外包程度的衡量结果及描述性统计由表4—9列出。本书采用农户实际生产中各环节服务外包总费用占农户生产投入总费用的比重来衡量农户农机服务外包程度，采用农户实际生产中购买服务外包的环节数占生产总环节数的比例作为农户生产服务外包环节比例。调查样本农户粮食生产环节的平均整体服务外包程度为0.225，服务外包环节比例为0.220。根据生产环节属性，劳动密集型环节外包的平均程度为0.186，外包比例为0.140；技术密集型环节外包的平均程度为0.058，外包比例为0.082。由此可以看出劳动密集型环节外包程度和比例仍然明显高于技术密集型环节外包的程度和比例。

表4—9　　　　　农户农机服务外包程度的衡量及描述性统计

变量名称	变量解释与计算方式	样本量	均值	标准差
农户生产环节服务外包程度	农户实际生产中各环节服务外包总费用占农户生产投入总费用的比重	455	0.225	0.233

变量名称	变量解释与计算方式	样本量	均值	标准差
劳动密集型环节服务外包程度	农户实际生产中耕地、收割、晾晒/烘干、脱粒等劳动密集型环节服务外包总费用占农户生产投入总费用的比重	455	0.186	0.201
技术密集型环节服务外包程度	农户实际生产中播种/育秧、打药、施肥、灌溉等技术密集型环节服务外包总费用占农户生产投入总费用的比重	455	0.058	0.146
农户生产服务外包环节比例	农户实际生产中购买服务外包的环节数占生产总环节数的比例	455	0.220	0.244
劳动密集型服务外包环节比例	农户实际生产中耕地、收割、晾晒/烘干、脱粒等劳动密集型环节购买服务外包的环节数占生产总环节数的比例	455	0.140	0.131
技术密集型服务外包环节比例	农户实际生产中播种/育秧、打药、施肥、灌溉等技术密集型环节购买服务外包的环节数占生产总环节数的比例	455	0.082	0.180

资料来源：笔者根据 2019 年组织的抽样调查计算整理。

第三节 农机服务外包的发展现状

一 农机服务市场的发展

《中华人民共和国农业机械化促进法》于 2004 年通过并实施，我国农机服务市场开始起步，随后农机作业服务在全国各地迅速推广并逐步发展。本书以 2004 年为起点，梳理我国农业机械化发展的相关政策，并从农业机械化总动力、农作物耕种收机械化水平、各类农机作业服务组织、农机化经营总收入以及中央财政对农机购置补贴的金额等 5 大指标反映农机服务市场发展过程。首先，农机总动力是衡量农业机械农机具设备的核心指标，2004 年我国农机总动力为 6.41 亿千瓦, 2018 年农机总动力为 10.04 亿千瓦, 增长 56.6%。2004 年我国农作物耕种收机械化水平只有 34.3%, 至 2018 年农作物耕种收机械化水平达到近 70%, 较 2004 年翻了一番。随着农业社会化服务的广泛开展, 我国涌现出越来越多各种类型的农机服务组织, 包括农机合作社、农机服务公司、专业农机户等。农机作业服务总收入也呈现出增长趋势, 至 2018 年, 我国农机服务总收入达到 4718 亿元。为了促进农业机械化发展, 中央财政对农机具实行购置补贴政策, 2004 年中央财政投入农机购置补贴资金 0.7 亿元, 2009 年补贴资金达到 130 亿元, 2012 年补贴资金超过 200 亿元, 2018 年补贴资金为 174 亿元。可以看出, 在中央财政的大力支持下, 以农机服务方式为主带动了我国农业机械化水平迅速发展。

表 4—10　　　　　2004—2018 年我国农机服务市场表现

年份	农机总动力 （亿千瓦）	农作物耕种收 机械化率 （%）	各类农机作业 服务组织 （万个）	农机服务 总收入 （亿元）	农机购置 补贴金额 （亿元）
2004	6.41	34.30	3224	2421	0.7
2005	6.85	35.90	3386	2606	3
2006	7.26	39.30	3502	2829	6
2007	7.69	42.50	3655	2987	20
2008	8.22	45.85	3833	3467	40
2009	8.75	49.13	3940	3894	130
2010	9.28	52.28	4076	4167	155
2011	9.77	54.82	4128	4509	175
2012	10.20	57.17	4209	4779	214
2013	10.40	59.50	4256	5108	217

续表

年份	农机总动力 （亿千瓦）	农作物耕种收 机械化率 （%）	各类农机作业 服务组织 （万个）	农机服务 总收入 （亿元）	农机购置 补贴金额 （亿元）
2014	10.81	61.60	4309	5360	237
2015	11.00	63.00	4355	5522	232
2016	9.72	65.19	4248	5388	228
2017	9.88	66.00	520	5500	186
2018	10.04	69.10	460	4718	174

数据来源：历年《中国农业机械工业年鉴》，2015 年、2016 年的中央财政农机购置补贴金额为笔者推算数据，根据前三年补贴金额年均增长率估算。农机作业服务组织和农机服务总收入指标数据统计口径存在差异。

2004 年以来中国农机服务外包市场呈现出从"非市场化"逐渐向"市场化"方向发展的趋势。根据《2008 中国农业机械工业年鉴》的判断，中国农业机械化发展在 2007 年由初级阶段跨入中级阶段。[①]

初级阶段（2004—2007 年）：农机服务市场起步。2004 年 6 月中国通过了《中华人民共和国农业机械化促进法》，且在 2004 年 11 月开始实施，这标志着中国农业机械化进程开始全面推进。农机购置补贴政策也于同年开始启动并在 66 个县实施，第一年实施期间共计补贴农机购置的资金总额为 0.7 亿元。随后，补贴资金的规模在中央财政的支持下连年增长，补贴政策实施的范围也逐步扩大。在城乡一体化进程中劳动力价格不断上涨，自机耕、机播、机收环节开始，农机服务外包的生产方式满足小农户农业生产过程中机械替代劳动力的市场需求，中国特有的农机服务跨区作业模式得

---

① 中国机械工业年鉴编辑委员会、中国农业机械工业协会编：《2008 中国农业机械工业年鉴》，机械工业出版社 2009 年版，第 91—92 页。

到推广和发展。《2008 中国农业机械工业年鉴》指出 2007 年耕种收综合机械化水平比上年提高 3.2 个百分点，达到 42.5%，由此意味着中国农业机械化发展由初级阶段迈进中级阶段。

中级阶段（2008 年至今）：农机服务市场形成。"新型农业社会化服务体系"的概念于 2008 年党的十七届三中全会首次提出，由此我国农机服务市场逐渐形成并迅速发展。"新型农业社会化服务体系"对包含农机服务在内的农业生产社会化服务属性、作用及内涵进行了明确说明。随后，中国出台了各类文件激发农机服务市场的活力。在强调大力统筹城乡发展的同时，要通过构建新型农业社会化服务的体系来夯实农业农村发展的基础。此外，新型农业社会化服务体系的建立需要农业科技创新发挥主要作用，要彰显农业科技在培育新型农业社会化服务组织中的力量。中央财政对农机服务市场的支持也在逐年提高，主要体现在对农机购置补贴的资金支持上。2009 年农机购置补贴资金较 2008 年增长 225%，2010 年较 2009 年增长 19.23%，2011 年农机购置补贴专项资金同比增长 12.90%。在中央各项政策及中央财政补贴的支持下，中国农机服务市场基本形成。

2012—2013 年农业部通过进一步完善农机购置补贴资金结算方式确保农机补贴政策执行到位，以保障新型农业社会化服务专业化、市场化运行。2012 年中央财政农机购置补贴资金同比增长 22.3%，2013 年中央财政农机购置补贴资金同比增长 1%。随着农户对机械作业的需求不断增加，农机服务已由耕地、收割环节发展为育秧、机插秧、直播、植保等多个环节作业。无人机打药、精量播种、精量施肥等高技术含量的作业服务也得到发展。随后每年的中央一号文件都对中国新型农业社会化服务体系的构建做了相关部署和要求。例如：在 2014 年和 2015 年的中央一号文件中分别对农业社会化服务使用了"健全"和"强化"的字眼。2017 年 8 月农业部、发展改革委、财政部联合印发了《关于加快发展农业生产性服务业的指导意见》。2018 年中央一号文件提出通过推进农业生产全程社会化服务来帮助小农户节本增效。当前，乡村振兴战略的一个重要内容就是通过农业生产社会化服务来实现小农户和现代农业发展的有机衔接。在一系列政策支持和制度安排下，农机服务市场快速发展。2018 年中国农作物耕种收综合机械化率近 70%。

二 农机服务外包的需求与供给

(一) 农机服务外包的需求

家庭小农在农业生产过程中受到的约束条件越来越多，比如，劳动力数量不够、人力资本水平下降、技术落后、资金有限、市场风险抵抗能力不足等。在这样的现实下由此产生农机服务外包的需求（Akudugu, et al., 2012; Mottaleb, et al., 2016; Mukasa, 2018）。农户对农机服务外包的需求主要来源于理性经济人决策。农户对农业生产性服务需求意愿较强的方面主要在于农业科技服务、信息服务以及金融保险服务等（Lin, 1991）。农民对农业生产性服务的需求在持续增大（Harry, 1977）。不同类型的农户和组织对农机服务的需求存在差异，呈现综合性、多元化的特点（Klerkx and Leeuwis, 2008）。不同地区农户的服务需求大体相同，但需求顺序存在差异。户主个人特征和农户的种植特征对农户服务需求产生影响，并且农户对不同类型农业生产性服务的需求也有所不同。种粮大户的服务需求主要集中在生产环节，并且对农业信贷服务与农机配套服务的需求意愿较高；而种粮小农户需求意愿较高的方面在于农业技术服务和信息服务（孔祥智、徐珍源，2010）。

农户是农机作业服务的需求方，同时也是农机服务外包的发包方，农户对农机服务的需求受到多方面因素的影响。首先，农户个性特征如年龄、性别、受教育程度等会影响农机服务需求，农户文化的高低与农户是否采用服务呈正相关关系（Feder and Slade，1984）。其次，农户家庭特征会影响农机服务需求，包括家庭劳动力人数、是否兼业、农户家庭收入状况等（Ajayi and Dkunlola，2005）。再次，农户生产经营特征也会产生影响，包括土地规模、土地细碎化①。土地经营规模与农机服务需求呈正相关关系，土地规模越大农户越倾向于将生产环节进行服务外包。土地细碎化会阻碍农户对农机服务外包的需求，主要原因在于土地细碎化会增加农机服务的交易成本。农业服务成本是影响农民服务需求的重要因素（王志刚等，2011；吴明凤等，2017）。

（二）农机服务外包的供给

学术界对农业社会化服务供给的研究主要集中在农业社会化服务供给模式和供给主体两个方面。中国农业社会化服务体系已经形成公益性服务体系和经营性服务体系并存，综合服务与专项服务相结合，包括订单农业、农超对接、土地托管、代耕代种、服务超市等多种形式化的服务机制。当地政府组织提供的支持极大地影响了农业服务的有效供给，主要原因在于由政府主导形成的组织协同有利于解决农业社会化服务中出现的各类效益与公平不能兼顾的问题（Wossen，et al.，2017）。服务组织的专业化程度需要把握一定的限度，来自国家的扶持和构建成本分摊机制是必须要考虑的问题。正确选择农业社会化服务供给模式可以降低农业社会化服务成本，提高服务质量（仝志辉、侯宏伟，2015）。

农机服务外包的实现需要通过一定的组织形式，主要包括政府部门、农机合作社、农机服务公司或者专业的农机户。不同的服务供给主体，其服务内容和服务形式存在较大差异。世界各国的实践

---

① Foster, A., *Are Indian Farms Too Small? Mechanization, Agency Costs, and Farm Efficiency*, New Haven：Manuscript Yale University, 2011, p. 59.

经验表明，可以由各类型的组织来充当农机服务的供给主体，但是各个国家的农业服务体系会根据国情选择主导供给方。比如美国以服务市场为主导，荷兰以物流为主导，巴西则是以政府为主导。发达国家把农业生产性服务的供给主体划分为营利性和非营利性两种，认为这两者各自有着不同的职能和使命，作为非营利目的的政府组织以公益性为主，在农业生产性服务供给中发挥主要作用。目前我国已逐渐形成以政府主导加农户需求的综合性农业服务体系，村集体和政府部门是外部性较强的农业服务供给主体（孔祥智、徐珍源，2010）。

三 农机服务外包存在的问题

当前中国农业社会化服务组织队伍越来越年轻化，返乡回潮的农民加入农机服务队伍使得服务人员素质不断提高，中国农机服务市场逐渐形成专业化、组织化和规模化的格局。农机服务公司、农机合作社以及家庭农场是农机服务组织的主体，其中农机服务公司的作业面积和技术水平最为突出，服务组织为粮食作物提供的主要服务类型为农机服务。在农机服务外包的广泛推广下，2018 年主要粮食作物耕种收机械化率超过 80%。尽管中国主要粮食生产机械化进程飞速发展，这其中农机服务的贡献力量尤为明显，但是由于农业生产有着周期长、季节性强和生产多样性的特点，农机服务外包存在技术标准化程度低、及时性差、规模经济不明显、道德风险高等问题（孙顶强等，2016）。因而我国农机服务市场整体上仍然存在发展不平衡、不充分的问题，具体概括为以下几个方面。

（一）农机服务区域发展不平衡

农机服务整体发展水平有待进一步提高，仍然存在基础设施落后、经营规模小、集约化程度低、产业链不完整以及缺乏先进经营理念等问题。家庭农场仍处于发展初期，一些农业机械合作社运作不正常，农业机械服务机构的服务能力不足。在众多问题中，农机服务发展区域性不平衡问题比较突出。根据农业农村部农业生产性服务业监测课题组的调查，粮食主产区中的部分省份，比如黑龙江、河南、山东、安徽、四川，其农机服务的整体规模均高于全国平均水平。尽管中国农作物综合机械化率有了显著提高，但是南方丘陵山区农机化水平仍然相对较低，大部分作物机械化生产还处于技术改进或示范推广阶段。南方丘陵山区是中国重要的粮食生产自给地，南方地区中湖南、浙江、云南等11个省份山区丘陵面积占耕地面积的比例为60%以上，受到地形条件的制约，加上机械操作的技术瓶颈还未突破，目前山区丘陵地区的农机服务发展还相对落后。

（二）农机服务环节发展不均衡

受到劳动力成本上涨的影响，使用农业机械替代劳动力已经成为农机服务外包的主要内容。劳动密集型环节和技术密集型环节农机服务外包的发展明显不均衡，劳动密集型环节农机服务外包较技术密集型环节农机服务外包的发展明显更快。如病虫害防治等机械植保环节的发展程度明显落后于机耕、机收等环节。当前，中国农业生产技术服务还存在供给和需求不能完全匹配的情况，表现在农户的技术服务不能得到有效满足，农机服务的供给方存在浪费和低效的情况上。其产生的主要原因是：农机服务组织发育不完善、服务能力不足，农户对技术的有效需求不能得到满足。农机服务外包仍需要利用现代高科技突破技术瓶颈，并向绿色、环保农业方向发展。

（三）农机服务制度规范有待完善

农机服务制度不完善导致服务体量不足，农机服务规范不完善导致服务质量和标准不统一，不能形成长期可持续性的服务供应链（云振宇等，2014）。农艺要求的多样性增加了机械作业难度及适应性。水稻生产的机械化发展在山区丘陵地带还严重不足，尽管我们已经尝试在一些地区进行试点，通过土地"宜机化"改造来实现更好的机械化作业，但是仍然需要加大研发力度。山区丘陵区域机械化发展路径亟须明确和解决。农机服务组织在经营效率和效益方面还存在问题。特别是在农产品价格下行背景下，各类服务组织之间形成市场竞争，价格形成机制有待进一步完善。农机服务需要高素质懂技术的专业性人才，在农机服务市场不健全的情形下很难吸引人才、壮大农机服务队伍。农机补贴政策有待进一步完善。补贴范围需要扩展至不同环节、不同种类的农机具，针对山区丘陵地区的特殊农机具应该加大支持力度。应将农机专项鉴定的创新产品纳入补贴范围，加快老旧农机报废更新步伐。补贴政策应跟随农业机械化的需求结构和行业环境的变化而调整。

（四）应对外部环境能力有待加强

从外部环境看，各类农业生产性服务主体在实际工作中仍然存在融资难、融资贵、风险高等问题。各地农业农村部门对服务主体给予的相关政策不明确，政策支持和倾斜力度也不够。2020年初受到新冠疫情影响，各行各业停工停业、封桥封路等防控措施给农机服务市场发展带来难题。中美经贸摩擦和全球新冠疫情带来的粮食恐慌等宏观环境出现的不确定因素对农机服务市场的正常运转带来压力，部分地区农机服务价格还出现上涨的现象。这说明农机服务市场还未形成完备的市场监管和调控机制，应对外部市场及环境变化的能力还有待提升。

第四节　本章小结

本章主要对中国粮食生产和农机服务外包的发展现状进行分析，为后面展开实证研究奠定基础。首先，从时间轴和省域分布情况对中国粮食生产的时空格局进行描述。梳理 2004—2018 年以来中国粮食生产的基本状况，并对比不同品种、不同产区在粮食产量、单位面积产量上的差异。从粮食产量、种粮劳动力、播种面积、化肥投入、机械动力 5 个方面对粮食生产的投入产出情况展开分析。进而分析中国粮食生产面临的问题和挑战主要是：粮食生产成本过高、资源禀赋约束、气候环境的制约和外部环境的影响。其次，对农机服务外包程度这一核心指标进行衡量。依据生产者服务投入研究和外包文献，借鉴陈超等（2012）的方法对中国 26 个省份 2004—2018 年粮食生产的农机服务外包程度进行衡量。根据微观调查反映的农户粮食生产各环节服务外包情况，对农户农机服务外包程度进行衡量。最后，对我国农机服务外包的发展现状进行分析。从农业生产性服务业政策变化到农机服务市场表现，总结中国农机服务市场在 2004—2007 年处于初级发展阶段，2008 年至今处于中级发展阶段。在对农机服务外包的需求与供给展开分析的基础上，剖析目前我国农机服务外包存在的问题有：农机服务区域发展不平衡，农机服务环节发展不均衡，农机服务制度规范有待完善，应对外部环境能力有待加强。

第 五 章

粮食全要素生产率的测算及其分解

——基于变系数随机前沿分析

粮食全要素生产率为本书的主要研究对象，在展开实证研究之前，首先需要对粮食全要素生产率的指标进行测算。全要素生产率的测算主要有三种方法：索洛余值法；数据包络分析法；随机前沿分析法。根据前文对粮食全要素生产率的定义，结合三种方法的适用性和优劣势，本书选择随机前沿估计方法来测算粮食 TFP。考虑到各个省份粮食种植的结构调整和政策变化对粮食生产前沿面动态变化带来的影响，本书参考 Gong（2018）的方法，采用变系数随机前沿分析方法来测算省级粮食全要素生产率。针对微观调查数据，则采用超越对数随机前沿分析法来测算农户的粮食全要素生产率。

第一节 测算方法与数据描述性统计

学术界关于全要素生产率的主要研究方法有半参数法、参数法和非参数法。半参数法是基于传统生产函数（CPF）的"索洛余值法"，这种方法的缺陷是它并不涉及技术效率变化这一关键因素。随机前沿分析（SFA）是参数法的主要代表，该方法根据假设条件设定生产函数形式，而且将生产前沿面的随机性考虑进来，可以在一定程度上刻画生产函数反映出的前沿面状况，尽管可以避免随机扰动对非效率性的影响，但是无法区分设定的偏误对非效率性的影响。随机前沿分析（SFA）方法更加适用于对农业 TFP 的测算，因为该方法构建的是随机性的生产前沿面。数据包络分析（DEA）是非参数方法的代表，该方法的优点在于能够较好地处理多投入和多产出的情况，不足之处在于该方法由于无须设定函数形式而没有考虑随机扰动对非效率性的影响。

既有研究基于 SFA 方法对中国农业全要素生产率的变动及增长做了相关研究，还有研究使用基于 DEA 的 HMB 指数、SBM 指数测度中国水稻产业的全要素生产率。大多数研究结论反映出推动农业全要素生产率增长的主要动力是技术进步。为了更全面反映生产前沿的动态变化，为政策制定提供更为信服的学术依据，中国学者龚斌磊（2018）提出了更为科学的全要素生产率测算方法。他以中国 31 个省份农业部门中农、林、牧、渔业的产值结构建立变系数模型，引入随机前沿估计模型中，不仅在生产函数中反映了投入产出结构变化对前沿面估计的影响，而且在一定程度上缓解了传统随机前沿估计方法中产生的误差和内生性。为了反映各省份粮食生产差异和粮食种植结构调整对生产前沿面变化的影响，降低粮食全要素生产率的测量误差，本书借鉴 Gong（2018）的变系数随机前沿估计方法对 26 个省份 2004—2018 年的粮食全要素生产率进行测算；通过构建超越对数随机前沿生产函数对微观调查农户的粮食全要素生产率进行测算。

一　测算方法

（一）变系数随机前沿估计方法

本书主要依据张丽、李容（2020）的研究测算 2004—2018 年

26个省份的粮食全要素生产率。Aigner 等（1977）、Meeusen 和 Van den Broeck（1977）最早提出了随机前沿生产函数模型（5.1），其中 X_i 代表单位 i 的投入向量，Y_i 代表单位 i 的产出向量。v_i 为测量误差，通常假定为正态分布。u_i 表示技术非效率项，一般假定为半正态分布（Aigner, et al., 1977）、截尾正态分布（Stevenson, 1980）和 Gama 分布（Greene, 1990）。随后 Schmidt 和 Sickles（1984）提出了面板随机前沿模型（5.2），固定效应、随机效应以及其他方法可用于估计不同条件下的 α_i（Sickles, 2005）。模型（5.2）中向量 $\beta = (\beta_1, \cdots, \beta_p)$ 为参数向量，传统的随机前沿模型表示为单边界方法。

$$Y_i = X_i'\beta + v_i - u_i, \quad i = 1, \cdots, N \tag{5.1}$$

$$Y_{it} = \alpha_i + X_{it}'\beta + v_{it} - u_i, i = 1, \cdots, N, t = 1, \cdots, T \tag{5.2}$$

进入 21 世纪后，中国粮食生产经过了土地、税收、补贴等多方面的政策调整，随着农业社会化服务体系的逐渐形成，新型农业经营体系逐步健全，中国粮食生产的方式不断调整，粮食种植结构不断优化，粮食生产前沿面处于动态调整变化中。因此有必要采用变系数随机前沿模型来反映生产前沿面的动态变化。Hastie 和 Tibshirani（1993）首次引入了变系数模型（VCM），模型中的系数是一些阈值变量 θ 的非参数函数。变系数模型的形式如（5.3）式：

$$y = x_1 h_1(\theta_1) + \cdots + x_p h_p(\theta_p) + \varepsilon \tag{5.3}$$

变系数模型（5.3）中的 $\theta_1, \cdots, \theta_p$ 通过不确定函数 $h_1(\theta_1), \cdots, h_p(\theta_p)$ 改变 $x_1, \cdots, x_p$ 的系数。这些系数并不是常数而是非参数函数，因此被命名为"变系数模型"。生存分析文献中首次使用"变系数模型"，主要在截尾数据的时变系数函数建模中运用。Sun 和 Kumbhakar（2013）与 Zhang 等（2012）在研究挪威的林业和中国的高新技术产业中使用了变系数生产函数，然而他们采用的都是常规的生产函数而不是随机前沿模型。中国学者龚斌磊（2018）首次使用变系数随机前沿生产函数分析中国农业全要素生产率，他以农、林、牧、渔业的产值份额作为农业四大产业的权重指标构建变系数模型，然后引入面板随机前沿模型计算农业 TFP。该方法对传统随机前沿估计方法做了重大改进，既反映出生产函数在不同时段的变化，又反映出各省份之间的异质性农业结构。

传统随机前沿模型为单边界方法，（5.1）式中系数 β 是固定的，不能反映生产前沿面的动态变化。随着中国粮食生产经营结构不断调整优化和农机服务的快速发展，三大主粮生产中使用的人工越来越少，要素的边际产出处于不断变化中。采用变系数模型的方法能够识别粮食生产中各种投入要素产出弹性的变化，可以放松 C–D 生产函数投入要素弹性不变的原假设。封永刚（2018）的研究显示中国农业资本和劳动之间属于强替代关系，基于 C–D 生产函数的"单位替代弹性"假设并未与中国农业经济增长实际情况产生较大脱节。因此，本书借鉴 Gong（2018）的方法，以水稻、小麦、玉米的产量份额作为各省份粮食生产结构的权重指标，用于反映各省之间粮食生产的品种结构差异。采用 Cobb-Douglas 生产函数的形式建立变系数面板随机前沿模型，首先将时间变量和三大主要粮食品种产量份额作为阈值变量估计变系数，然后通过变系数随机前沿模型来估计粮食生产函数。具体公式表达为：

$$y_{it} = \alpha_{it} + \sum_{k=1}^{p} \beta_{it}^k x_{it}^k + \tau Z + \nu_{it} - u_i$$

$$= h_0(\theta_{it}) + \sum_{k=1}^{p} h_k(\theta_{it}) x_{it}^k + \tau Z + \nu_{it} - u_i \tag{5.4}$$

模型（5.4）中 y_{it} 为粮食总产量，x_{it}^k 为第 k 个投入要素，$h_k(\theta_{it})$ 是一个非参数函数，用于估计第 k 个随时间变化的投入要素参数向量 β_{it}^k。$\theta_{it} = (t, w_{it}^1, w_{it}^2, w_{it}^3)$ 用于衡量 i 省份在第 t 年中水稻 w_{it}^1、小

麦 w_{it}^2、玉米 w_{it}^3 的产量份额。[①] 假定截距项 $h_0(\theta_{it})$ 是阈值变量的非参数函数。年份虚拟变量用 Z 向量表示，作为生产前沿随时间变化的控制变量；τ 向量是年份虚拟变量的系数。假定 ν_{it} 服从均值为 0、标准差为 σ_ν 的正态分布，$\exp(\nu_{it})$ 表示影响生产过程的随机冲击因素。技术效率用 $TE_i = \exp(-u_i)$ 来表示，是指观测产出与最大可能产出之比。本书采用带有时变系数的"误差要素前沿"方法（Battese and Coelli，1992）来估计 u_i 和技术效率。首先，由半参数回归方程 $y = f(x) + \varepsilon$ 导出残差 ε。其次，再利用随机前沿模型将残差分解为 $\varepsilon = \mu + v - u$。本书基于样条曲线的非参数方法来估计模型（5.4）中的 $h_k(\theta_{it})$。

（二）粮食生产前沿面的变化

本书主要以农机服务外包与粮食全要素生产率的关系作为研究对象，将农机服务发展作为影响粮食生产前沿面和 TFP 增长的主要因素。通过引入农机服务市场发展阶段的虚拟变量，构建农机服务发展影响粮食生产前沿面的计量模型为：

$$\Delta TFP_{it}/TFP_{it} = \alpha + \delta PD_2 + \sum_{j=2}^{3} \lambda_j w_{it}^j + \eta_1 irr_{it}$$
$$+ \eta_2 dis_{it} + \eta_3 ele_{it} + \sum_{j=2}^{26} \rho_j D_j + \varepsilon \qquad (5.5)$$

$$\beta_{it}^k = \alpha^k + \delta_2^k PD_2 + \sum_{j=2}^{3} \lambda_j^k w_{it}^j + \eta_1^k irr_{it}$$
$$+ \eta_2^k dis_{it} + \eta_3^k ele_{it} + \sum_{j=2}^{26} \rho_j^k D_j + \varepsilon^k, \forall k = 1, \cdots, 4 \qquad (5.6)$$

---

① 本书选取水稻、小麦、玉米的产量份额作为变系数模型的阈值变量。主要原因是：主要粮食品种为水稻、小麦和玉米，这三个品种的产量之和约占粮食总产量的 90% 以上，在总量上可以代表粮食生产的总体情况。此外，水稻、小麦和玉米的农机服务发展具有典型性，综合机械化程度相对其他品种粮食作物而言更高。水稻、小麦、玉米的产量份额可以衡量粮食生产结构调整对生产前沿面动态变化产生的影响。三大粮食品种产出份额由 2004—2018 年 26 个省份水稻、小麦、玉米产量占三种主要粮食产量的比重计算得出，$w_{it}^1 + w_{it}^2 + w_{it}^3 = 1$。

模型（5.5）中的被解释变量 $\Delta TFP_{it}/TFP_{it}$ 表示 i 省份在 t 年粮食全要素生产率的增长率，模型（5.6）中被解释变量 β_{it}^{k} 表示第 k 个投入要素的时间和省级层面的变系数，衡量 i 省份在 t 年的要素投入弹性。模型（5.5）、模型（5.6）的被解释变量均采用变系数随机前沿估计方法计算得出。PD_j 是第 j 个农机服务发展阶段的虚拟变量，设定 t = 2004—2007 年为 PD_1，设定 t = 2008—2018 年为 PD_2。w_{it}^{j} 为粮食种植结构，用第 j 个粮食品种占三种主要粮食产量的比重表示，w_{it}^{1} 为水稻产出份额，w_{it}^{2} 为小麦产出份额，w_{it}^{3} 为玉米产出份额。irr_{it} 表示粮食生产的灌溉面积，以对数表示，是生产效率的决定因素（Chen, et al., 2009）。dis_{it} 表示洪水、干旱、雪灾等自然灾害对粮食播种面积的影响，以对数表示，对粮食产出具有负面影响（Brümmer, et al., 2006）。D_j 是第 j 个省份的省级虚拟变量。

二　变量与数据描述性统计

本书采用 2004—2018 年中国 26 个省份粮食生产的面板数据测算中国粮食全要素生产率。考虑数据的连续性和可获得性，本书选取 2004—2018 年 26 个省份的粮食产量（万吨）作为产出变量的代理变量，不考虑产值作为产出变量主要是为了剔除价格因素的影响。将粮食生产的四大要素劳动力、土地、化肥和机械作为生产函数的投入变量。借鉴王跃梅等（2013）的方法测算粮食生产劳动投入要素，计算公式如下：粮食生产的劳动力数量（万人）=第一产业从业人员×（农业总产值/农林牧渔业总产值）×（粮食播种面积/农作物播种面积）。采用 2004—2018 年 26 个省份的粮食播种面积（千公顷）作为粮食生产土地投入要素的代理变量。以实际用于粮食生产的农用化肥施用量（折纯量，万吨）作为化肥投入要素的代理变量。以粮食生产的机械动力作为机械投入要素的代理变量，计算方法为：农机总动力（万千瓦）根据粮食播种面积占农作物播种面积的比重调整后计算得出。粮食生产前沿面变化的控制变量包括：（1）粮食种植结构，采用水稻、小麦和玉米的产出份额来衡量；（2）基础设施，采用灌溉面积和用电量来衡量；（3）自然灾害，采用受灾面积作为代理变量。具体的数据描述性统计见表5—1。

表5—1　　　　　　　　　　　　　描述性统计

变量类型	变量名称	样本量	均值	标准差	最小值	最大值
产出变量	粮食产量（万吨）	390	2169.435	1496.972	138.11	7506.8
投入变量	种粮劳动力人数（万人）	390	386.474	237.623	43.838	1204.023
	粮食播种面积（千公顷）	390	4192.015	2667.307	282.48	14214.54
	化肥施用量（万吨）	390	140.937	98.06	18.864	554.298
	农机总动力（万千瓦）	390	2356.752	2030.539	139.169	9072.852
控制变量	水稻产量份额	390	0.459	0.359	0	1
	小麦产量份额	390	0.178	0.194	0	0.368
	玉米产量份额	390	0.363	0.271	0	0.914
	灌溉面积比重	390	0.616	0.367	0.228	2.513
	受灾面积比重	390	0.346	0.24	0.016	1.743
	农村用电量（亿千瓦时）	390	249.799	368.123	3.31	1933.1

资料来源：由笔者整理计算。

第二节　省级粮食全要素生产率的测算与分解

一　省级粮食全要素生产率的测算结果

本书采用变系数随机前沿分析方法得出中国26个省份2004—2018年粮食全要素生产率的测算结果如图5—1所示。2004年粮食全要素生产率为2.39，2005—2007年全国粮食全要素生产率呈逐年下降趋势，2008年全国粮食全要素生产率回升至2.27。2009—2018年全国粮食全要素生产率呈上下波动趋势，其中2009年粮食

全要素生产率最低，只有 2.13，粮食全要素生产率在 2016 年最高，
达到 2.42。总体来看，2004—2018 年全国粮食全要素生产率在
2.10—2.45 之间，并且呈现出"U"形趋势，粮食全要素生产率仍
然还有较大增长空间。与既有研究结论有所不同的是，2004—2007
年粮食全要素生产率逐年递减，2009 年以后呈上下波动趋势，2008
年出现回升的主要原因可能是"三农"政策调整发挥的作用。2004
年开始大力发展农机服务市场，2008 年农机服务由初级阶段转为中
级阶段，说明农机服务对粮食全要素生产率产生影响。

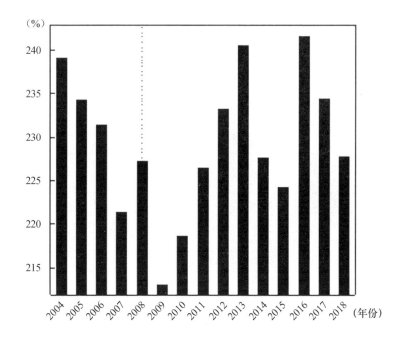

图 5—1　2004—2018 年粮食全要素生产率

资料来源：由笔者利用 R 软件计算并绘制。

　　表 5—2 列出的是 2004—2018 年 26 个省份历年粮食全要素生产
率的测算结果。可以看出，2004—2018 年 26 个省份粮食全要素生
产率的变化趋势不一致，各省份之间也存在明显差异。2004 年粮食

全要素生产率最高的省份为吉林，高达 9.799，比粮食全要素生产率最低省份海南（0.663）高出 9.136。各省份粮食全要素生产率差距较大，绝大多数省份粮食全要素生产率在 1—2 之间。2004—2018 年经过粮食种植结构调整后，各省份粮食全要素生产率的差距逐渐缩小，至 2018 年，粮食全要素生产率最高省份为内蒙古，最低省份为广东。山西、内蒙古、辽宁、吉林、黑龙江、甘肃等主产区粮食全要素生产率一直高于其他省份。非主产区山西、宁夏、新疆等地粮食全要素生产率也较高。从各省份粮食全要素生产率的时间趋势来看，绝大多数省份在 2004—2018 年呈现出上下波动趋势。各省份粮食全要素生产率的波动与粮食生产方式及种植结构调整有关。

表 5—2　　　　2004—2018 年 26 个省份粮食全要素生产率

省份	2004 年	2007 年	2010 年	2013 年	2016 年	2018 年
河北省	2.293	2.256	2.232	2.165	2.246	2.097
山西省	4.748	4.505	4.537	5.038	4.732	4.249
内蒙古自治区	8.720	7.908	8.218	8.919	8.886	8.367
辽宁省	6.910	4.991	4.800	5.479	6.894	5.755
吉林省	9.799	8.543	7.743	9.111	8.245	6.914
黑龙江省	2.428	2.710	3.017	3.306	3.144	3.182
江苏省	1.269	1.155	1.125	1.047	1.029	1.006
浙江省	0.923	0.798	0.743	0.776	0.740	0.738
安徽省	1.085	0.905	0.915	0.973	1.009	0.975
福建省	0.889	0.810	0.764	0.749	0.702	0.718
江西省	0.972	0.870	0.811	0.798	0.795	0.820
山东省	2.299	1.998	1.892	1.728	1.878	1.861
河南省	1.515	1.571	1.541	1.565	1.600	1.652
湖北省	1.097	1.040	1.062	1.043	1.052	0.969
湖南省	1.095	1.010	1.008	0.969	0.900	0.891
广东省	0.886	0.844	0.827	0.810	0.696	0.695
广西壮族自治区	0.966	0.942	0.904	0.964	0.975	0.990
海南省	0.663	0.675	0.694	0.719	0.753	0.812
重庆市	1.549	1.527	1.523	1.567	1.551	1.543

续表

省份	2004 年	2007 年	2010 年	2013 年	2016 年	2018 年
四川省	1.434	1.407	1.402	1.466	1.833	1.837
贵州省	1.291	1.352	1.532	1.344	1.441	1.222
云南省	1.091	1.213	1.421	1.416	1.972	1.985
陕西省	1.276	1.498	1.406	1.480	1.474	1.295
甘肃省	1.635	1.657	2.063	2.944	2.418	2.338
宁夏回族自治区	2.214	2.495	2.403	3.037	3.200	3.241
新疆维吾尔自治区	3.128	3.007	2.044	2.701	2.509	3.069

资料来源：由笔者利用 R 软件计算。

根据前文对粮食全要素生产率的定义，粮食全要素生产率的增长率用粮食产出量增长率扣减加权要素投入增长率的部分来衡量，粮食 TFP 增长率是农业增长的重要来源。图 5—2 显示了 2004—2018 年全国 26 个省份粮食全要素生产率增长率的测算结果。可以得出，2004—2018 年粮食全要素生产率增长率平均值为 1.18%，总体上呈现出上下波动趋势。与 2004—2007 年粮食全要素生产率波动趋势一致，2005—2007 年全国粮食全要素生产率增长率为负值，2006 年粮食全要素生产率增长率为 -1.74%。2008 年粮食全要素生产率开始回升，粮食全要素生产率增长率为 2.74%。2009 年全国粮食全要素生产率增长率降为 -3.69%，2010—2013 年粮食全要素生产率持续增长，粮食全要素生产率增长率在 1.6%—3% 之间。2014—2015 年粮食全要素生产率增长率为负值，2016 年粮食全要素生产率大幅度增长，粮食全要素生产率增长率达到 6.57%。2017—2018 年粮食全要素生产率下降，增长率为负值。总体而言，粮食全要素生产率增长率的波动较为明显，影响粮食全要素生产率增长率波动的因素包括制度、政策、粮食种植结构、生产经营方式、自然条件等。值得注意的是，2008 年和 2016 年粮食全要素生产率均出现急剧增长，本书的观点认为：以农机服务外包为典型代表的粮食生产方式转型可能是影响粮食全要素生产率增长的一个重要原因。

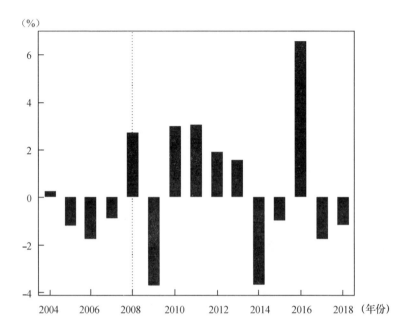

图5—2　2004—2018年26个省份粮食全要素生产率增长率

资料来源：由笔者利用R软件计算并绘制。

二　省级粮食全要素生产率的分解

本书根据变系数随机前沿估计，将2004—2018年26个省份粮食全要素生产率分解为技术效率和技术进步变化。

（一）粮食生产的技术效率变化

生产前沿代表了既定生产函数可以实现的最高产出，各个省份实际生产情况与生产前沿的距离可以用技术效率来衡量，与生产前沿的差距越小技术效率越高。图5—3显示了2004—2018年26个省份粮食生产的平均技术效率排序，黑龙江省的粮食生产技术效率最高，达到0.962；其次是江苏、安徽和湖北，技术效率分别为0.951、0.95、0.94。全国粮食生产技术效率平均值为0.911，福建、河北、内蒙古、江西、河南、广东、山东、吉林、甘肃、宁夏、重庆、四川等 12 个省份粮食生产技术效率高于全国平均值。绝大部分技术效率排在前列的为粮食主产区，福建、广东、甘肃、宁夏、重庆这 5 个粮食非主产区的技术效率高于全国平均水平。除了海南和陕西的技术效率明显低于全国平均水平，其他省份粮食生产技术效率差距不大。粮食生产技术效率较高的省份主要位于东部和中部地区，西部地区技术效率总体偏低。技术效率较高的主要省份在农机服务市场发展上表现较好。

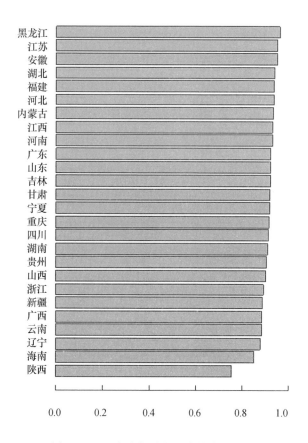

图 5—3 26 个省份粮食生产技术效率

资料来源：由笔者利用 R 软件计算并绘制。

　　本书对 26 个省份 2004—2018 年的粮食生产技术效率平均值进行计算并排序，如图 5—4 所示，2004 年中国粮食生产技术效率为 0.98，2005 年以来技术效率不断下滑，2013 年技术效率下降至 0.901，到 2018 年，技术效率下降至 0.78。2004—2018 年的 15 年间，粮食生产技术效率下降 20.4%。2004—2018 年我国粮食生产技术效率逐年下降，说明我国粮食生产存在技术效率逐年降低的现象。

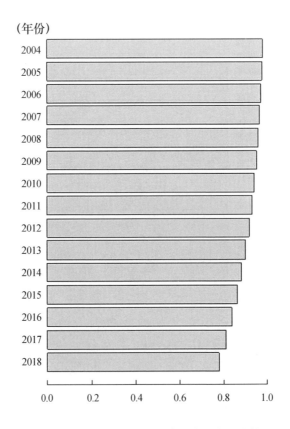

图 5—4　2004—2018 年粮食生产技术效率平均值

资料来源：由笔者利用 R 软件计算并绘制。

（二）粮食生产的技术变化

粮食生产的前沿面在技术、市场、制度等因素的影响下发生变化。当保持不变的投入要素时，若可以实现更大的生产能力则说明存在技术变化。技术变化可以用生产函数中的截距项来衡量。图5—5显示了2004—2018年粮食生产的技术变化，与2004年的最高产出相比较，技术变化衡量每年可以达到的最高产出。可以看出，2018年能够达到的粮食最高产出较2004年增长近13.2%，这说明粮食生产总体呈现出技术进步的增长态势。但是，2004—2018年之间的技术变化速度呈现出明显差异。具体而言，2004—2007年粮食生产的技术变化平均速度在2%以内，变化趋势较为平缓，其中2005年粮食生产技术还出现小幅度的倒退。2008年粮食生产技术进步最为明显，增长速度高达5%左右。本书的观点认为：粮食生产技术进步的主要因素在于税收和补贴等政策，中国于2004年启动取消农业税政策，至2006年全面取消农业税；2004年通过启动粮食补贴和农机购置补贴政策开始加大对农业的投入力度。这些政策对粮食生产的影响效果在2008年集中呈现，表现为2008年粮食生产技术变化大幅度增长。粮食生产技术变化在2009—2011年有一个低谷期，2008—2018年总体呈上升趋势。总体而言，粮食生产技术进步明显，与技术效率相比，以技术进步为主要动力带动粮食全要素生产率的增长。

三　粮食生产前沿面的变化

表5—3报告了模型（5.5）和模型（5.6）的OLS回归估计结果，模型（5.5）的估计结果在表5—3中的第一列显示出来，模型（5.6）的估计结果由表5—3中（2）—（5）列显示出来。以农机服务发展初级阶段为参照组，表5—3第（1）栏显示农机服务发展中级阶段对粮食全要素生产率增长率具有显著的促进作用。尽管

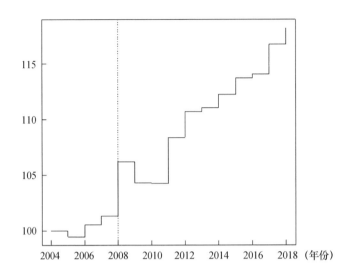

图 5—5　2004—2018 年 26 个省份粮食生产技术变化

资料来源：由笔者利用 R 软件计算并绘制。

2004 年起国家已出台相关政策刺激农机服务市场的形成，但是农机服务发展在 2008 年以后才发挥出促进生产效率提升的作用，说明农机服务对全要素生产率的作用存在一定的滞后效应。农机服务市场的形成和稳定需要一定的磨合期才能发挥对生产率的正面作用，这与服务经济学文献关于服务外包的研究结论一致（卢锋，2007）。

表 5—3　　　　　　　　　粮食生产前沿面变化的 OLS 估计

	粮食 TFP 变化	粮食生产前沿面的变化			
	ΔTFP/TFP	劳动产出弹性	土地产出弹性	化肥产出弹性	机械产出弹性
	（1）	（2）	（3）	（4）	（5）
以农机服务发展初级阶段为参照组					
农机服务发展中级阶段	0.0277 *	− 0.0011 ***	− 0.0089 ***	0.0028 ***	0.0040 ***
	（0.0151）	（0.0001）	（0.0031）	（0.0003）	（0.0004）

	粮食 TFP 变化	粮食生产前沿面的变化			
	ΔTFP/TFP	劳动产出弹性	土地产出弹性	化肥产出弹性	机械产出弹性
	（1）	（2）	（3）	（4）	（5）
以水稻产量份额为参照组					
小麦产量份额	0.0001 ***	0.0014	0.1837 ***	− 0.0048	− 0.0064
	（0.0002）	（0.0019）	（0.0553）	（0.0051）	（0.0072）
玉米产量份额	0.0004 ***	− 0.0357 ***	0.2276 ***	0.0938 ***	0.1330 ***
	（0.0002）	（0.0018）	（0.0529）	（0.0049）	（0.0069）
灌溉条件	0.0025	− 0.0003	− 0.0004	0.0008	0.0011
	（0.0043）	（0.0003）	（0.0093）	（0.0009）	（0.0012）
自然灾害	− 0.0898 **	− 0.0003 ***	− 0.0031 *	− 0.0008 ***	− 0.0011 ***
	（0.0580）	（0.0001）	（0.0018）	（0.0002）	（0.0002）
电力设施	− 0.0441 **	0.0032 ***	0.0056	− 0.0084 ***	− 0.0119 ***
	（0.0173）	（0.0002）	（0.0048）	（0.0004）	（0.0006）
截距项	0.4531 ***	0.1968 ***	0.4429 ***	0.1137 ***	0.0222 ***
	（0.1703）	（0.0020）	（0.0571）	（0.0052）	（0.0074）
省域效应	yes	yes	yes	yes	yes
观测值	390	390	390	390	390
R^2	0.1293	0.9976	0.9798	0.9976	0.9976

注：笔者利用 R 软件计算得出。*** 、** 、* 分别代表1% 、5% 和10% 的显著性水平，括号内是标准误。

　　表5—3 的第（2）—（5）栏显示的是农机服务发展对粮食生产前沿面各投入要素产出弹性的影响。表5—3 中农机服务发展中级阶段对劳动、土地、化肥和机械要素的产出弹性均在1% 的显著性水平上显著，这说明随着农机服务市场的发展，粮食生产前沿面发生了明显的变化。而传统的随机前沿分析方法不能有效刻画生产前沿面的变动，因而在测算2004—2018 年26 个省份的粮食全要素生产率时采用变系数随机前沿估计的方法更为合理。表5—3 显示小麦或者玉米产量份额的变动会显著影响粮食全要素生产率增长率的变化。表

5—3第（2）—（5）栏反映粮食生产结构的变化对粮食生产前沿面的变化产生影响。与水稻相比，小麦产量份额对劳动产出弹性不产生影响，而玉米产量份额却对劳动产出弹性产生显著的负向影响。这与当前中国小麦生产基本实现了全程机械化有关，玉米的人工投入相对较多，因此增加玉米产量份额不利于提高劳动力的边际收益。与水稻相比，小麦产量份额与化肥、机械产出弹性的影响均不显著，但玉米产量份额与化肥和机械产出弹性产生显著的正向影响，说明依靠化肥提高玉米产量和依靠机械提高玉米产量的方式还有待发展。小麦和玉米的产量份额均与土地产出弹性之间产生显著正向影响，说明土地投入对三种粮食作物而言都比较重要，因此，粮食生产要确保土地要素的投入。

本书将26个省份划分为东部、中部、西部地区，并以中部地区为参照组进行变系数随机前沿估计和 OLS 回归。表5—4 的回归结果表明不同地区生产前沿面存在明显差异，有必要通过各省份粮食生产结构差异反映出对生产前沿面的动态变化。因此，本书认为用包含时间和粮食品种份额阈值变量的变系数模型对传统随机前沿估计方法进行改进具有一定的合理性。

表5—4　　　　　　　　　　不同地区的变系数随机前沿估计

	粮食 TFP 变化	粮食生产前沿面的变化			
	ΔTFP/TFP	劳动产出弹性	土地产出弹性	化肥产出弹性	机械产出弹性
以中部地区为参照组					
东部地区	0.0045	− 0.1370 ***	− 0.0136 ***	0.0136 ***	0.0001 ***
	(0.0158)	(0.0139)	(0.0031)	(0.0032)	(0.0000)
西部地区	0.0209	− 0.2256 ***	− 0.0035	0.0029	0.0000
	(0.0133)	(0.0117)	(0.0026)	(0.0027)	(0.0000)
控制变量	yes	yes	yes	yes	yes
截距项	− 0.0136	− 0.4513 ***	0.8450 ***	− 0.0015	0.0066 ***
	(0.0546)	(0.0478)	(0.0108)	(0.0111)	(0.0001)
观测值	390	390	390	390	390
R^2	0.0432	0.6147	0.9919	0.9919	0.9918

注：*** 、** 、* 分别表示1%、5%、10%显著性水平，括号内为标准误。

四　长江经济带粮食全要素生产率的区域比较

长江经济带有六个省份为国家粮食主产区，有六大商品粮基地位于长江流域，长江中下游是我国最大的水稻主产区，用全国20%的土地供养了40%的人口。本书将2018年长江经济带十个省份018年的粮食生产的技术效率、技术进步、全要素生产率以及全要素生产率增长率进行区域横向比较，一方面反映长江经济带战略下十省份的粮食生产能力；另一方面反映南方水稻生产的技术差距。从技术效率来看，2018年江苏、安徽、江西、湖北的粮食生产技术效率较高，技术效率在0.8以上；重庆、湖南、四川、浙江、贵州的粮食生产技术效率偏低，在0.7—0.8之间；云南的粮食生产技术效率最为落后，仅为0.455，只有江苏、安徽的一半。从技术进步来看，浙江、江西的粮食生产技术进步较快，湖北、安徽、重庆、湖南、四川，江苏、贵州、云南的粮食生产技术进步较慢。从全要素生产率来看，江苏、重庆、四川、贵州、云南5省份的全要素生产率略高。从全要素生产率增长率来看，云南2018年的粮食全要素生产率增长率最高，贵州的全要素生产率最高。

表5—5　　　　2018年长江经济带粮食全要素生产率比较

地区	技术效率	技术进步	全要素生产率（%）	全要素生产率增长率（%）
江苏省	0.873	1.4	1.006	−3.9
浙江省	0.734	2.3	0.738	−0.9
安徽省	0.873	1.6	0.975	−1.7
江西省	0.823	2.2	0.820	1.3
湖北省	0.848	1.7	0.969	−6.5
湖南省	0.776	1.6	0.891	−0.2
重庆市	0.785	1.6	1.837	−0.7

地区	技术效率	技术进步	全要素生产率（%）	全要素生产率增长率（%）
四川省	0.766	1.6	1.222	−15.8
贵州省	0.718	1.4	1.985	0.1
云南省	0.455	1.3	1.295	5.0

资料来源：由笔者利用 R 软件计算。

第三节　农户粮食全要素生产率的测算

一　农户粮食全要素生产率的测算模型

本书采用超越对数随机前沿估计方法测算农户种粮的全要素生产率。微观数据来自笔者在 2019 年暑假、寒假发起的"农户粮食生产经营情况"抽样调查。笔者采用调查问卷，对抽样农户家庭 2018 年度种植水稻和小麦的投入产出情况展开了详细询问。以被调查农户 2018 年的单位面积粮食产量（千克/亩）作为产出，以每亩实际物质投入（元）、每亩劳动用工投入（工日）和每亩机械费用投入（元）作为粮食生产的三种投入要素构建超越对数生产函数，模型如下：

$$\ln Y_i = \alpha_0 + \alpha_1 \ln L_i + \alpha_2 \ln M_i + \alpha_3 \ln K_i$$

$$+ \frac{1}{2}\alpha_4 (\ln L_i)^2 + \frac{1}{2}\alpha_5 (\ln M_i)^2$$

$$+ \frac{1}{2}\alpha_6 (\ln K_i)^2 + \alpha_7 \ln L_i \ln M_i$$

$$+ \alpha_8 \ln L_i \ln K_i + \alpha_9 \ln M_i \ln K_i + \nu_i - \mu_i \qquad (5.7)$$

（5.7）式中，Y_i 为 i 农户的单位面积粮食产量（千克/亩）；L_i 为农户 i 粮食生产的劳动用工投入，包括生产粮食所有环节的劳动用工投入量（工日/亩）[①]，1 天按 8 小时劳动量计算为 1 个工日，包括家庭自有劳动用工日和雇佣劳动用工日两个方面。M_i 为农户 i 粮食生产的每亩实际物质投入（元），包括购买种子、化肥、农药、农膜及其他物质支出费用。K_i 为农户 i 粮食生产的机械费用投入（元/亩），包括农户生产粮食所有环节购买的服务费用，以及农户家庭购置的农机具现值。v_i 为随机误差项，服从正态分布；μ_i 为技术非效率项，服从截尾正态分析。

表 5—6　　　　　　　　　　描述性统计

变量类型	变量名称	变量解释与单位	样本量	均值	标准差
产出变量	单产	单位面积粮食产量。总产量/播种面积（千克/亩）	455	454.39	182.54
投入变量	物质	农户实际亩均物质要素投入。包括购买种子、化肥、农药、农膜及其他物质支出费用（元/亩）	455	369.90	344.99
	劳动	农户生产的实际劳动用工投入（工日/亩），包括耕地、播种/育秧、打药、施肥、灌溉、收获、晾晒/烘干、脱粒等生产环节的所有劳动用工投入，是家庭自有劳动用工和雇佣劳动用工两方面之和，1 天按 8 小时劳动计算为 1 个工日	455	12.336	15.585
	机械	农户生产中实际投入的机械作业费用（元/亩），包括农户对耕地、播种/育秧、打药、施肥、灌溉、收获、晾晒/烘干、脱粒等生产环节购买的服务费用，以及农户家庭购置的农机具现值，均按照每亩投入的费用计算	455	1175.61	1722.65

资料来源：笔者根据农户调查数据整理计算。

_____

① 劳动用工投入根据每个劳动力一天工作 8 小时计算，调查时按照生产环节询问，农事活动交叉的按照平均劳动用工来统计。

采用广义似然率统计量 LR 对超越对数随机前沿生产函数进行模型设定合理性检验。超越对数随机前沿估计的 γ 值为 0.883 且在 1% 的水平上显著，说明技术无效率情况明显存在，有必要采用随机前沿分析方法。在生产函数形式选择上，本书对 C - D 生产函数和超越对数生产函数两种形式进行广义似然率统计量检验，LR 检验结果 P 值在 1% 显著性水平上显著，说明 C - D 生产函数和超越对数生产函数差异显著，根据极大似然估计值认为超越对数生产函数（LR = - 208.25）比 C - D 生产函数（LR = - 228.65）更能表达生产函数意义。因此超越对数生产函数模型的解释力更为理想。总体方差 σ^2 值为 0.3631，且在 1% 的显著性水平上显著，这说明误差项和无效率项的波动幅度不是太大。综合参数估计的结果，本书认为选择超越对数随机前沿生产函数模型刻画农户粮食生产的特征较为合理。

表 5—7　　　农户粮食生产超越对数随机前沿分析参数估计结果

变量	系数	t 值	变量	系数	t 值
截距项	7.5475 *** （0.5343）	14.1247	lnL × lnM	- 0.0092 （0.0082）	- 1.1231
lnL	- 0.0630 （0.0682）	- 0.9229	lnL × lnK	0.0160 * （0.0072）	2.2250
lnM	- 0.2267 * （0.1082）	2.0959	lnM × lnK	0.0173 * （0.0081）	2.1373
lnK	- 0.2265 *** （0.0664）	- 3.4089	σ^2	0.3631 *** （0.0309）	11.7569
$1/2\ln L^2$	- 0.0007 （0.0062）	- 0.1073	γ	0.8826 *** （0.0204）	43.3555
$1/2\ln M^2$	0.0612 *** （0.0164）	3.7231	μ	0.3205 *** （0.0321）	9.9954
$1/2\ln K^2$	0.0060 （0.0053）	1.1425			
对数似然函数值			- 208.25		
LR 检验值			101.45 ***		

注：*** 、** 、* 分别表示 1%、5%、10% 显著性水平，括号内为标准误。

二　农户粮食全要素生产率的测算结果

根据超越对数随机前沿分析的估计，本书测算得到的样本农户粮食生产的全要素生产率和技术效率由表5—8列出。从各个样本省份的农户来看，调查省份之间农户粮食生产的技术效率水平差距不大，安徽省的农户样本技术效率最高，平均技术效率为0.761，农户平均技术效率最低的为0.646。调查样本中各省份农户粮食生产的全要素生产率差距明显，山东省农户样本的平均全要素生产率最高，达到18.909，而重庆市农户样本的平均TFP最低，只有2.445。从粮食种类来看，农户生产水稻的平均技术效率略高于小麦的平均技术效率，但是小麦的平均全要素生产率（9.177）远高于水稻的平均全要素生产率（3.714）。从地理区位来看，中部地区样本农户的平均技术效率最高，总体而言，东部、中部、西部地区样本农户的平均技术效率差距不大。在全要素生产率方面，东部地区农户样本的全要素生产率最高，其次为中部地区，西部地区全要素生产率最低。位于粮食主产区的农户生产粮食的全要素生产率要高于粮食非主产区。总体来看，样本农户种植粮食的平均技术效率基本接近0.7，平均全要素生产率达到5.779。

表5—8　　　　样本农户粮食生产的全要素生产率及技术效率

		技术效率	全要素生产率
样本省份	安徽	0.761	4.760
	河北	0.723	3.109
	河南	0.670	7.425
	湖北	0.726	5.667
	湖南	0.648	3.544
	江苏	0.646	3.782
	山东	0.696	18.909
	四川	0.647	3.869
	重庆	0.715	2.445
粮食种类	水稻	0.700	3.714
	小麦	0.678	9.177

		技术效率	全要素生产率
地理区位	东部	0.672	11.562
	中部	0.712	4.943
	西部	0.684	3.103
粮食产区	主产区	0.686	6.624
	非主产区	0.715	2.445
农户总样本/均值		0.692	5.779

资料来源：由笔者利用 R 软件计算整理。

第四节　本章小结

本章主要测算了省级和微观调查农户的粮食全要素生产率。首先，交代粮食全要素生产率的测算方法、变量以及数据描述性统计。对粮食生产前沿面的变化进行估计，验证变系数随机前沿估计方法的合理性。其次，采用变系数随机前沿估计方法对 26 个省份 2004—2018 年的粮食全要素生产率进行测算。从技术效率、技术进步和规模效应三个维度的分解得到技术进步是粮食全要素生产率增长的主要来源。粮食全要素生产率变化趋势在 2008 年出现增长转折，这与农机服务市场的阶段转型之年正好重合，因此本书推测由农机服务市场推动的技术进步是粮食全要素生产率增长的主要动力。粮食生产的"十五连增"与农机服务的发展密不可分。通过设定农机服务发展阶段的虚拟变量验证粮食生产前沿面的动态变化与农机服务市场有关。基于变系数随机前沿生产函数的模型估计结果表明农机服务发展对粮食全要素生产率增长和生产前沿面变化均产生显著影响，说明采用变系数随机前沿分析方法测算省级粮食全要素生产率的方法具有合理性。农机服务在进入中级阶段后表现出明显的促进粮食全要素生产率增长的作用，可见农机服务市场对粮食全要素生产率的促进作用具有滞后效应。随着农机服务市场的发展，粮食生产前沿面也会产生影响，因此采用变系数随机前沿生产函数方法估计省级粮食 TFP 具有一定的合理性。最后，根据笔者微观调查的数据，构建超越对数随机前沿生产函数模型对农户种粮的全要素生产率进行了测算。

第六章

农机服务外包影响粮食全要素
生产率的宏观机制检验

为了验证本书提出的科学问题，本章主要利用省级面板数据验证农机服务外包是否影响粮食全要素生产率，从农业分工的调节作用和技术进步的中介作用对农机服务外包影响粮食全要素生产率的宏观机制进行实证分析。在第一部分实证分析中，采用中国2004—2018 年26 个省份粮食生产的面板数据验证农机服务外包是否影响粮食全要素生产率，并分区域进行异质性分析。在第二部分实证分析中，引入农业分工的调节变量，验证农机服务外包通过农业分工的调节效应对粮食全要素生产率产生促进作用。在第三部分实证分析中，首先测算技术进步偏向指数，其次对农机服务的要素相对价格诱导机械要素投入偏向型技术进步的机制进行验证，最后以技术进步偏向作为中介变量，采用逐步回归方法验证农机服务外包通过形成技术进步偏向机械的路径促进粮食全要素生产率增长。

第一节　农机服务外包对粮食全要素
生产率的影响：省级层面的检验

中国主要粮食产出增长的源泉经历了一场粮食生产力革命，从以投入增加为主转变为以全要素生产率增长为主（陈卫平、郑风田，2006）。现阶段粮食生产单纯依靠增加物质投入提高边际产出已不现实，必须重视全要素生产率的提高，提高全要素生产率是中国农业供给侧改革中促进农业增长的方向（彭代彦和文乐，2015；江松颖等，2016；龚斌磊，2018）。农业机械化发展是中国粮食产量连增的重要原因（张宗毅等，2014；王欧等，2016；伍骏骞等，2017），依靠生产环节外包形成的服务规模经营越来越受到决策层和学术界的关注（王志刚等，2011；胡新艳等，2016；罗必良，2017）。2018年全国农作物耕种收综合机械化率接近70%，主要粮食作物小麦、水稻和玉米的综合机械化率分别达到95.1%、80.18%和85.55%，农机社会化服务呈现服务规模扩大、专业能力提升的新特征。① 在以小农户家庭经营为主体的国情下，面对劳动力成本高涨、资源与环境的双重约束，开发新的源泉是解决全要素生产率提升问题的关键（蔡昉，2013）。农机服务外包能否成为粮食全要素生产率增长的来源呢？本节选取2004—2018年中国26个省份粮食生产的投入产出数据，根据前面章节测算26个省份粮食全要素生产率和农机服务外包程度；通过建立面板数据模型验证农机服务外包是否影响粮食全要素生产率。

一　实证研究设计

（一）计量模型设定

农机服务外包是本书主要考察的解释变量，用亩均机械作业费用占每亩生产总成本的比重作为解释变量农机服务外包程度的代理变量。由于全要素生产率受到种植结构、人力资本水平、区域经济

---

① 中国机械工业年鉴编辑委员会、中国农业机械工业协会编：《2019中国农业机械工业年鉴》，机械工业出版社2020年版，第87—88页。

发展水平、农业科研投入、农机补贴政策的影响，将这些因素作为影响粮食 TFP 的控制变量，构建农机作业服务影响粮食全要素生产率的面板数据模型（6.1）。

$$\ln TFP_{it} = \alpha_0 + \alpha_1 \ln SO_{it} + \chi \ln Z_{it} + \delta_i + t_i + \mu_{it} \qquad (6.1)$$

模型（6.1）中 TFP_{it} 为各省份 i 在 t 年（2004—2018 年）粮食生产的全要素生产率；SO_{it} 为省份 i 在 t 年的农机服务外包程度；Z_{it} 为控制变量，包括粮食种植结构、人力资本水平、经济发展水平、农业科研投入水平、农机补贴政策；α_0、α_1 为待估计系数，χ 为控制变量的估计系数向量，δ_i 为省际效应，t_i 为时间效应，μ_{it} 为随机误差。这些变量均取自然对数。由于农机服务外包与其他因素可能存在互为因果关系，因此模型（6.1）中的 SO_{it} 可能是一个内生变量。比如，农机服务外包程度与农机补贴政策互为因果，农机补贴政策有利于农机服务市场的发展，农机服务外包程度的提高影响农机补贴政策的调整。为了解决模型设定中可能存在的内生性问题，本书引入农机服务外包程度的滞后项作为工具变量进行模型结果的估计，为了尽可能使结果有效可靠，在检验中使用聚类稳健标准误。首先，采用固定效应、随机效应对面板数据模型（6.1）进行估计。其次，考虑到不同省份对农机服务发展的反应力度不同，根据 Bai（2009）的研究，采用面板交互固定效应对模型（6.1）进行参数估计。然后，引入工具变量，采用固定效应——工具变量法对模型（6.1）进行参数估计，尽可能缓解内生性对结果引起的偏误。最后，采用系统广义矩估计（GMM）方法进行稳健性检验，降低内生性问题导致的偏误。

在展开实证前，本书先对面板数据模型进行形式设定的检验。采用 Ramsay RESET 方法对模型（6.1）进行两阶段最小二乘（2SLS）估计，并将模型（6.1）的 OLS 拟合值的二次项引入原模型，结果拟合值的二次项估计系数为 0.2556，P 值为 0.8815，不能拒绝"模型中的解释变量不存在二次项或者更高阶次项"的原假设，因此模型（6.1）不需要加入二次项。采用 Box-Cox transformation 方法对模型（6.1）两边同时检验，结果 λ 在 95% 置信区间内可以取 0，说明模型中两边的变量取自然对数是可行的。

（二）变量选择与说明

1. 被解释变量

本书的被解释变量为粮食全要素生产率，将其定义为粮食总产量与全部要素投入量之比，粮食总产出量增长率扣减加权要素投入增长率的部分为粮食全要素生产率的增长率。全要素生产率是衡量生产效率的综合性指标，也是经济增长的重要源泉。粮食全要素生产率根据第五章 2004—2018 年中国 26 个省份的粮食生产的变系数随机前沿模型计算得出。

2. 解释变量

本书重点关注的是农机服务外包对粮食全要素生产率的影响，故农机服务外包程度为核心解释变量。农机服务外包本质上是一种生产环节外包的方式，国际上测量外包水平的主要方法包括加工贸易额近似量化外包、垂直专业化指数法和外包水平测算法（吕延方和王冬，2010）。工业、制造业大多采用同产业内的中间投入或中间投入占比来测算外包水平，张忠军和易中懿（2015）、陈超等（2012）采用外包环节所支付的费用占所有生产环节总费用的比重来表示农业生产环节的外包程度。因此，本书考虑农机服务外包的属性，依据外包文献从服务投入费用占生产成本费用的比重来测算的方法，借鉴郑旭媛、徐志刚（2017）的研究，采用亩均机械作业费用来衡量 26 个省份的农机服务费用，各省粮食生产的总成本和亩均机械作业费用由实际种植的水稻、小麦和玉米三种粮食品种的算术平均计算得到，并根据农业生产服务价格指数平减后得到亩均机械作业实际费用。

3. 工具变量

本书引入的工具变量是农机服务外包程度的一阶滞后项和二阶滞后项。前两期的农机服务外包程度可能与当期的扰动项不相关，与当期的农机服务外包程度具有相关性，故农机服务外包程度的滞后项具有外生性。

4. 控制变量

本书引入的控制变量包括以下几点。（1）粮食种植结构，由农作物生长特性决定的水稻、小麦和玉米的机械化水平差异明显，三种粮食作物的农机服务发展水平也不一致，各省份粮食种植结构差异明显。本书借鉴 Gong（2018）的方法，以三种粮食作物（水稻、小麦和玉米）分别在各省粮食总产量中的占比来衡量各省份粮食种植结构。（2）人力资本水平，选取乡村人均人力资本存量衡量各省份农村人力资本水平差异。（3）地区经济发展水平，选取农村居民人均纯收入来衡量各省份农村经济发展水平的差异。（4）农业科研投入水平，借鉴李强、李冬梅（2011）的方法，采用永续盘存法把过去农业科研投入经费积累形成的存量累加成科技存量作为衡量指标。各地区农业科研支出经费通过调整系数、调整各地区科研支出经费获得，[①] 对各地区农业科研支出费用进行价格平减，并用各地区农业科研支出经费与农业总产值的比值来衡量各省份农业科研投入水平。为便于计算，假定农业科研滞后期为 1 年，设定知识存量折旧率为 15%。（5）农机补贴政策，参考潘经韬等（2018）的方法推算中央财政和地方财政用于农机购置补贴经费，用各省份农机购置补贴经费占农业总产值的比重作为衡量指标。[②]（6）农业基础设施，参考尹朝静等（2016）的研究，用农村公路里程与各省份国土面积的

---

① 调整系数使用全国农业科研支出占比与各地农业产值占地区 GDP 的比例确定。

② 中央和地方财政的农业机械购置费用于 2013 年以后不再公布在年鉴中，2014—2016 年数据根据前三年数据的平均增长率进行推算得到。

比值所表示的农村公路密度作为交通基础设施的代理变量；采用有效灌溉面积占各省份粮食播种面积比重、农村用电总量占各省份农业总产值的比重作为灌溉、电力基础设施的衡量指标。（7）自然灾害，选取粮食受灾面积占各省份粮食播种面积的比重作为衡量指标。

（三）数据来源与描述性统计

2004 年是中国粮食生产的一个重要的时间拐点，2004 年农业部出台的农机购置补贴政策以及后来的农机作业补贴对农机服务市场的发育具有较为明显的政策导向作用，考虑数据的连续性和可获得性，本书在全国 31 个省份中剔除北京、上海、天津、青海和西藏，选取 2004—2018 年中国 26 个省份粮食生产的相关情况建立面板数据。数据来源主要有以下统计年鉴：《中国农村统计年鉴》《全国农产品成本收益资料汇编》《中国统计年鉴》《中国农业机械工业年鉴》等，具体指标及数据来源见表 6—1。根据 Anderson 和 Cheng（1982）、Bai（2004、2009）的研究，对于宽面板数据不用进行单位根检验，因此对本书的面板数据不再进行面板单位根检验（截面个数大于时间个数：26 个省份 15 年）。具体的数据描述性统计见表 6—2。

表6—1　　　　　　　　　数据来源说明

变量类型	变量名称	变量测算方法	数据来源
被解释变量	粮食全要素生产率	变系数随机前沿分析	《中国农村统计年鉴》
解释变量	农机服务外包程度	用亩均机械作业费用①占总成本的比重作为衡量指标，由历年实际种植的水稻、小麦和玉米三种粮食品种的算术平均计算所得，并根据农业生产服务价格指数平减后得到亩均机械作业实际费用（元/亩）	《全国农产品成本收益资料汇编》《中国农村统计年鉴》

① 由于各类统计年鉴中均没有农机服务费用指标的明确统计，本书借鉴郑旭媛、徐志刚（2017）的做法，将历年《全国农产品成本收益资料汇编》中水稻、小麦、玉米的亩均机械作业费用作为农机服务费用的近似值，加权平均计算得到粮食生产亩均机械作业费用的近似值。

续表

变量类型	变量名称	变量测算方法	数据来源
工具变量	农机服务外包程度滞后项	农机服务外包程度一阶滞后值、二阶滞后值	由农机服务外包程度推算
控制变量	粮食种植结构	用水稻、小麦和玉米分别占三大主要粮食产量的比重来衡量粮食种植结构	《中国农村统计年鉴》
	人力资本水平	按照6种受教育程度计算所得各地区乡村人均实际人力资本存量作为衡量指标（千元）	《中国人力资本报告2019》①
	地区经济发展水平	用农村居民人均纯收入作为衡量指标（千元）	《中国统计年鉴》
	农业科研投入水平	采取永续盘存法计算出的农业科技存量占各省份农业总产值的比重作为衡量指标	《全国科技经费投入统计公报》
	农机补贴政策	用中央和地方财政的农业机械购置费用占各省份农业总产值的比重作为衡量指标	《中国农业机械工业年鉴》
	交通基础设施	用农村公路密度作为衡量指标（千米/平方千米）	中经网数据库
	电力基础设施	用农村用电总量占各省份农业总产值的比重作为衡量指标	《中国农村统计年鉴》
	灌溉基础设施	用有效灌溉面积占各省份粮食播种面积的比重作为衡量指标	《中国农村统计年鉴》
	自然灾害	用粮食受灾面积占各省份粮食播种面积的比重作为衡量指标	《中国农村统计年鉴》

---

① 李海峥：《中国人力资本报告2019》，2019年12月，中央财经大学中国人力资本与劳动经济研究中心（http://humancapital.cufe.edu.cn/Report_Fulu_19.pdf）。

表6—2　　　　　　　　　　　描述性统计

变量	样本量	均值	方差	最小值	最大值
粮食全要素生产率	390	1.558	1.641	0.401	7.404
农机服务外包程度	390	0.111	0.045	0	0.210
农机服务外包程度 一阶滞后项	364	0.109	0.044	0	0.210
农机服务外包程度 二阶滞后项	338	0.108	0.045	0	0.210
水稻种植结构	390	0.459	0.360	0	1
小麦种植结构	390	0.178	0.194	0	0.638
玉米种植结构	390	0.363	0.272	0	0.914
人力资本水平	390	101.074	45.261	34.4	260.23
地区经济发展水平	390	7.572	4.314	1.722	27.302
农业科研投入水平	390	0.028	0.024	0.003	0.147
农机补贴政策	390	0.004	0.003	0	0.016
交通基础设施	390	0.735	0.411	0.052	1.864
灌溉基础设施	390	0.616	0.367	0.228	2.513
电力基础设施	390	0.157	0.190	0.017	0.883
自然灾害	390	0.346	0.240	0.016	1.743

资料来源：由笔者整理计算。

二　农机服务外包程度影响粮食 TFP 的省级分析

首先从省级层面考察中国 26 个省份农机服务外包程度是否对粮食全要素生产率产生影响。采用面板数据模型的方法对模型（6.1）进行结果估计（见表6—3）。表6—3 第（1）列报告了固定效应模型估计结果（Fixed Effect，FE），第（2）列报告了随机效应模型的估计结果（Random Effect，RE）。面板固定效应模型的 F 检验结果为 $F_{(25, 339)} = 404.22$，P 值为 0.0000，表明方程具有显著的个体效应。LM 检验结果 P 值为 0.0000，强烈拒绝"不存在个体随机效应"的原假设，因此在随机效应与混合回归之间应该选择随机效应。然后采用 Hausman 检验方法确定使用固定效应还是随机效应，检验结果 P 值为 0.0020，在 1% 显著性水平上拒绝原假设，认为计量模型（6.1）应该使用固定效应模型。

表6—3 省级层面的估计结果

粮食全要素生产率	（1）FE	（2）RE	（3）Inter_FE	（4）FE_IV
农机服务外包程度	0.0158 ***	0.0143 ***	0.0141 ***	0.0498 ***
	(0.0049)	(0.0042)	(0.0043)	(0.0099)
小麦种植结构	0.4396 *	0.1510	0.1452 *	0.4789 ***
	(0.2540)	(0.1860)	(0.0810)	(0.1108)
玉米种植结构	3.4126 ***	3.1261 ***	3.0701 ***	3.3686 ***
	(0.3250)	(0.2411)	(0.0782)	(0.1026)
农机补贴政策	− 0.0104 **	− 0.0100 **	− 0.0097 **	− 0.0150 ***
	(0.0041)	(0.0041)	(0.0040)	(0.0040)
人力资本水平	0.1659 **	0.1829 ***	0.1596 ***	− 0.0636 **
	(0.0765)	(0.0674)	(0.0355)	(0.0322)
地区经济发展水平	0.1015	0.1405 *	0.1722 ***	0.1115 ***
	(0.0785)	(0.0825)	(0.0401)	(0.0201)
农业科研投入水平	0.0313 *	0.0328 **	0.0282 ***	0.0113
	(0.0168)	(0.0158)	(0.0087)	(0.0113)
交通基础设施	0.0056	− 0.0070	− 0.0292	0.0262
	(0.0294)	(0.0305)	(0.0184)	(0.0405)
水利基础设施	0.0121	0.0226	0.0135	0.0053
	(0.0222)	(0.0188)	(0.0192)	(0.0260)
电力基础设施	0.0360	0.0463	0.0762	0.3240 ***
	(0.1009)	(0.1027)	(0.0843)	(0.0983)
自然灾害	− 0.0357	− 0.0353	− 0.0134	− 0.0604 ***
	(0.0257)	(0.0264)	(0.0150)	(0.0188)
时间效应	控制	控制	控制	控制
截距项	− 1.9109 ***	− 2.0405 ***	− 2.3516 ***	0.5520
	(0.4857)	(0.5077)	(0.3834)	(0.3452)

续表

粮食全要素生产率	（1）FE	（2）RE	（3）Inter_FE	（4）FE_IV
观测值	390	390	390	338
R^2	0.938	0.885	—	0.917
Hausman 检验 $\chi 2$ 值	106.99	—	—	
Hausman 检验 P 值	0.0000	—	-	
Sargan 检验 $\chi 2$ 值	—	—	—	2.399
Sargan 检验 P 值	—	—	—	0.1214

注：笔者使用 stata 15.0 得到该估计结果。***、**、* 分别代表 1%、5% 和 10% 的显著性水平，括号内是稳健标准误。

　　关于内生性问题的处理。计量模型（6.1）变量之间可能存在逆向因果关系，比如：农机服务外包程度可以正向影响粮食全要素生产率，但在粮食全要素生产率比较高的生产地区更倾向于机械化作业，因此进一步促进农机服务外包发展。此外，粮食种植结构、人力资本水平、地区经济发展水平、农业科研投入和基础设施这些变量与被解释变量之间也可能存在互为因果而导致的内生性问题。中国各省份粮食生产条件差异明显，不同省份农机服务发展在起步、速度、规模上均具有明显异质性。本书考虑到不同省份在不同年份中的交叉影响，采用 Bai（2009）的面板交互固定效应模型来缓解可能存在的内生性问题。此外，引入农机服务外包程度的一阶滞后项和二阶滞后项作为工具变量，减少内生变量对估计结果的干扰。由于工具变量个数多于潜在内生变量个数，通过过度识别约束检验（Sargan 检验）得到 P 值为 0.1214，不能拒绝原假设，说明工具变量是有效的，参数估计结果较为可靠。表 6—3 第（1）—（4）列的结果均反映出农机服务外包程度显著正向影响粮食 TFP。表 6—3 第（4）列在解决内生性问题之后得到，农机服务外包程度在 1% 的显著性水平上正向影响粮食全要素生产率，农机服务外包程度每提高1%，可以促进粮食全要素生产率提升0.0498。这一结果与陈超等（2012）、张忠军和易中懿（2015）的研究结果一致。控制变量的结果表明粮食种植结构、地区经济发展水平、电力基础设施等有利于促进粮食全要素生产率的提高，自然灾害不利于粮食全要素生产率的提高。现阶段农机补贴政策、人力资本水平抑制了粮食生产率的提高，主要原因在于农机补贴政策实施效果有待改进，种粮收益偏低导致人力资本转向非农或者非粮生产领域。

三　农机服务外包程度影响粮食 TFP 的区域分析

本节对农机服务外包程度影响粮食全要素生产率进行区域异质性检验，采用固定效应—工具变量法分别对粮食主产区、非主产区、东部地区、中部地区、西部地区，以及北方和南方分别进行面板数据的结果估计。分区域进行异质性检验的主要依据在于：（1）粮食主产区和非主产区在粮食作物集中连片种植的条件存在差异，导致农机服务外包的机械作业外包条件存在明显不同；（2）东、中、西部地区在经济发展水平和速度上存在差异，导致东中西部地区农机服务发展水平和速度存在明显不同；（3）中国粮食生产存在明显的南北差异，比如在粮食品种上，北方主要种植小麦，南方主要种植水稻，且受到地形及自然气候条件的影响，以秦岭–淮河为分界线的南北方在粮食种植规模上存在明显不同，北方的规模化经营程度高于南方。为了深入比较农机服务外包程度对粮食 TFP 的区域异质性影响，有必要从粮食产区层面、地区经济发展水平层面以及规模化经营层面展开进一步分析。

考虑到农机服务外包程度对粮食全要素生产率的影响可能存在内生性问题，本书采用农机服务外包程度的一阶滞后项和二阶滞后项作为工具变量，减少内生变量对估计结果的干扰。由于工具变量个数多于潜在内生变量个数，通过过度识别约束检验（Sargan 检验）得到各区域的 P 值分别为 0.6510、0.2166、0.3442、0.3721、0.6199、0.2537、0.6319，结果均不能拒绝原假设，说明工具变量是有效的，参数估计结果较为可靠。表6—4（1）（3）（4）（6）（7）列的结果均反映出农机服务外包程度在1%的显著性水平上正向影响粮食全要素生产率，说明在粮食主产区、东部地区、中部地区、北方和南方农机服务外包的发展程度均有利于提高粮食全要素生产率。农机服务外包程度每提高1%，可以促进主产区粮食全要素生产率提升 0.0603，促进东部地区粮食全要素生产率提升 0.0357，促进中部地区粮食全要素生产率提升 0.1023，促进北方粮食全要素生产率提升 0.1972，促进南方粮食全要素生产率提升 0.0311。就系数值的大小比较而言，北方农机服务外包对粮食 TFP 的影响程度最大，其次是中部地区。综合北方和中部地区的分析结果可知，规模化经营有利于促进农机服务外包对粮食全要素生产率的正向影响。表6—4（2）和（5）列的结果显示农机服务外包程度的估计系数为正，但在统计上显示不显著，说明在粮食非主产区和西部地区，农机服务外包程度对粮食全要素生产率的促进作用并不明显。主要的原因是农机服务发展存在区域不平衡，粮食非主产区、西部地区农机服务发展水平较其他区域而言偏低，未能发挥农机服务对粮食全要素生产率的显著促进作用。

综合各区域的估计结果可以看出，我国现阶段农机服务外包的发展程度对粮食全要素生产率的促进作用存在明显区域异质性，具体而言：在粮食产区的对比分析中，粮食主产区 > 粮食非主产区；在区域经济发展水平的对比分析中，中部地区 > 东部地区 > 西部地区；在区域规模化经营的对比分析中，北方 > 南方。今后应大力提高粮食非主产区、西部地区的农机服务发展水平，促进农机服务外包的区域均衡发展。可以通过促进土地规模经营与服务规模经营的有效衔接来助力农机服务外包程度对粮食全要素生产率增长的正向影响。

表6—4   区域分析的估计结果

粮食全要素生产率	（1）主产区	（2）非主产区	（3）东部地区	（4）中部地区	（5）西部地区	（6）北方	（7）南方
农机服务外包程度	0.0603 ***	0.0141	0.0357 ***	0.1023 ***	0.0106	0.1972 ***	0.0311 ***
	(0.0129)	(0.0303)	(0.0113)	(0.0391)	(0.0145)	(0.0664)	(0.0101)
小麦种植结构	0.3979 ***	0.4792 *	0.1149	-0.2064	0.0524	0.1989	-0.0242
	(0.1458)	(0.2558)	(0.2557)	(0.3986)	(0.1377)	(0.2752)	(0.1771)
玉米种植结构	3.2672 ***	3.5945 ***	2.8045 ***	3.7872 ***	3.0379 ***	3.2559 ***	2.8263 ***
	(0.1343)	(0.1584)	(0.1455)	(0.2924)	(0.1109)	(0.2578)	(0.0927)
农机补贴政策	-0.0097 *	-0.0266 ***	0.0021	-13.8755 ***	-1.6400	-5.6181 ***	-4.1204 ***
	(0.0056)	(0.0097)	(0.0066)	(2.2308)	(1.2561)	(2.1129)	(1.3762)
人力资本水平	-0.0063	-0.1804 ***	-0.0319	0.0894	-0.0118	-0.1412 *	-0.0919 **
	(0.0505)	(0.0502)	(0.0593)	(0.0823)	(0.0480)	(0.0762)	(0.0381)
地区经济发展水平	-0.1372 ***	-0.0455	-0.0633 *	-0.0214 ***	-0.0149 ***	-0.0059	-0.0004
	(0.0279)	(0.0339)	(0.0354)	(0.0058)	(0.0037)	(0.0057)	(0.0025)
农业科研投入水平	-0.0228	0.0346 *	-0.0022	3.7105 ***	-0.4776	0.9988	-0.5099 *
	(0.0174)	(0.0206)	(0.0214)	(0.9456)	(0.8189)	(0.7683)	(0.3096)
交通基础设施	0.0467	-0.0194	-0.0656	-0.2082 **	0.1258	-0.1463	-0.1481 ***
	(0.0683)	(0.0588)	(0.0642)	(0.0813)	(0.0843)	(0.1127)	(0.0374)
水利基础设施	0.0295	0.0067	0.1420	-0.0561	0.0871 **	-0.0179	0.0692 **
	(0.0285)	(0.0707)	(0.1261)	(0.0941)	(0.0378)	(0.0663)	(0.0286)
电力基础设施	0.3007 *	0.2868 **	0.6438 *	0.1363	0.4961 **	0.2555	0.0444
	(0.1540)	(0.1410)	(0.3571)	(0.2297)	(0.2274)	(0.1668)	(0.0936)
自然灾害	-0.0278	-0.0679 ***	-0.0655 *	-0.0255	-0.0030	-0.0681 ***	-0.0041
	(0.0280)	(0.0254)	(0.0373)	(0.0234)	(0.0117)	(0.0249)	(0.0096)
观测值	156	156	91	104	143	169	169
R^2	0.947	0.860	0.917	0.747	0.957	0.855	0.912
Sargan检验χ^2值	0.858	1.526	0.895	0.797	0.246	1.303	0.229
Sargan检验P值	0.6510	0.2166	0.3442	0.3721	0.6199	0.2537	0.6319

注：笔者使用 stata 15.0 得到该估计结果。*** 、 ** 、 * 分别代表1%、5%和10%的显著性水平，括号内是标准误。

下面采用更换解释变量的方法对计量模型（6.1）进行稳健性检验。借鉴郑旭媛、徐志刚（2017）的研究，采用每亩机械作业费用来刻画农机服务外包程度。根据历年《全国农产品成本收益资料汇编》中各省份粮食生产亩均机械作业费用的数据，采用水稻、小麦和玉米的加权平均数作为衡量指标，并根据农业生产服务价格指数平减得到历年粮食机械作业费用实际值。对计量模型（6.1）更换解释变量代理变量的稳健性估计结果如表6—5所示，采用系统GMM估计方法对面板数据模型（6.1）进行稳健性检验。表6—5中AR（1）、AR（2）的检验结果显示，扰动项的差分存在一阶自相关，但是不存在二阶自相关，故接受"扰动项无自相关"的原假设，认为可以使用系统GMM估计方法。同时，Hansen过渡识别检验结果显示P值显著大于0.1，不能拒绝工具变量有效的原假设，并且方程均通过了Wald检验，由此说明模型设定存在一定合理性，并且工具变量是有效的。表6—5的估计结果显示亩均机械作业费用对26个省份、粮食主产区、长江经济带历年粮食全要素生产率产生显著的正向影响，与表6—3、表6—4中的核心解释变量符号方向一致，说明本节实证结果具有一定的稳健性。粮食非主产区的亩均机械作业费用对粮食全要素生产率的正向影响不显著，说明亩均机械作业费用对粮食全要素生产率的促进作用存在区域异质性。

表6—5　　　　　　　　　亩均机械作业费用的稳健性检验

粮食全要素生产率	26个省份 （1）	粮食主产区 （2）	粮食非主产区 （3）	长江经济带 （4）
	系统GMM	系统GMM	系统GMM	系统GMM
亩均机械作业费用	0.0699 ** （0.0332）	0.0533 ** （0.0219）	0.0026 （0.0118）	0.0341 *** （0.0097）
粮食TFP的一阶滞后项	0.7147 *** （0.1220）	0.5200 *** （0.1500）	0.7506 *** （0.0769）	0.6629 *** （0.0679）

粮食全要素生产率	26 个省份 （1）	粮食主产区 （2）	粮食非主产区 （3）	长江经济带 （4）
	系统 GMM	系统 GMM	系统 GMM	系统 GMM
截距项	1.6141 ** （0.7723）	1.0372 *** （0.2376）	0.8170 ** （0.3447）	0.7291 ** （0.2543）
控制变量	控制	控制	控制	控制
时间效应	控制	控制	控制	控制
观测值	364	182	182	150
Wald 检验 P 值	0.000	0.000	0.000	0.000
AR（1）检验 P 值	0.001	0.028	0.011	0.033
AR（2）检验 P 值	0.934	0.562	0.905	0.856
Hansen 检验 χ^2 值	20.66	0.00	0.00	0.00
Hansen 检验 P 值	0.986	1.000	1.000	1.000

注：***、**、* 分别表示 1%、5%、10% 显著性水平，括号内为标准误。

在验证了农机服务外包对粮食全要素生产率产生影响之后，本书将进一步分析农机服务外包如何影响粮食全要素生产率。本书认为，农机服务一方面通过分工的调节效应影响粮食全要素生产率，另一方面则通过影响技术进步偏向提高粮食全要素生产率。

第二节　农业分工的调节效应

全球经济呈现出向"服务型经济"转型的新趋势，更高水平的效率增长来源于服务业投入比重的提高（Low，2013；Kommerskol-legium，2012；OECD，2013，2014）。生产性服务外包因其"黏合剂"作用提高了经济总体生产率，生产环节外包带来"干中学"效应，并通过要素结构变动提高全要素生产率（Feenstra and Han-son，1999；Grossman and Rossi – Hansbery，2008；Baldwin，et al.，

2014）。服务外包影响全要素生产率的相关研究主要集中在非农领域：工业、制造业服务化程度的提高有利于提高企业全要素生产率，中小企业通过服务外包可以快速学习先进技术，利用外部资源获取竞争优势，提高生产率（顾乃华，2010；陈启斐、刘志彪，2014）。据文献报道，美国、加拿大的生产性服务促使农业分工深化，进而改善了农业效率（Harry，1977；Alston，et al.，2011）。这些国家的经验是以较大规模农场为实现条件的，而我国是以家庭为单位的小规模、分散化经营。那么，在"大国小农"的国情下，是否可以通过农机服务外包形成的农业分工提高全要素生产率呢？

既有研究主要聚焦于服务外包与技术效率、服务外包与劳动生产率的关系等方面，并根据单个粮食品种得出农机服务对技术效率具有提升作用的结论（杨万江、李琪，2017；胡祎、张正河，2018；王颜齐、郭翔宇，2018；孙顶强等，2016）。全要素生产率反映总产出量与全部生产要素真实投入量之比，是衡量经济增长绩效的重要指标。现有文献从交易成本、规模经济、产业集聚等视角对农机作业服务与生产效率的关系展开研究（蔡键、刘文勇，2017；杨宇等，2018；张晓恒等，2017；郝一帆、王征兵，2018），未体现出农业服务规模经营是农业分工深化的重要表现形式（胡新艳等，2016；罗必良，2017）。农作物连片种植形成的横向专业化和农业纵向分工使得农户服务外包需求与农业分工相互关联（张露、罗必良，2018）。农机服务外包形成的农业生产纵向分工，是打破中国当前农业生产家庭经营土地规模小、难以实现土地规模经济桎梏的重要途径（杨进等，2019），而分工又是提高全要素生产率的重要途径（Acemoglu，2003；刘维刚、倪红福，2018）。那么，可否尝试从分工的视角来解释农机服务对分散经营国情下粮食全要素生产率的影响呢？根据第三章对农业分工深化的理论机制阐释，本节引入农业分工的调节变量进行实证检验。

一 实证研究设计

（一）计量模型设定

根据前文理论分析，农机服务是农业分工的表现形式，那么农机服务外包程度对粮食全要素生产率的影响可能会受到农业分工程度的影响。为了验证农机服务外包与农业分工的联系对粮食全要素生产率的影响，本书引入农业分工作为调节变量，分析农业分工程度对农机服务外包影响粮食全要素生产率可能存在的调节作用。分工理论指出可以从以下三个维度对分工程度进行刻画，那就是专业化水平、迂回生产程度以及中间产品种类数（Young，1928）。专业化水平提高意味着更多的劳动力越来越脱离"自给自足"式的传统农业生产，即从事商品化生产的比例越来越大（高帆，2009）。商品化生产的比例与分工程度正相关（庞春，2019；陈昭玖、王雯，2016；刘晗、王钊，2017）。农机服务外包从迂回生产程度来衡量农业分工，农业部门的特殊性决定了中间产品种类数难以获取。为了避免多重共线性，本书从专业化水平的维度，选取粮食商品化率来衡量农业分工程度。借鉴杨丹（2012）、陈昭玖和胡雯（2016）、刘晗和王钊（2017）的方法，采用粮食商品化率作为农业分工程度的代理变量，在面板数据模型（6.1）中引入农业分工程度作为调节变量，构建调节效应模型（6.2）。（6.2）式中，DV_{it} 表示以粮食商品化率表征的农业分工程度，其余代码含义与（6.1）式一致。

$$\ln TFP_{it} = \alpha_0 + \alpha_1 \ln SO_{it} + \alpha_2 \ln DV_{it} + \alpha_3 \ln SO_{it}$$
$$\times \ln DV_{it} + \chi \ln Z_{it} + \delta_i + t_i + \mu_{it} \qquad (6.2)$$

（二）变量选择与说明

被解释变量、解释变量、控制变量与第六章第一节一致，在第一节计量模型（6.1）基础上，本节增加农业分工的调节变量。张露、罗必良（2018）、仇童伟（2019）的研究均认为服务外包与农业分工有联系，考虑农机作业服务对粮食 TFP 的影响可能与农业分工有关，将农业分工程度作为调节变量加以验证。根据理论分析，中间服务投入已被作为核心解释变量，农机服务反映迂回生产程度（陈昭玖和胡雯，2016），中间产品种类数在宏观数据中无法获取，为了避免变量之间存在较强的线性相关性，本书拟从专业化水平这一维度来刻画农业分工程度。在亚当·斯密（1997）看来分工是和自给自足相对立的概念，粮食生产中用于交换的比例正好反映出粮食生产市场化的程度，与粮食生产用于自给自足的概念相对应。借鉴杨丹（2012）、陈昭玖和胡雯（2016）、刘晗和王钊（2017）的研究，本书选取粮食商品化率作为农业分工程度的代理变量，由粮食总产量扣减农户粮食消费量所得粮食出售量占粮食总产量的比重计算得出各省份粮食商品化率。该变量是取值为0%—100%的连续型数值变量，取值越大说明该区域的粮食生产分工程度越高。

（三）数据来源与描述性统计

本节数据来源与描述性统计与第六章第一节表6—1和表6—2基本一致，增加的调节变量数据来源与描述性统计如表6—6所示。

表6—6　　　　　　　　调节变量数据说明与描述性统计

变量名称	变量测算方法	数据来源	样本量	均值	方差	最小值	最大值
农业分工程度	用粮食商品化率作为衡量指标，粮食总产量扣减农户粮食消费量占粮食总产量的比重（%）	《中国农村统计年鉴》	390	0.733	0.151	0.018	0.970

资料来源：由笔者整理计算。

二　农机服务外包、农业分工对粮食全要素生产率的影响

本节拟从农业分工程度深化的路径来验证农机服务外包如何影

响粮食全要素生产率的作用机制，通过农业分工的调节变量验证农机服务外包程度与粮食全要素生产率的强弱关系。根据第三章理论分析，本书借鉴杨丹（2012）、陈昭玖和胡雯（2016）、刘晗和王钊（2017）的研究，采用粮食商品化率作为农业分工程度的衡量指标。将粮食商品化率表征的农业分工程度和农机服务外包程度的交互项引入2004—2018年26个省份的面板数据模型，估计农业分工程度对农机服务外包程度影响粮食全要素生产率的边际效应。首先对交互项与粮食 TFP 进行 OLS 回归，发现农机服务外包与农业分工程度存在交互作用。

在进行回归分析之前，本书先对加入调节变量后的解释变量进行方差膨胀因子检验（Variance Inflation Factor，VIF），OLS 模型中各变量的平均方差膨胀因子为 2.97，意味着变量间不存在严重的多重共线性问题。本书采用系统 GMM 估计方法对全样本、粮食主产区和粮食非主产区分别进行调节效应检验，表6—7 报告了调节效应模型（6.2）的估计结果。系统 GMM 两步法的估计结果显示 AR（2）的检验结果均表明调节效应模型（6.2）的误差项不存在二阶序列相关。同时，Hansen 过度识别检验结果显示 P 值显著大于0.1，说明不能拒绝工具变量有效的原假设，由此可以看出模型设定具有合理性。方程均通过了 Wald 检验说明工具变量也是有效的。

表6—7 第（1）（2）列的估计结果显示，全样本26个省份和粮食主产区的结果表明引入粮食商品率表征农业分工程度的调节变量后，农机服务外包程度与农业分工程度的交互项对粮食 TFP 的影响在1%的显著性水平上显著为正，粮食非主产区样本中农机服务外包程度与农业分工程度的交互项对粮食 TFP 的影响在5%的显著性水平上也为正，说明农业分工程度的调节效应显著，提高农业分工程度有助于增强农机服务外包对粮食 TFP 的促进作用。与表6—

3 中的结果相比，加入农业分工的调节变量后，农机服务外包程度对粮食 TFP 的影响系数明显提高，26 个省份样本由 0.0498 提高至 0.1225，粮食主产区样本由 0.0603 提高至 0.0748。粮食非主产区农机服务外包程度在农业分工的调节效应下表现出对粮食 TFP 产生显著正向影响。这一研究发现对农业分工与服务市场容量具有相互关联性的研究结论（张露、罗必良，2018）做了一定补充。农机服务外包在农业分工的调节作用下有助于进一步提升粮食全要素生产率，说明农机服务外包程度的提升反映出农业分工程度的深化，有利于促进粮食全要素生产率的提升，从而验证研究假说 2。表 6—7 第（2）列与第（3）列的对比分析显示，粮食主产区农业分工程度、农机服务外包与农业分工程度的交互项对粮食全要素生产率的影响系数均高于粮食非主产区，且显著性水平更高，说明粮食主产区的分工程度进一步深化了农机服务外包对粮食全要素生产率的促进作用，粮食非主产区可以通过加快农机服务发展来促进农业分工对粮食全要素生产率产生的促进作用。

表 6—7　　　　　　　农业分工程度的调节效应估计结果

	（1）26 个省份	（2）粮食主产区	（3）粮食非主产区
农机服务外包程度	0.1225 ***	0.0748 **	0.0508 **
	(0.0395)	(0.0365)	(0.0259)
农业分工程度	0.2545 **	0.8655 ***	0.7099 **
	(0.1199)	(0.3243)	(0.3075)
农机服务外包×农业分工	0.2545 ***	0.5665 ***	0.4202 **
	(0.0920)	(0.1565)	(0.1769)
小麦种植结构	− 0.5555 ***	− 0.3161 ***	− 0.2981 ***
	(0.1786)	(0.1034)	(0.0980)
玉米种植结构	1.0569 ***	1.3964 ***	1.1438 ***
	(0.2649)	(0.3373)	(0.2556)

续表

	（1）26 个省份	（2）粮食主产区	（3）粮食非主产区
农机补贴政策	− 0.0032	− 10.2316 **	− 7.8130 **
	(0.0107)	(4.4523)	(3.5138)
人力资本水平	0.1089	0.1853 *	0.1390 *
	(0.1032)	(0.1045)	(0.0812)
地区经济发展水平	− 0.1955 ***	− 0.0293 ***	− 0.0260 ***
	(0.0590)	(0.0086)	(0.0077)
农业科研投入水平	0.0463	0.2013	0.5194
	(0.0456)	(1.4433)	(1.1797)
交通基础设施	− 0.0858 **	− 0.0723	− 0.0529 *
	(0.0386)	(0.0456)	(0.0321)
水利基础设施	0.0589	− 0.2102	− 0.0276
	(0.0517)	(0.2081)	(0.1131)
电力基础设施	0.0972	0.3840 **	0.2162 **
	(0.2272)	(0.1866)	(0.1024)
自然灾害	− 0.1424 *	− 0.1900 **	− 0.2254 **
	(0.0730)	(0.0834)	(0.0965)
粮食 TFP 一阶滞后项	0.5224 ***	0.4723 ***	0.5749 ***
	(0.1057)	(0.1323)	(0.0975)
截距项	1.3329	− 4.4040 ***	− 3.6157 **
	(0.8640)	(1.5941)	(1.5171)
观测值	364	182	156
Wald 检验 P 值	0.000	0.000	0.000
AR（1）检验 P 值	0.000	0.044	0.016
AR（2）检验 P 值	0.661	0.618	0.432
Hansen 检验 χ^2 值	17.89	0.00	0.00
Hansen 检验 P 值	1.000	1.000	1.000

注：***、**、* 分别表示 1%、5%、10% 显著性水平，括号内为稳健标准误。

值得注意的是，核心解释变量农机服务外包程度对粮食 TFP 的影响系数值都较小。农机服务外包对粮食 TFP 的边际效应在全样本

26 个省份为 0.0498，在粮食主产区为 0.0603，加入农业分工的调节变量后，影响系数仍然不高。这说明当前中国农机服务外包对全要素生产率的作用还非常有限，与曲昊月、庄丽娟（2018）得到发展中国家农业生产服务要素的贡献十分有限的研究结果一致，其中的原因和机理还需要研究，如何进一步激发农机服务对 TFP 的促进作用值得深入探讨。

本节拟采用分组回归的方法再次验证农业分工的调节效应，作为结果的稳健性检验。首先将全国 26 个省份的面板数据按照粮食商品化率表征的农业分工程度划分为农业分工高程度组和低程度组，然后引入农机服务外包程度的一阶滞后项、二阶滞后项作为工具变量，分别进行固定效应—工具变量法的模型估计。稳健性检验结果如表 6—8 所示，在农业分工高程度组，农机服务外包与农业分工的交互项在 1% 的显著性水平上对粮食 TFP 产生正向影响；而农业分工低程度组的结果中交互项并不显著。在农业分工高程度组中，农业分工和农机服务外包均对粮食 TFP 产生显著正向影响，交互项显著为正说明农业分工有助于促进农机服务外包对粮食全要素生产率的促进作用；在农业分工低程度组中，农业分工程度的系数显著为负，说明农业分工程度低阻碍了粮食全要素生产率的提升。表 6—8 第（1）列的结果进一步验证出农业分工程度具有调节效应，由此说明本书的结论具有一定稳健性。

表6—8　　　　　　　农业分工调节效应的稳健性检验

粮食全要素生产率	（1）农业分工高程度组	（2）农业分工低程度组
农机服务外包程度	0.0707 ** （0.0354）	0.0650 *** （0.0172）
农业分工程度	0.5979 *** （0.2009）	− 0.1821 *** （0.0445）
农机服务外包 × 农业分工	0.6389 *** （0.2430）	0.0686（0.0421）
控制变量	YES	YES

续表

粮食全要素生产率	（1）农业分工高程度组	（2）农业分工低程度组
观测值	186	109
R^2	0.900	0.978
Sargan 检验 χ^2 值	3.807	2.462
Sargan 检验 P 值	0.1510	0.1166
test 检验 χ^2 值	1.72	
test 检验 P 值	0.1899	

注：*** 、** 、* 分别表示 1%、5%、10% 显著性水平，括号内为标准误。

第三节　技术进步偏向的中介效应

前文验证了农机服务外包对粮食全要素生产率产生促进作用，且农机服务外包在农业分工程度的调节效应下影响粮食全要素生产率。技术进步是全要素生产率的主要源泉，那么农机服务外包是如何通过技术进步影响粮食全要素生产率的呢？伴随经济全球化，发达国家通过外包方式的技术溢出效应影响发展中国家技术进步的偏向性（Acemoglu，2003；Gancia and Zilibotti，2009）。服务外包行为是资源配置和生产组织一种新的形态（程大中，2010）。由于国际专业分工的不断深化发展，服务外包不仅加深了行业的知识和资本的密集度，还促进了企业的技术进步，使企业的管理方式方法不断创新和改进。中小企业通过服务外包可以快速学习先进技术，利用外部资源获取竞争优势并促进技术进步（顾乃华，2010；陈启斐、刘志彪，2014）。我国农业生产的主体大多是小农户，农业经营的低收益使得小农户的技术采纳动力不足，资金和人力资本约束使得小农户在新技术采用上的能力也不足。农户通过服务外包的方式迂回采用先进技术，可以实现技术进步，提升全要素生产率。那么，粮食全要素生产率的增长是否与农机服务外包方式带来的技术进步以及偏向性有关呢？

事实上，粮食生产的机械化程度越高对全要素生产率的提升作用就越大。农机服务外包的生产方式帮助"大国小农"实现技术进步偏向机械化的轨道。速水佑次郎（Yujiro Hayami）和弗农·拉坦（Vernon W. Ruttan）的诱致技术变迁理论认为要素相对价格对技术进步偏向具有诱导作用（Hayami，Ruttan，1985）。然而，要素使用方式的变革也会通过相对价格改变资源稀缺状态或者要素成本结构。在小规模经营的国情下，农户通过购置农机具或者购买农机服务进行机械技术选择（Liang，et al.，2016）。农机服务的方式改变了农机的稀缺状态，使农机成为比劳动力更为富裕的要素（芦千文等，2019）。农机服务市场存在的稳定性和长期性决定了小规模土地农业机械化的道路选择（仇叶，2017），中国新一轮农地确权促进了农户对农业机械外包方式的选择（李宁等，2019）。农机服务与购置农机具的相对价格是否会助推节约相对稀缺而价格相对高昂的技术变迁，对机械技术进步产生影响呢？因此，本节所要验证的第一问题是：农机服务外包对粮食生产技术进步的偏向性产生的影响机制。

农业技术进步的方向选择直接影响中国农业经济的增长绩效（薛超、周宏，2019）。中国农业技术进步偏向于资本（刘岳平、钟世川，2016），粮食生产呈现出明显的劳动节约型技术进步和"资本深化"迹象（胡瑞法、黄季焜，2001；吴丽丽等，2015；刘英基，2017），主要原因在于劳动力成本的上涨，机械替代劳动的生产服务外包方式使得粮食生产机械化进程加速（尹朝静等，2018）。技术进步的方向反映了要素的相对价格（Farrell，1957），要素禀赋差异影响了充裕要素对稀缺要素的替代，进而形成不同的技术选择路径（Binswanger，1974）。随着农村劳动力价格上涨，要素相对价格的变化对粮食生产中技术进步的诱导作用日益凸显（陈书章等，2013；杨福霞等，2018），劳动与机械要素的相对价格诱导农户采用机械技术，以替代昂贵和稀缺的劳动要素，从而实现机械技术进步（郑旭媛、徐志刚，2017；Wang, et al., 2016；Zhang, et al., 2017）。

中国粮食生产中存在投入要素偏向型技术进步，要素相对价格的变化导致成本结构发生变化，要素之间的替代导致粮食生产要素结构不断调整（陈苏等，2018）。然而，中国小农的小规模农业必然长期存在，小规模制约了小农户对先进技术的采用，尤其是大型机械化技术的采用。基层内生型的机械服务市场是实现我国小规模土地机械化的有效途径（仇叶，2017）。农机服务市场的出现，改变了中国农户面临的要素禀赋格局，使得农业机械以农机服务外包的方式进入农户生产过程，推动了农业机械对劳动力的替代（芦千文等，2019）。现有文献在农业技术进步偏向的问题研究上已有很多成果，并指出农业技术进步存在明显的诱致性偏向（吴丽丽等，2015），但这种诱致性偏向是如何形成的并未加以深入阐述，投入偏向型技术进步的形成与小规模经营的现实矛盾也未加以明确解释。

资本深化是农业生产率增长的重要源泉（李谷成，2015），偏向资本的技术进步会有利于全要素生产率提升，是经济增长的来源之一。农业资本对劳动的有效替代提高全要素生产率，主要表现在农业生产要素投入结构的变化（尹朝静等，2014）。农机服务作为一类新的投入品，可以从流量的角度衡量出机械要素投入形成的农业资本深化。已有研究表明偏向资本的技术进步有利于提升全要素生产率（Antonelli and Quatraro, 2010；董直庆等，2013；钟世川、毛艳华，2017；涂正革、陈立，2019）。要素结构与技术结构的适宜性能够提高全要素生产率并推动经济高质量发展（林毅夫、张鹏飞，2006；王林辉、董直庆，2012；余东华等，2019）。中国各省市和国外研究的结果均表明投入偏向型的技术进步对农业全要素生产率的增长产生促进作用（何爱、徐宗玲，2010；武舜臣等，2016；付明辉、祁春节，2016）。农业技术进步偏向通过生产要素之间的组合变化和配置变化促进农业全要素生产率的增长（朱喜等，2011）。因此，本节还将从技术进步偏向的视角探讨农机服务外包对粮食全要素生产率的作用机制。

一　实证研究设计

本节首先构建超越对数生产函数模型测算出粮食生产技术进步偏向指数，然后构建计量模型，再对相关变量进行说明，并进行描述性统计。本节需要验证农机服务外包通过技术进步偏向这一中介变量影响粮食全要素生产率的机制，首先验证农机服务外包如何影响技术进步偏向，其次通过中介效应模型来验证农机服务外包通过技术进步偏向的中介作用对粮食 TFP 产生促进作用。

（一）计量模型设定

1. 技术进步偏向指数的测算模型

Hicks（1932）最早提出有关技术进步的概念，认为要素的相对价格变化会促使企业家研发新的技术以节约较为昂贵生产要素的使用。当技术进步可以促进某种要素的相对边际产出时，认为此时技术进步是偏向于这一生产要素的。Robinson（1938）认为当资本、劳动或中间投入等不同投入要素的产出弹性发生改变时，技术进步表现出偏向性的特征。Acemoglu（2007）将技术进步偏向性定义为：如果技术进步朝着提高某种要素的相对边际产出方向发展，则此时技术进步偏向于该要素。

关于技术进步偏向的测算方法主要包括以下三种：标准化供给面系统法（Klump, et al.，2008；戴天仕、徐现祥，2010；李小平、李小克，2018）、随机前沿分析法（杨福霞等，2018a、2018b）和数据包络分析法（付明辉、祁春节，2016；尹朝静等，2018；李小平、牛晓迪，2019）。数据包络分析法无须对生产函数形式做出任何假设，但会忽略随机因素的影响，因此越来越受到学术界的诟病。大多数学者以不变替代弹性（CES）生产函数为基础建立标准化系统对技术进步偏向进行估计。超越对数生产函数相比较于 CES 生产函数而言更松弛，因为超越对数生产函数的替代弹性并不固定，交互项还可以充分反映投入要素之间的替代效应和交互作用，更能体现生产特征（杨振兵，2016）。本书采用超越对数生产函数的随机前沿估计方法来测算技术进步偏向。以劳动力、土地、化肥和机械动力作为粮食生产的四种投入要素构建超越对数生产函数，模型如下：

$$
\begin{aligned}
\ln Y_{it} =\ & \alpha_0 + \alpha_1 \ln L_{it} + \alpha_2 \ln A_{it} + \alpha_3 \ln F_{it} + \alpha_4 \ln K_{it} \\
& + \alpha_5 T_t + \frac{1}{2}\alpha_6 (\ln L_{it})^2 + \frac{1}{2}\alpha_7 (\ln A_{it})^2 + \frac{1}{2}\alpha_8 (\ln F_{it})^2 \\
& + \frac{1}{2}\alpha_9 (\ln K_{it})^2 + \frac{1}{2}\alpha_{10} T_t{}^2 + \alpha_{11} \ln L_{it} \ln A_{it} \\
& + \alpha_{12} \ln L_{it} \ln F_{it} + \alpha_{13} \ln L_{it} \ln K_{it} \\
& + \alpha_{14} \ln A_{it} \ln F_{it} + \alpha_{15} \ln A_{it} \ln K_{it} \\
& + \alpha_{16} \ln F_{it} \ln K_{it} + \alpha_{17} \ln L_{it} T_t + \alpha_{18} \ln A_{it} T_t \\
& + \alpha_{19} \ln F_{it} T_t + \alpha_{20} \ln K_{it} T_t + \nu_{it} - \mu_{it}
\end{aligned}
\tag{6.3}
$$

（6.3）式中，Y_{it} 为 i 省份第 t 年的粮食产量（万吨）；L_{it} 为 i 省份第 t 年粮食生产的劳动投入要素（万人），根据第一产业从业人员中粮食播种面积占比与农业总产值占比调整后计算得出。A_{it} 为 i 省份第 t 年粮食生产的土地投入要素，采用 2004—2018 年 26 个省份的粮食播种面积（千公顷）来表示。F_{it} 为 i 省份第 t 年粮食生产的化肥折纯投入量（万吨）。K_{it} 表示 i 省份第 t 年粮食生产的机械投入要素，以农用机械总动力（万千瓦）根据粮食播种面积与农作物播种面积的比例调整后计算得出粮食生产的机械动力。T_t 为时间趋势变量；ν_{it} 为随机误差项，服从正态分布；μ_{it} 为技术非效率项，服从截尾正态分析。

本节依据 Acemoglu（2007）对技术进步偏向性的定义来计算粮食生产机械与劳动投入要素的技术进步偏向性指数。定义内涵在于若技术进步有利于提高某种要素的相对边际产出，则该技术进步就偏向于该要素。用 $IB\ ias_{ij}$ 表示要素 i 和 j 之间的技术进步偏向指数，如果 $IB\ ias_{ij} > 0$，由技术进步引致的 i 要素的边际产出率大于 j 要素的边际产出率，此时技术进步偏向于要素 i；如果 $IB\ ias_{ij} < 0$，则由技术进步引致的 j 要素的边际产出率更大，此时技术进步偏向于要素 j，如果 $IB\ ias_{ij} = 0$，则说明技术进步中性。在劳动力成本上涨的背景下，粮食生产更倾向于使用机械代替劳动力，从而形成机械投入偏向型技术进步。[①] 根据 Khanna（2001）的技术进步偏向指数公式，通过机械和劳动的产出弹性求出边际产出率，然后算出机械与劳动要素之间的技术进步偏向性指数。（6.4）式中 $IBias_{KL_{it}}$ 是 i 省份 t 年粮食生产机械与劳动要素之间的技术进步偏向指数，$MP_{K_{it}}$ 为 i 省份 t 年机械要素的边际产出率，$MP_{L_{it}}$ 为 i 省份 t 年劳动要素的边际产出率，$\varepsilon_{K_{it}}$ 为 i 省份 t 年机械要素的产出弹性，$\varepsilon_{L_{it}}$ 为 i 省份 t 年劳动要素的产出弹性，其余代码与（6.3）式一致。

$$
\begin{aligned}
IBias_{KL_{it}} &= \frac{\partial \ln(MP_{K_{it}}/MP_{L_{it}})}{\partial T_t} \\
&= \frac{\partial MP_{K_{it}}/\partial T}{MP_{K_{it}}} - \frac{\partial MP_{L_{it}}/\partial T}{MP_{L_{it}}} \\
&= \frac{\alpha_{20}}{\varepsilon_{K_{it}}} - \frac{\alpha_{17}}{\varepsilon_{L_{it}}}
\end{aligned}
\tag{6.4}
$$

---

① 张云华、彭超、张琛：《氮元素施用与农户粮食生产效率：来自全国农村固定观察点数据的证据》，《管理世界》2019 年第 4 期。

2. 农机服务外包视角下要素相对价格诱导技术进步偏向的计量模型

根据第三章的理论分析，农机服务外包通过服务要素的相对价格对机械偏向型技术进步产生诱导作用。因此本节构建要素相对价格诱导技术进步偏向的计量模型，从农机购置和农机服务外包两种方式刻画的机械要素投入来验证要素相对价格对粮食生产技术进步偏向的诱导作用。首先以农机购置与劳动力的相对价格作为核心解释变量，通过构建面板数据模型（6.5）考察要素相对价格对粮食技术进步偏向的影响。其次以农机服务与劳动力的相对价格作为核心解释变量，通过构建面板数据模型（6.6）考察要素相对价格对粮食技术进步偏向的影响。最后以农机服务方式要素相对价格与农机购置要素相对价格的比值作为核心解释变量，通过构建面板数据模型（6.7）考察不同机械要素实现方式形成的相对价格变化对技术进步偏向的影响。

$$\ln IBias_{KL_{it}} = \beta_0 + \beta_1 \ln price^1_{it} + \chi \ln Z_{it} + \delta_t + t_i + \mu_{it} \quad (6.5)$$

$$\ln IBias_{KL_{it}} = \beta_0 + \beta_1 \ln price^2_{it} + \chi \ln Z_{it} + \delta_t + t_i + \mu_{it} \quad (6.6)$$

$$\ln IBias_{KL_{it}} = \beta_0 + \beta_1 \ln price^3_{it} + \chi \ln Z_{it} + \delta_t + t_i + \mu_{it} \quad (6.7)$$

计量模型（6.5）—（6.7）中的被解释变量 $IBias_{KL_{it}}$ 为 26 个省份 i 在 t 年（2004—2018 年）粮食生产机械与劳动要素之间的技术进步偏向指数。核心解释变量 $price^j_{it}$ 为要素相对价格，模型（6.5）的核心解释变量 $price^1_{it}$ 为购置农机具与劳动力之间的要素相对价格，模型（6.6）的核心解释变量 $price^2_{it}$ 为农机服务与劳动力之间的要素相对价格，模型（6.7）的核心解释变量 $price^3_{it}$ 为农机服务方式要素相对价格与农机购置要素相对价格的比值。Z_{it} 为控制变量，β_0、β_1、β_2 为待估计系数，χ 为控制变量的待估计系数向量，δ_i 为省际效应，μ_{it} 为随机误差，这些变量均取自然对数。本书采用 Ramsay Reset 方法对计量模型进行两阶段最小二乘（2SLS）估计，并将模型的 OLS 拟合值的二次项引入原模型，结果拟合值的二次项估计系数 P 值均不能拒绝"模型中的解释变量不存在二次项或者更高阶次项"的原假设，因此模型不需要加入二次项。采用 Box-Cox transformation 方法对方程两边同时检验，结果在 95% 置信区间内可以取 0，说明模型中两边的变量取自然对数是可行的。

3. 技术进步偏向的中介效应模型

农业生产要素的相对禀赋和积累状态发生变化时会诱致农业技术进步形成偏向性特征，对经济结构的变化也会产生根本性决定作用（林毅夫，2011）。现有文献在农机服务外包与生产效率的关系研究上做了大量努力，但是在解释二者之间的作用机制方面还不够深入。为了应对农业劳动力短缺和劳动力成本上涨，使用机械替代劳动力进行农业生产成为必然趋势。在使用机械作业时，农户要么选择自有机械（即自家购买或者联合购买机械），要么选择将农业生产环节进行农机服务外包。中国新一轮农地确权促进了农户对农业机械外包方式的选择（李宁等，2019）。农机服务市场的快速发展使得越来越多的小农户通过服务外包完成生产环节的作业，农机服务要素的投入成为农户粮食生产的主要投入之一。根据理论分析可知农机服务的要素相对价格会诱导机械偏向型技术进步，农机服务也会影响粮食全要素生产率，既有研究指出技术进步偏向影响农业全要素生产率（朱喜等，2011；武舜臣等，2016；付明辉、祁春节，2016；尹朝静等，2018），因此本节构建农机服务外包、技术进步偏向与粮食全要素生产率的关系模型如图 6—1 所示。

本书构建以技术进步偏向为中介变量的中介效应模型。根据中介效应检验的方法，采取逐步回归的方法来检验技术进步偏向效应模型在农机服务外包与粮食全要素生产率之间是否存在中介效应。首先构建逐步回归方程组，考虑到尽可能减少三个变量之间的内生性，本书在面板模型中加入被解释变量的滞后项，构建动态面板逐

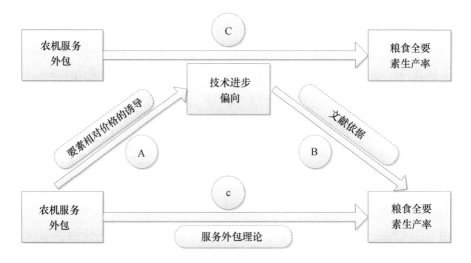

图6—1　农机服务外包、技术进步偏向与粮食全要素生产率的关系

步回归方程组。首先构建农机服务外包影响粮食全要素生产率的面板数据模型（6.8），其次构建农机服务外包影响技术进步偏向的面板数据模型（6.9），最后将农机服务外包和技术进步偏向同时作为解释变量，构建二者影响粮食全要素生产率的面板数据模型（6.10）。

$$\ln TFP_{it} = \beta_0 + \beta_1 \ln TFP_{it-1} + \beta_2 \ln SO_{it} + \chi \ln Z_{it} + \delta_t + t_i + \mu_{it}$$

$$(6.8)$$

$$\ln IB\,ias_{KL_{it}} = \alpha_0 + \alpha_1 \ln IB\,ias_{KL_{it-1}}$$
$$+ \alpha_2 \ln SO_{it} + \chi \ln Z_{it} + \delta_t + t_i + \mu_{it} \qquad (6.9)$$

$$\ln TFP_{it} = \gamma_0 + \gamma_1 \ln TFP_{it-1} + \gamma_2 \ln SO_{it}$$
$$+ \gamma_3 \ln IB\,ias_{KL_{it}} + \chi \ln Z_{it} + \delta_t + t_i + \mu_{it} \qquad (6.10)$$

模型（6.8）（6.9）（6.10）中 TFP_{it} 为各省份 i 在 t 年（2004—2018 年）粮食生产的全要素生产率；$IBias_{it}$ 为省份 i 在 t 年的技术进步偏向；SO_{it} 为省份 i 在 t 年的农机服务外包程度；Z_{it} 为控制变量向量。β_0、β_1、β_2 为待估计系数，χ 为控制变量的待估计系数

向量，δ_i 为省际效应，t_i 为时间效应，μ_{it} 为随机误差。

（二）变量选择与说明

中介效应模型的被解释变量与核心解释变量与第六章第一节一致，分别为粮食全要素生产率和农机服务外包程度，中介变量为技术进步偏向。在对中介效应模型进行检验之前，首先需要验证的是农机服务外包要素相对价格的变化对粮食生产技术进步偏向产生的诱导作用。相关变量的选取与说明如下。

1. 中介变量

技术进步偏向。采用粮食生产技术进步偏向指数来衡量，根据超越对数随机前沿生产函数测算得到，具体测算结果在第六章第三节第三小节展示出来。

2. 解释变量

要素相对价格。根据诱致技术变迁理论，要素相对价格的变化对技术进步偏向产生诱导作用。在中国的实际国情中，农户生产投入机械要素实际包括机械购置和机械服务外包两种方式，因此要素相对价格的变化需要同时考虑不同机械要素使用方式的影响。本书的要素相对价格包括三种形式：（1）$price_{it}^1 = \dfrac{machpri_{it}}{labor_{it}}$ 表示农机购置与劳动力的相对价格；（2）$price_{it}^2 = \dfrac{serpri_{it}}{labor_{it}}$ 表示农机服务与劳动力的相对价格；（3）$price_{it}^3 = \dfrac{price_{it}^2}{price_{it}^1}$ 表示同时包括考虑农机服务和农机购置情景下与劳动力形成的相对价格。以上三个相对价格中，$machpri_{it}$ 为省份 i 在 t 年购置农机具的价格，采用农业生产资料机械化农具价格指数作为衡量指标；$serpri_{it}$ 为省份 i 在 t 年农机作业服务的价格，采用农业生产服务价格指数作为衡量指标；机械化农具价格指数、农业生产服务价格指数均以 2004 年为基期进行价格指数平减。$labor_{it}$ 为省份 i 在 t 年的劳动力价格，为了反映劳动力市场对价格的影响，本书采用雇佣劳动日工价作为劳动力价格的替代指标，以 2004 年为基期根据农村居民消费价格指数进行平减。

3. 控制变量

本书选取了一系列影响技术进步偏向的因素作为控制变量，具体包括以下几点。（1）地区经济发展水平，选取农村居民人均纯收入实际数（千元）来衡量各省农村地区经济发展水平的差异。（2）粮食种植结构，采用水稻、小麦、玉米三种粮食作物分别在各省粮食产量的比重来衡量粮食种植结构。（3）生产设备投入，采用农村住户固定资产投资中生产设备的投资金额（亿元）作为衡量指标。（4）人力资本水平，选取乡村人均人力资本存量数据衡量各省农村人力资本水平差异。（5）农业科研投入占农业总产值的比重，借鉴李强、刘冬梅（2011）的方法，选取农业科研投入经费积累形成的存量累加成农业科技存量作为衡量指标，再除以农业总产值得到农业科研投入占农业总产值的比重。（6）人均农机化作业面积，用各省份历年机耕、机播、机电灌溉、机械植保和机收面积之和（千公顷）除以乡村人口作为替代指标。（7）人均耕地面积，用各省份耕地面积除以乡村人口计算得出。（8）粮食生产地位，参考郑旭媛、徐志刚（2017）的研究，选取各省份历年粮食人均占有量作为替代指标。（9）固定资产投入，选取各省份历年农村居民人均固定资产投向农业的金额作为替代指标。（10）粮食生产的比较效益，采用历年各省份经济作物与粮食作物的成本利润率之差作为代理变量。

（三）数据来源与描述性统计

本书根据 2004—2018 年中国 26 个省份粮食生产相关指标建立面板数据，数据来源主要有以下统计年鉴：《中国农村统计年鉴》《中国农业机械工业年鉴》《全国农产品成本收益资料汇编》等。

具体指标说明及描述性统计见表6—9。

表6—9　　　　　　　　　　变量说明与描述性统计

变量类型	变量名称	样本量	均值	方差	最小值	最大值
产出变量	粮食产量	390	2166.467	1500.996	88.470	7506.800
投入变量	劳动	390	385.708	238.748	23.168	1204.023
	土地	390	4187.131	2674.351	244.700	14214.540
	化肥	390	140.236	98.966	3.412	554.298
	机械	390	2356.971	2030.301	168.617	9072.852
被解释变量	粮食全要素生产率	390	1.558	1.641	0.401	7.404
中介变量	技术进步偏向	390	0.075	0.245	-1.995	3.209
核心解释变量	农机服务外包	390	0.111	0.045	0	0.210
解释变量	机械购置与劳动力的相对价格	390	2.826	1.614	0.889	8.656
	农机服务与劳动力的相对价格	390	4.183	3.207	0.889	18.849
	农机服务与机械购置的相对价格	390	1.368	0.437	0.809	3.053
控制变量	地区经济发展水平	390	7.572	4.314	1.722	27.302
	生产设备投入	390	67.204	97.805	0	849
	粮食种植结构	390	0.422	0.355	0	0.996
		390	0.209	0.228	0	0.979
		390	0.369	0.267	0.003	0.914
	人力资本水平	390	100.212	45.888	34.4	260.23
	农业科研投入水平	390	0.028	0.024	0.003	0.147
	人均农机化作业面积	390	12854.18	11746.54	606.33	58234.88
	粮食生产地位	390	468.499	297.304	103.2	1985.5
	人均耕地面积	390	0.24	0.187	0.051	1.053
	固定资产投入	390	1237.178	1898.992	24.6	10528.704
	粮食生产比较效益	390	10.12	24.845	-52.128	124.7

注：本节首先测算粮食生产技术进步偏向指数，其次对农机服务外包诱导技术进步偏向的作用机制进行检验，最后验证农机服务外包通过机械偏向型技术进步的中介效用影响粮食全要素生产率。

资料来源：由笔者整理计算。

二 粮食生产技术进步偏向指数测算

本书采用广义似然率统计量 LR 对超越对数随机前沿生产函数进行模型设定合理性检验。γ 值为 0.961 且在 1% 的显著性水平上显著，说明技术无效率情况明显存在，有必要采用随机前沿分析方法。在生产函数形式选择上，超越对数生产函数比 C－D 生产函数更能表达生产函数意义。极大似然估计值为 556.8794，LR 检验值为 597.8，且在 1% 的显著性水平上显著，说明选择超越对数生产函数模型进行估计较为合理。模型估计的总体方差 σ^2 值为 0.059，这说明误差项和无效率项的波动幅度对整体模型估计结果的影响并不大。因此，选用超越对数随机前沿模型可以很好地刻画粮食生产的特征与变化。

表6—10　　　　　　　　超越对数生产函数随机前沿参数估计结果

变量	系数	t 值	变量	系数	t 值
截距项	4.4846 ** （1.4831）	3.0239	$\ln L \times \ln A$	0.1100 （0.0993）	1.1080
$\ln L$	－0.5713 （0.4268）	－1.3388	$\ln L \times \ln F$	－0.4934 *** （0.0794）	－6.2177
$\ln A$	1.2221 ** （0.4366）	2.7989	$LnL \times \ln K$	0.0931 * （0.0513）	1.8152
$\ln F$	－0.3007 （0.5725）	－0.5253	$\ln A \times \ln F$	0.3959 *** （0.1136）	3.4851
$\ln K$	－0.5891 （0.4083）	－1.4427	$\ln A \times \ln K$	0.0101 （0.0933）	0.1081
T	－0.0967 *** （0.0217）	－4.4655	$\ln F \times \ln K$	0.0596 （0.0824）	0.7235
$1/2\ln L^2$	0.2612 ** （0.0917）	2.8483	$\ln L \times T$	－0.0068 * （0.0038）	－1.7927
$1/2\ln A^2$	－0.4206 *** （0.1236）	－3.4022	$\ln A \times T$	0.0224 *** （0.0051）	4.4114
$1/2\ln F^2$	－0.0399 （0.1420）	－0.2807	$\ln F \times T$	－0.0114 *** （0.0043）	－2.6556
$1/2\ln K^2$	－0.0433 （0.0809）	－0.5350	$\ln K \times T$	0.0005 （0.0036）	0.1484
$1/2T^2$	0.0008 （0.0005）	1.6229	time	0.0277 *** （0.0050）	5.4993

续表

变量	系数	t 值	变量	系数	t 值
σ^2	0.0594 ** （0.0221）	2.6922	γ	0.9610 *** （0.0159）	60.2717
μ	0.1937 * （0.1026）	1.8886			
对数似然函数值			556.8794		
LR 检验值			597.8		

注：*** 、** 、* 分别表示 1%、5%、10% 显著性水平，括号内为标准误。

表 6—11 列出了 2004—2018 年粮食生产技术进步偏向指数测算过程的关键指标年均值，具体包括 2004—2018 年粮食生产技术效率，劳动要素和机械要素的产出弹性，机械与劳动要素之间的技术进步偏向性指数。测算结果显示，2004—2018 年粮食生产的技术效率逐年提升，由 2004 年的 0.611 逐渐提高到 2018 年的 0.721。劳动要素的产出弹性逐年下降，由 2004 年的 0.281 逐渐下降至 2018 年的 0.086。与此同时，劳动要素的边际产出率也在逐年下降，从 2004 年的 1.206 逐渐下降至 0.289。机械要素的产出弹性呈逐年上升的趋势，由 2004 年的 - 0.024 逐渐上升至 2018 年的 0.039；机械要素的边际产出率从 2004 年的 - 0.056 逐渐上升至 2018 年的 0.026。这说明增加劳动要素投入很难带来产出增长，增加机械要素投入有利于产出增加。劳动与机械要素在产出弹性与边际产出率的变化趋势上呈现反向变动，说明劳动与机械要素投入之间的存在明显替代关系，与大量现有研究结论一致。2004—2018 年粮食生产的机械与劳动要素之间的技术进步偏向性指数大多为正，说明绝大部分省域粮食生产的技术进步主要偏向于机械投入要素。然而，各省份之间粮食生产机械化发展水平和速度存在明显差异，因此各省份在 2004—2018 年的机械技术进步偏向指数存在明显差别。

表6—11　　　　　　　2004—2018年技术进步偏向指数

年份	技术效率	劳动要素产出弹性	机械要素产出弹性	技术进步偏向指数
2004	0.611	0.281	-0.024	0.037
2005	0.620	0.259	-0.012	0.041
2006	0.628	0.247	-0.007	0.043
2007	0.637	0.233	0.003	0.047
2008	0.645	0.208	0.014	0.057
2009	0.653	0.195	0.021	0.067
2010	0.661	0.185	0.026	0.161
2011	0.669	0.163	0.034	0.061
2012	0.677	0.152	0.039	0.065
2013	0.685	0.141	0.040	0.152
2014	0.692	0.127	0.045	0.052
2015	0.700	0.115	0.049	0.096
2016	0.707	0.108	0.037	0.052
2017	0.714	0.098	0.040	0.108
2018	0.721	0.086	0.039	0.071

注：技术进步偏向指数 = α_{20}/机械要素产出弹性 - α_{17}/劳动要素产出弹性，具体参考 (6.4) 式。

资料来源：由笔者整理计算。

三　农机服务外包视角下要素相对价格对技术进步偏向的诱导

表6—12报告了计量模型（6.5）（6.6）（6.7）的参数估计结果。由于分析数据为大 N 小 T 的短面板，因此不需要进行面板单位根检验（Anderson and Cheng，1982；Bai，2004、2009）。首先对面板数据模型进行 Hausman 检验，检验结果分别为 30.31、34.5、80.36，均在 1% 显著性水平上拒绝原假设，认为计量模型（6.5）

（6.6）（6.7）均应该使用固定效应模型。考虑到模型可能存在潜在的内生性，比如控制变量中地区经济发展水平、人力资本水平、固定资产投入、粮食生产地位等因素与技术进步偏向之间互为因果。为了避免内生性问题导致的估计结果偏误，本书通过以下策略来处理内生性问题。（1）采用 Bai（2009）的面板交互固定效应模型来缓解可能存在的内生性问题，在固定效应模型中不仅控制地区效应和时间效应，同时还通过控制地区和时间的交互项来避免地区和时间的交叉影响。（2）模型中的解释变量采用滞后一期的前定变量，滞后变量有助于在一定程度缓解内生性。

　　表6—12 的估计结果显示第（1）列中机械购置与劳动力的相对价格 $price^1$ 的系数为负，但是在统计上并不显著，说明在2004—2018 年，购置农机的价格与劳动力的要素相对价格对技术进步偏向的形成未产生明显的直接诱导作用。农业生产的周期性和季节性决定了要素市场价格波动往往会滞后，不能及时反映市场供求状况。我国农村劳动力市场深受城镇化进程的影响，劳动要素市场相对机械购置的市场而言价格变化更加灵敏，机械与劳动的要素相对价格在诱导技术进步偏向的机制中只考虑购置农机具的价格是不够的。表6—12 第（2）列的结果显示农机服务与劳动要素的相对价格对技术进步偏向产生显著负向影响，说明农机服务与劳动力之间的相对价格变化对技术进步偏向的形成产生了显著的诱导作用。表6—12 第（3）列的结果显示农机服务要素相对价格与机械购置的要素相对价格之比 $price^3$ 的系数在1% 的显著性水平上为负，说明同时将购置农机具和农机服务的价格考虑进来以后，要素相对价格对技术进步偏向产生显著的诱导作用。诱导效应为 −0.4552，在绝对值上比农机服务的诱导效应 −0.0354 更大，系数的显著性水平也更高，说明农机服务外包的要素相对价格对诱导技术进步偏向的形成具有明显的叠加效应。

表6—12 **要素相对价格诱导技术进步偏向的估计结果**

技术进步偏向指数	（1）	（2）	（3）
机械购置价格/雇用劳动日工价	−0.0104		
	（0.0304）		
农机服务价格/雇用劳动日工价		−0.0354 **	
		（0.0166）	
农机服务价格/机械购置价格			−0.4552 ***
			（0.1550）
地区经济发展水平	0.3727 ***	0.3509 **	0.2055
	（0.1341）	（0.1415）	（0.1399）
小麦种植比重	−0.0893	−0.0463	−0.1305
	（0.1654）	（0.1696）	（0.1593）
玉米种植比重	0.8899 ***	0.9122 ***	0.7639 ***
	（0.1419）	（0.1433）	（0.1435）
人力资本水平	0.1842 *	0.2386 **	0.2888 ***
	（0.1037）	（0.1104）	（0.1062）
农业科研投入水平	−0.1426 ***	−0.1541 ***	−0.1398 ***
	（0.0294）	（0.0305）	（0.0283）
人均机械化作业面积	0.0719	0.0505	0.0720
	（0.0457）	（0.0463）	（0.0443）
农村居民人均个人固定资产投向农业金额	0.0627 ***	0.0790 ***	0.0658 ***
	（0.0218）	（0.0229）	（0.0200）
人均粮食占有量	0.1068	0.0609	0.0874
	（0.0889）	（0.0928）	（0.0859）
粮食生产的比较效益	0.0382	0.0364	0.0418 *
	（0.0232）	（0.0231）	（0.0228）
人均耕地面积	−2.5556 ***	−2.4647 ***	−2.2824 ***
	（0.4088）	（0.4157）	（0.4130）
生产设备投入	−0.0231 *	−0.0232 *	−0.0179
	（0.0126）	（0.0130）	（0.0124）

续表

技术进步偏向指数	（1）	（2）	（3）
地区效应	yes	yes	yes
时间效应	yes	yes	yes
地区 × 时间效应	yes	yes	yes
常数项	− 7. 8696 ***	− 7. 7078 ***	− 6. 4759 ***
	（1. 0203）	（1. 0652）	（1. 1042）
观测值	343	343	343
F 检验统计量	1167. 14 ***	883. 22 ***	1322. 74 ***

注：***、**、*分别表示1%、5%、10%显著性水平，括号内为标准误。

由此可见，在小规模经营的国情下，购置农机具的要素相对价格对技术进步偏向的直接诱导作用并不明显，而服务外包方式的要素相对价格对技术进步偏向的形成产生明显诱导作用。我国粮食生产机械投入偏向型的技术进步主要通过农机服务外包的方式发挥诱导作用，研究假说3得到验证。

从表6—12（1）（2）（3）列的结果对比中可以发现，中国2004年以来26个省份粮食生产技术进步偏向的形成机制基本符合诱致技术变迁理论的描述，但也呈现出一些新的结论。结合中国实际，将机械要素实现方式划分为购置农机具和农机服务外包两个方面以后，发现购置农机具的价格与劳动要素的相对价格对技术进步偏向的直接诱导作用并不显著，而农机服务的价格与劳动要素的相对价格则对技术进步偏向产生明显的诱导作用。同时考虑两种机械要素实现方式，发现农业机械购置的要素相对价格通过服务外包的路径对技术进步偏向产生间接影响，农机服务外包的价格与农机具的市场价格相比较所形成的相对价格进一步促进技术进步偏向的形成。因为农机服务外包的方式在解决小规模经营机械作业的同时，暗含了诱导技术进步偏向形成的合力。由此，中国粮食生产技术进步偏向的形成路径揭示了诱致技术变迁理论暗含的内容：要素相对价格对技术进步偏向的诱导不仅仅只是机械要素本身市场价格的作用，农机服务外包的要素实现方式也会通过相对价格对技术进步偏向产生间接的诱导作用。

四 农机服务外包、技术进步偏向对粮食 TFP 的影响

本书采用系统 GMM 估计方法分别对计量模型（6.8）（6.9）（6.10）进行结果估计（见表6—13）。表6—13 第（1）（2）（3）列估计结果中 AR（1）、AR（2）的检验结果显示接受"扰动项无自相关"的原假设，认为可以使用系统 GMM 估计方法。Hansen 过度识别检验结果显示 P 值显著大于 0.1，表明不能拒绝工具变量有效的原假设。方程均通过了 Wald 检验，由此说明模型设定具有合理性，并且工具变量是有效的。本书估计结果显示农机服务外包对粮食全要素生产率的影响在 10% 显著性水平上产生正面作用，中介效应模型中的系数 C 具有显著性；农机服务外包在 5% 的显著性水平上对技术进步偏向产生正向影响，中介效应模型中的系数 A 具有显著性。将农机服务外包和技术进步偏向同时纳入面板数据模型后，农机服务外包对粮食 TFP 的影响具有显著性，中介效应模型中的系数 B 具有显著性；技术进步偏向对粮食 TFP 的影响也具有显著性，中介效应模型系数 C′ 也具有显著性。根据温忠麟等（2004、2014）的研究可知，技术进步偏向的中介效应显著。采用逐步回归法依次检验的检验力在各种方法中是最低的（Fritz and MacKinnon，2007；Hayes，2009；MacKinnon, et al.，2002），本节已用依次检验得到显著的结果，说明技术进步偏向的中介效应确实存在。由此可见，农机服务外包通过技术进步偏向的中介效应对粮食全要素生产率产生影响，研究假说4 得到验证。

表6—13　　　　　　　　　逐步回归法 – 系统 GMM 估计结果

	（1）	（2）	（3）
农机服务外包	0.0516 *	0.2144 **	0.0963 **
	（0.0309）	（0.0977）	（0.0377）
技术进步偏向指数	—	—	0.0147 ***
			（0.0049）
地区经济发展水平	− 0.1114 ***	− 0.4422 **	0.0592
	（0.0256）	（0.1938）	（0.0843）
生产设备投入	− 0.0027	0.1131 **	− 0.0146 *
	（0.0060）	（0.0533）	（0.0086）
小麦种植结构	− 0.2401 ***	0.4884 ***	− 0.1828 ***
	（0.0499）	（0.1746）	（0.0533）
玉米种植结构	0.6993 ***	0.7022 **	0.6958 ***
	（0.1494）	（0.2766）	（0.1746）
人力资本水平	0.1350 ***	0.0214	− 0.0180
	（0.0499）	（0.2080）	（0.0345）
农机补贴政策	0.0112	− 0.1075	0.0657 ***
	（0.0152）	（0.0998）	（0.0127）
农业科研投入水平	− 0.0407 **	0.1663 ***	− 0.0185
	（0.0194）	（0.0557）	（0.0175）
受灾面积	0.0174	− 0.0599	− 0.0349
	（0.0194）	（0.1419）	（0.0223）
粮食 TFP 的一阶滞后项	0.6822 ***	—	0.5001 ***
	（0.1024）		（0.0830）
技术进步偏向的一阶滞后项	—	0.7189 ***	—
		（0.2218）	
截距项	0.3243	4.8393 ***	− 1.0021
	（0.3483）	（1.4251）	（0.7662）

续表

	（1）	（2）	（3）
观测值	390	390	390
Wald 检验 P 值	0.000	0.000	0.000
AR（1）检验 P 值	0.001	0.006	0.018
AR（2）检验 P 值	0.047	0.132	0.433
Hansen 检验 χ^2 值	3.98	4.09	0.00
Hansen 检验 P 值	1.000	1.000	1.000

注：***、**、* 分别表示1%、5%、10%显著性水平，括号内为标准误。

　　本节采用替换变量的方法进行稳健性检验。首先，将劳动力价格的衡量指标替换为农户家庭劳动日工价（采用农村居民消费价格指数平减后代入三种不同形式的要素相对价格），对要素相对价格诱导技术进步偏向的作用机制进行稳健性检验。采用系统 GMM 方法对计量模型（6.5）（6.6）（6.7）进行参数估计，作为假说 3 的稳健性检验。表6—14 的结果显示机械购置与劳动力的相对价格对技术进步偏向不产生直接诱导作用，农机服务与劳动力的要素相对价格对技术进步偏向产生明显的诱导作用，农机服务与农机购置的相对价格对技术进步篇的诱导具有叠加效应，从而验证假说 3 的研究结论具有一定稳健性。其次，采用 2004—2018 年粮食主产区亩均机械作业费用来衡量农机服务外包发展水平，对逐步回归方程组进行稳健性检验。如表6—15 所示，更换核心解释变量以后，粮食主产区亩均机械作业费用对粮食全要素生产率在10%的显著性水平上产生正面作用，亩均机械作业费用在 5%的显著性水平上对技术进步偏向产生正向影响。将亩均机械作业费用和技术进步偏向同时纳入面板数据模型后，亩均机械作业费用对主产区粮食 TFP 的正向影响具有显著性，技术进步偏向对主产区粮食 TFP 的正向影响也具有显著性。由此可见，技术进步偏向在亩均机械作业费用与主产区粮食 TFP 之间存在中介效应，与前面的实证结论一致，说明假说 4 的研究结论具有一定的稳健性。

表 6—14　农机服务视角下要素相对价格诱导技术进步偏向的稳健性检验

技术进步偏向机械指数	(1)	(2)	(3)
机械购置价格 / 家庭劳动日工价	− 0.0114 (0.0257)	—	—
农机服务价格 / 家庭劳动日工价	—	− 0.0589 ** (0.0259)	—
农机服务价格 / 机械购置价格	—	—	− 0.1308 *** (0.0432)
地区经济发展水平	− 0.0362 (0.0731)	0.0309 (0.0883)	0.0178 (0.0901)
小麦种植比重	0.0518 (0.0593)	0.0733 (0.0677)	0.0063 (0.0625)
玉米种植比重	− 0.2134 *** (0.0733)	− 0.1628 ** (0.0745)	− 0.1216 (0.0798)
人力资本水平	− 0.0888 ** (0.0393)	− 0.1267 *** (0.0405)	− 0.1291 *** (0.0432)
农业科研投入水平	0.0330 *** (0.0120)	0.0297 ** (0.0123)	0.0329 *** (0.0118)
人均机械化作业面积	− 0.0385 (0.0324)	− 0.0477 (0.0310)	− 0.0292 (0.0326)
农村居民人均固定资产投向农业金额	− 0.0222 (0.0142)	− 0.0156 (0.0126)	− 0.0266 ** (0.0128)
人均粮食占有量	0.0071 (0.0619)	0.0138 (0.0624)	0.0193 (0.0667)
粮食生产的比较效应	0.0149 (0.0154)	0.0160 (0.0162)	0.0098 (0.0144)
人均耕地面积	0.5891 * (0.3054)	0.4744 (0.2910)	0.3730 (0.3163)

续表

技术进步偏向机械指数	（1）	（2）	（3）
生产设备投入	0.0084	0.0066	0.0066
	(0.0054)	(0.0051)	(0.0051)
常数项	1.4467	1.1113	1.1893
	(1.2150)	(1.2523)	(1.3526)
观测值	390	390	390
Wald 检验 P 值	0.000	0.000	0.000
AR（1）检验 P 值	0.003	0.003	0.003
AR（2）检验 P 值	0.250	0.210	0.199
Hansen 检验 χ^2 值	12.92	14.15	14.87
Hansen 检验 P 值	1.000	1.000	1.000

注：***、**、* 分别表示1%、5%、10%显著性水平，括号内为标准误。

表6—15　　技术进步偏向在粮食主产区的中介效应稳健性检验

主产区	（1）	（2）	（3）
农机服务外包	0.0594 *	0.0917 **	0.0447 ***
	(0.0462)	(0.0459)	(0.0131)
技术进步偏向	—	—	0.0128 *
			(0.0122)
地区经济发展水平	-0.0356	0.0473	0.0919 **
	(0.0587)	(0.1049)	(0.0461)
生产设备投入	0.0011	0.0054	-0.0054
	(0.0062)	(0.0268)	(0.0056)
小麦种植结构	0.0026	-0.0116	-0.0152
	(0.0045)	(0.0175)	(0.0107)
玉米种植结构	0.0138	-0.0312 ***	0.0299
	(0.0124)	(0.0111)	(0.0222)
人力资本水平	0.0057	-0.2877 ***	0.0084
	(0.0282)	(0.0819)	(0.0265)

续表

主产区	(1)	(2)	(3)
农机补贴政策	0.0017	0.0079	0.0057
	(0.0252)	(0.0282)	(0.0095)
农业科研投入水平	−0.0034	0.0041	−0.0446 **
	(0.0201)	(0.0396)	(0.0199)
受灾面积	−0.0258	0.2186 ***	0.0620 **
	(0.0383)	(0.0664)	(0.0244)
粮食 TFP 的一阶滞后项	0.7450 ***	—	0.6890 ***
	(0.1285)		(0.0519)
技术进步偏向的一阶滞后项	—	0.9831 ***	—
		(0.1608)	
截距项	0.2913	−0.2715	−1.1210 **
	(0.4485)	(1.0849)	(0.5031)
观测值	195	195	195
Wald 检验 P 值	0.000	0.000	0.000
AR （1） 检验 P 值	0.005	0.017	0.053
AR （2） 检验 P 值	0.180	0.817	0.110
Hansen 检验 χ^2 值	0.00	4.49	0.00
Hansen 检验 P 值	1.000	1.000	1.000

注：***、**、*分别表示1%、5%、10%显著性水平，括号内为标准误。

第四节 本章小结

本章主要从省级层面验证了农机服务外包对粮食全要素生产率的影响。首先，利用2004—2018年中国26个省份粮食生产的面板数据验证了农机服务外包是否影响粮食全要素生产率，采用交互固定效应模型、工具变量固定效应模型、系统 GMM 估计等方法证实得到农机服务外包程度的提高有利于促进粮食 TFP 增长的可靠结论。其次，根据"斯密—杨格定理"，本书认为农机服务市场容量与农业分工程度有关。农机服务外包已经从中间投入比重的维度刻画了分工水平，为了避免变量指标的重复和多重共线性，本书从专业化水平的维度，选取粮食商品化率来表征农业分工程度，验证了农业分工在农机服务外包影响粮食全要素生产率的调节效应。再次，从技术进步偏向的视角验证农机服务外包如何影响粮食全要素生产率。从我国长期存在的小规模农业经营的背景出发，将农机服务外包作为小农户机械要素使用的一种方式，在拓展的诱致技术变迁模型上，对农机服务要素相对价格诱导技术进步偏向的作用机制进行了实证检验。第六章第三节第四小节从农机服务外包的视角对诱致技术变迁理论在小规模土地经营条件下的适用性进行了内涵延展，得出农机服务外包方式的要素相对价格可以对机械偏向型技术进步产生显著的诱导作用。2004—2018 年中国粮食生产的机械投入偏向型技术进步主要是由农机服务外包的生产方式带动的，其主要原因是在小规模的家庭经营国情中，农机服务外包是农户机械技术采用的最优决策。最后，第六章第三节第五小节运用逐步回归法验证了农机服务外包通过技术进步偏向影响粮食全要素生产率的中介作用。得到的主要结论如下。

（1）农机服务外包程度的提高有利于促进粮食 TFP 的提升。农机服务外包对粮食 TFP 的促进作用存在区域差异，具体而言，粮食主产区＞粮食非主产区，中部地区＞东部地区＞西部地区，北方＞南方。产生差异的主要原因是当前中国农机服务发展存在区域发展不平衡问题。26 个省份粮食生产投入要素结构存在明显差异，粮食主产区的要素投入服务化比重明显高于粮食非主产地区，东部、中部地区的要素投入服务化比重明显高于西部地区。今后可以通过发展农机服务外包的生产方式深化农业分工，进而缩小粮食全要素生产率的区域差异。

（2）农机服务外包提高粮食生产全要素生产率需要以农业分工程度为前提条件。农业分工与农机服务外包的交互影响有助于增强粮食全要素生产率的促进作用，补充说明了农业分工与服务市场容量具有的相互关联性。农机服务可以整合资源配置，促进农业分工，产生分工经济，提升粮食全要素生产率。在小农户家庭经营的国情下，以服务外包方式形成的服务规模经营有利于分工深化，通过发展农机服务外包可以将小农户卷入农业分工，进而提升小农户的全要素生产率，实现小农户与现代农业的有机衔接。

（3）农机服务的要素相对价格变化是"大国小农"背景下机械偏向型技术进步产生主要诱致因素。在劳动力成本上涨的背景下，机械替代劳动不仅要受到劳动力与机械投入的相对价格诱导，还会受到机械要素使用方式的影响，农机服务市场使得农户低成本迂回使用机械技术成为可能。要素相对价格对技术进步偏向的影响需要充分考虑服务外包价格的实际作用。小规模经营国情下，购置农机具与劳动力的相对价格对技术进步偏向的直接诱导作用并不明显，农机服务与劳动力的相对价格对技术进步偏向的形成产生显著的诱导作用。同时考虑两种机械实现方式，发现农机服务外包与购置农机具的相对价格对技术进步偏向的诱导效应显著提升。购置农机具通过农机服务外包的路径对技术进步偏向产生间接影响，农机服务外包对技术进步偏向的形成产生叠加效应，降低农机服务价格有利于助推机械投入偏向型技术进步的形成。

（4）服务外包生产方式通过影响技术进步偏向进而促进粮食全要素生产率增长是实现粮食生产高质量发展的有效路径。基于机械要素使用方式的相对价格探讨其对技术进步偏向的形成机制，一方面拓展了诱致技术变迁理论在发展中国家的应用，另一方面也为小规模经营走机械要素偏向型技术进步道路提供学理支撑。稳定粮食生产是中国人紧握饭碗的关键，如何依靠技术进步保障粮食安全是不可回避的必然发展趋势。在小农户长期大量存在的国情下，服务规模经营是中国农业走向现代化的发展方向之一，农机服务外包对诱导技术进步偏向的叠加效应是促进小农户与现代农业有机衔接的重要机制。

第七章

农机服务外包影响粮食全要素
生产率的微观机制检验

为了全面解决本书的科学问题，深入剖析农机服务外包对粮食全要素生产率的影响是怎样在农户层面产生的，本章从微观机制层面对农机服务外包影响粮食全要素生产率进行实证分析。在第一部分实证中，首先对微观调查数据进行说明和描述性统计，其次利用农户调查的截面数据验证农机服务外包是否能够帮助农户提高粮食全要素生产率。在第二部分实证中，以老龄化程度和受教育程度作为人力资本的衡量指标，分别将老龄化程度与劳动密集型环节外包的交互项、受教育程度与技术密集型环节外包的交互项引入计量模型，验证农机服务外包通过人力资本的互补效应影响农户粮食全要素生产率。在第三部分实证中，首先检验农机服务外包程度不同的农户在技术学习行为和成本上是否存在差异，其次验证农机服务外包对农户的技术学习产生替代效应，最后通过检验农户服务外包与技术学习的关联效应对粮食全要素生产率的影响，说明农户技术学习成本的降低可以促进农户通过采用农机服务外包的方式提高粮食全要素生产率。

第一节　农机服务外包对粮食全要素生产率的影响：农户层面的检验

第六章第一节利用省级面板数据验证得出农机服务外包有助于促进粮食全要素生产率的增长，实证结果显示出当前我国农机服务外包对粮食全要素生产率的促进作用比较有限。为了进一步检验农机服务外包是否有助于提高农户的粮食全要素生产率，本节利用微观调查的农户数据加以验证。

服务经济文献对生产性服务以及服务外包做了诸多研究。服务经济的本质是知识经济，其主要驱动力是知识创新和知识扩展。作为创新的源泉之一，服务已经成为支撑和整合创新平台的工具（陶纪明，2010），而服务经济的发展促使生产方式产生了重大变革（邓丽姝，2015）。Grubel 和 Walker（1989）基于 Fisher 提出的人力资本和知识资本概念，最先运用生产迂回学说对生产性服务业影响生产过程和生产效率的机制进行理论解释。即在生产过程中，生产性服务业通过提供专业劳动力与成熟的技术服务，将人力资本与知识资本运用并融入生产过程中，不仅实现了迂回和专业化生产，同时还提升劳动、资本等要素的生产效率。此外，服务外包影响生产率的三种途径主要包括重组效应、学习的正外部性以及多样化效应（Amiti and Wei，2006）。服务外包作为中间品投入使得专业化分工、要素替代、技术外溢、学习效应等在国内企业提高生产率和国民经济发展过程中发挥促进作用（蔡宏波，2011）。

作为全球产业结构调整的重要载体，服务外包在全球服务业分工中扮演了重要角色。服务业与制造业存在显著差异，主要体现在服务业通过人力资本传送核心资本与高新技术（武晓霞、任志成，2010）。Lucas（1988）提出人力资本溢出模型，认为人力资本的外部性是全要素生产率以及经济增长的源泉。人力资本的外部性主要是指人力资本的技术外部性，即高技能群体与低技能群体通过多方面的渠道和路径相互沟通从而实现知识和技能的共享，产生人力资本的外溢效应，促进低技能群体人力资本水平的提高，改进技术同时加速技术扩散，进而提升整体产业的生产力水平。服务业的发展因其"黏合剂"作用而提高了经济总体生产率（Riddle，1986；程大中，2004；蔡宏波，2011）。国内外诸多学者认为服务外包集聚技术和知识密集型，有较强的外溢效应。而知识外溢与生产性服务业发展带来的产业规模报酬递增主要取决于迂回化生产方式的发展程度（阿林·杨格、贾根良，1996）。服务外包的比较优势就在于人力资本，服务外包的重要意义体现在让渡人力资本使用权，促进分工，提高专业化程度，扩大规模经济效应，增加劳动报酬，改善收入分配（江小涓，2008、2011；程大中，2010）。生产性服务业有助于实现产业分工，成为技术进步的内生来源，生产性服务业发展促进了技术进步和产业体系整体结构升级。因此服务创新对一国服务业发展和经济增长有着积极的影响（Felix and Bernard，2006；Benot, et al.，2013；Jaeho and Ji，2014）。为了进一步验证农机服务外包影响粮食全要素生产率的微观机制，本节基于笔者的农户调查数据，从农户微观层面予以验证。本书将农机服务外包视为农户粮食生产的方式之一，农机服务的发展是建立在广大种粮农户采用外包的方式进行生产基础之上的。在进行微观机制解释之前，有必要先从农户层面证明采用农机服务外包的生产方式有助于提升全要素生产率。

一　实证研究设计

（一）计量模型设定

首先构建农机服务外包影响粮食全要素生产率的截面数据模型

（7.1）。粮食全要素生产率是被解释变量，根据调查农户粮食种植的投入产出数据计算得到。农机服务外包是本书主要考察的解释变量，用农户实际生产中各环节服务外包费用占农户生产投入总费用的比重作为农机服务外包程度的代理变量。由于全要素生产率受到粮食种植结构、人力资本水平、农户家庭经济状况、农户家庭特征、农户生产特征等因素的影响，将这些因素作为影响粮食全要素生产率的控制变量，构建农机服务影响粮食全要素生产率的计量模型（7.1）：

$$\ln TFP_i = \alpha_0 + \alpha_1 \ln SO_i + \chi Z_i + \delta_i + \mu_i \qquad (7.1)$$

模型（7.1）中 TFP_i 为农户 i 生产粮食的全要素生产率；SO_i 为农户 i 的农机服务外包程度；对解释变量和被解释变量均取自然对数。Z_i 为控制变量，包括粮食种植结构、农户家庭特征、农户生产特征、农户家庭经济情况等影响因素；α_0、α_1 为待估计系数，χ 为控制变量的待估计系数向量，δ_i 为地区效应，μ_i 为随机误差。首先采用 OLS 对计量模型进行参数估计，为了缓解模型中潜在的内生性，本书借鉴朱薇羽等（2020）、康晨等（2020）的研究，采用省域农机服务外包水平作为农户服务外包程度的工具变量，对农机服务外包程度影响粮食全要素生产率的农户样本进行 2SLS 回归。

为了更好地反映生产环节服务外包程度影响全要素生产率提升的农户异质性，本书采用分位数回归模型进行估计。普通最小二乘估计法（OLS）衡量的是自变量 X 对因变量 Y 条件期望 E（Y｜X）的影响，本质上是均值回归。但我们实际计量中期望得到的是自变量 X 对整个条件分布 Y｜X 的影响，而不是对因变量条件期望 E（Y｜X）的影响。尽管条件期望 E（Y｜X）可以刻画条件分布 Y｜X的集中趋势，但刻画不了整个条件分布情况，且受极端值影响较大。因此，为了更好地刻画因变量的条件分布 Y｜X 情况，分位数回归模型（Quantile Regression，QR）应运而生（Koenker and

Bassett，1978）。相对于 OLS 来说，分位数回归法的分布假设条件较松，同时，将残差绝对值的加权平均作为最小化的目标函数，一定程度上解决了极端值问题，呈现结果更为稳健。故本书建立以下分位数回归模型：

$$Q_\tau(\ln TFP_i \mid S\ln O_i) = \alpha_\tau + \beta_\tau \ln SO_i + \chi_\tau Z_i + \delta_i + \mu_\tau \quad (7.2)$$

（7.2）式中，$Q_\tau(\ln TFP_i \mid \ln SO_i)$ 为被解释变量，是指农户在第 τ 分位数上的粮食全要素生产率，取自然对数。$\ln SO_i$ 为农户生产环节服务外包程度，取自然对数，为核心解释变量。Z_i 为影响农户种粮全要素生产率的一系列控制变量。α_τ 为 τ 分位数上的截距项，β_τ 为核心解释变量服务外包程度在参数估计时第 τ 分位数上的参数，χ_τ 为控制变量的待估参数向量，μ_τ 为 τ 分位数上的随机扰动项。

考虑到服务外包程度可能存在一定内生性，为了解决普通分位数回归由于内生性问题导致的估计误差，本书选取恰当的工具变量构建工具变量分位数回归模型（Instrumental Variable Quantile Regression，IVQR）。模型设定如下：

$$TFP_i = D'_\alpha(U) + Z'\beta(U)，U \mid_{Z,M}:Uniform(0，1) \quad (7.3)$$

$$D = f(Z，M，V) \quad (7.4)$$

$$\tau \rightarrow D'_\alpha(\tau) + Z'\beta(\tau) \quad (7.5)$$

（7.3）—（7.5）式中，TFP_i 为被解释变量粮食全要素生产率；U 为随机变量，包括所有未观察到的影响粮食全要素生产率的因素；Z 为控制变量，指影响被解释变量粮食全要素生产率的其他外生变量。D 是由（7.4）式确定的内生变量向量。其中，M 为工具变量，V 为未观测到的扰动向量，它决定了 D，并与 U 相关。（7.5）式中 $D'_\alpha(\tau) + Z'\beta(\tau)$ 是关于 τ 的严格单调增函数。

（二）数据来源与说明

本章所使用的数据来自笔者在 2019 年暑假、寒假发起的"农户粮食生产经营情况"抽样调查。采用调查问卷的方式，对2018年度中农户家庭种植水稻和小麦的生产经营情况展开详细询问，具体包括农户家庭农业生产基本特征、农户家庭农业生产土地流转及条件、农户种粮投入产出、农户家庭购置农机具情况、农户粮食生产各环节经营方式、农户种粮金融借贷、农户获得粮食生产环节服务外包情况、农户加入农民合作社情况、农户参与种粮技术培训情况等方面。

调查组于2019年1月在重庆市进行了预调查，对问卷进行了初步测试。根据预调查中存在的问题对调查问卷进行了修改和完善，于2019年2—3月、7—8月在重庆市、四川省、湖北省、湖南省、安徽省、河北省、河南省、江苏省、山东省等省份进行了正式调查。调查采用分层随机抽样的方法，在这些省份中随机抽取若干种粮大县，然后再分别在种粮大县中抽取若干粮食生产机械化程度较高和较低的村镇，最后在各村镇中随机抽取若干种粮农户。本次调查共发放问卷550份，回收有效问卷455份，有效问卷回收率为83%。调查样本县（市、区）分布如表7—1所示。

表7—1　　　　　　　　　　样本县（市、区）分布

区域	省份	机械化程度高	机械化程度低
东部	江苏	扬州市江都区	扬州市广陵区、镇江市
	山东	淄博市、德州市	邹城县
	河北	石家庄市栾城区	井陉县、保定市
中部	安徽	六安市、凤台市	蚌埠市
	河南	漯河市、南阳市	平顶山市、武陟县、新乡县
	湖北	监利县	天门市、潜江市
	湖南	永州市、汨罗市、宁乡县	益阳市
西部	重庆	梁平区、潼南区、开州区	合川区、永川区、万州区、彭水县、忠县、奉节县
	四川	自贡市、邛崃市、绵阳市	平昌市、内江市、邻水市

表7—2反映了笔者调查的455个农户样本的基本特征统计。全部样本中，男性户主的比例为75.8%，女性户主的比例为24.2%，男性户主比例明显高于女性户主比例。绝大部分样本农户家庭中从事农业的人数不多，家庭中有1人从事农业的农户占比为27.3%，2人从事农业的农户占比为52.5%。在家庭农业劳动力中，60岁以上农业劳动力的农户比例为47.3%。其中，安徽省60岁以上农业劳动者占比为75%，河北省占比为22%，河南省占比为47%，湖北省占比为31.5%，湖南省占比为55.5%，江苏省、山东省占比均为33.3%，四川省占比为50.5%，重庆市占比为60%，说明农户样本中普遍存在60岁以上的农业劳动者，与我国农业劳动力老龄化趋势相吻合。各省份样本农户均存在农户兼业的情况，即外出务工家庭成员在春耕、秋收等农忙时节会返家帮助务农。72.9%的样本农户中家庭成员平均受教育程度在初中文化水平及以下，只有27.1%的农户家庭人均受教育程度在高中文化水平及以上。8.4%的样本农户中有家庭成员在村里担任干部职务，11.4%的样本农户中有亲朋在乡镇以上政府部门工作，17.1%的样本农户中有家庭成员是党员。样本农户中家庭农场占比为5.5%。为了尽可能对比出不同品种粮食作物的生产差异，笔者在抽样农户中调查了水稻和小麦两个品种的生产经营情况，其中种植水稻283户，种植小麦172户。

表7—2　　　　　　　　农户样本基本特征统计　　　　　　　　（户，%）

		东部地区样本	中部地区样本	西部地区样本
农户样本量		141	143	171
性别	女	18.44	26.57	26.90
	男	81.56	73.43	73.10

续表

		东部地区样本	中部地区样本	西部地区样本
家庭 农业劳动力人数	0	7.09	1.40	4.68
	1	28.37	19.58	32.75
	2	47.52	55.94	53.80
	3	8.51	9.79	7.60
	4	6.38	7.69	0.58
	5	0.71	3.50	0.58
	6	1.42	2.10	0
60 岁以上 农业劳动力人数	0	68.79	46.85	44.44
	1	13.48	23.08	27.49
	2	17.02	29.37	28.07
	3	0	0.70	0
	4	0.71	0	0
春耕 兼业	否	62.41	83.92	79.53
	是	37.59	16.08	20.47
秋收 兼业	否	68.79	86.01	76.61
	是	31.21	13.99	22.81
家庭人均 受教育程度	小学及以下	29.79	36.36	40.35
	初中	28.37	39.86	42.11
	高中	38.30	20.98	16.37
	大专及以上	3.55	2.80	1.17
家庭成员中 是否有村干部	否	89.36	90.91	94.15
	是	10.64	9.09	5.85
是否有亲朋在 乡镇以上政府部门工作	否	91.49	81.82	91.81
	是	8.51	18.18	8.19
家庭成员中 是否有党员	否	74.47	87.41	85.96
	是	25.53	12.59	14.04
是否为家庭农场	否	94.33	88.11	100
	是	5.67	11.89	0
粮食种类	水稻	36.88	54.55	89.47
	小麦	63.12	45.45	10.53

资料来源：由笔者根据调研数据整理。

　　表7—3统计的是不同种粮播种面积区间中农户对生产各个环节投入的人工情况。考虑到当前仍然有极少数农户采用牲畜耕田的方式，笔者在调查中设计了采用牲畜完成耕地环节的情况。从表7—3可以看出，在耕地环节中，种粮经营规模在2亩以下的农户主要通过自家劳动力和牲畜完成耕地任务；超过10亩种粮规模的农户通过雇佣劳动完成耕地环节的比例高达58.52%。在播种/育秧环节中，2亩以下的经营规模中，有46.79%的农户是自己完成；而10亩以上的经营规模中，有87.62%的农户通过雇佣劳动完成播种/育秧任务。在打药环节中，各个经营规模区间均有农户通过自家劳动力完成打药任务；10亩以上的经营规模中，有81.89%的农户通过雇佣劳动完成打药任务。在施肥环节中，规模较小的农户更偏向于通过自家劳动力完成；10亩以上的大规模经营中，94.8%的农户通过雇佣劳动完成施肥任务。灌溉、收获、晾晒/烘干环节的人工投入具有相似的规律，随着经营规模的逐渐增加，农户每亩投入的自家劳动用工越来越少，农户每亩雇佣的劳动用工投入随着经营规模的递增呈先降后增的趋势，绝大部分雇佣劳动用工完成灌溉任务的农户其经营规模在10亩以上。不同经营规模区间中，脱粒环节的自家人工和雇用人工投入比较均衡。总体而言，调查样本农户的粮食生产各环节人工投入表现出相似规律，随着经营规模的扩大，自家投入的人工和雇用人工均呈现降低的趋势。这是因为经营规模越大，农户越倾向于采用机械化作业来替代人工作业。

表7—3 　　　　　　**农户各生产环节劳动用工投入情况** 　　　　（工日/亩，%）

环节	种粮规模区间（亩）	自有人工		雇用人工		自有畜工		雇用畜工	
		工日	比例	工日	比例	工日	比例	工日	比例
耕地环节	(0, 1]	7.79	13.37	1.87	12.64	3.46	12.77	3.93	13.21
	(1, 2]	7.89	44.73	0.81	12.64	2.11	33.33	5.58	50.94
	(2, 3]	1.30	6.89	1.94	6.53	1.72	21.99	1.33	7.55
	(3, 5]	1.39	11.58	0.74	5.68	0.65	19.86	1	7.55
	(5, 10]	1.47	16.22	0.35	3.98	0.65	8.51	0.2	3.77
	>10	0.64	7.22	0.18	58.52	0.09	3.55	0.45	16.98
播种/育秧环节	(0, 1]	4.40	16.15	12.50	2.44	—	—	—	—
	(1, 2]	2.73	30.64	1.97	1.69	—	—	—	—
	(2, 3]	1.13	8.44	0.33	0.19	—	—	—	—
	(3, 5]	0.99	13.22	1.88	4.50	—	—	—	—
	(5, 10]	1.33	24.42	0.51	3.56	—	—	—	—
	>10	0.39	7.13	0.23	87.62	—	—	—	—
打药环节	(0, 1]	2.43	9.41	1.81	8.44	—	—	—	—
	(1, 2]	1.48	21.88	0.31	2.23	—	—	—	—
	(2, 3]	1.03	11.00	0	0.00	—	—	—	—
	(3, 5]	0.79	17.21	0.2	2.48	—	—	—	—
	(5, 10]	0.96	30.09	0.25	4.96	—	—	—	—
	>10	0.45	10.41	0.07	81.89	—	—	—	—
施肥环节	(0, 1]	2.33	12.84	1.13	0.11	—	—	—	—
	(1, 2]	1.34	25.25	1.69	0.49	—	—	—	—
	(2, 3]	0.91	12.65	0.33	0.05	—	—	—	—
	(3, 5]	0.71	19.22	0.87	1.53	—	—	—	—
	(5, 10]	0.52	17.61	0.69	3.01	—	—	—	—
	>10	0.32	12.43	0.76	94.80	—	—	—	—

续表

环节	种粮规模区间（亩）	自有人工		雇用人工		自有畜工		雇用畜工	
		工日	比例	工日	比例	工日	比例	工日	比例
灌溉环节	(0，1]	2.60	11.80	0.75	0.07	—	—	—	–
	(1，2]	1.53	20.12	0.63	0.15	—	—	—	—
	(2，3]	0.77	7.40	0	0	—	—	—	—
	(3，5]	0.77	18.78	0.29	0.35	—	—	—	—
	(5，10]	0.79	29.92	0.33	0.15	—	—	—	—
	>10	0.4	11.99	1.14	99.28	—	—	—	—
收获环节	(0，1]	4.95	21.12	3.38	4.34	—	—	—	—
	(1，2]	2.12	34.71	1.7	3.63	—	—	—	—
	(2，3]	1.45	13.89	0	0.00	—	—	—	—
	(3，5]	0.97	14.49	0.83	1.51	—	—	—	—
	(5，10]	0.42	8.09	0.22	1.06	—	—	—	—
	>10	0.61	7.69	0.60	89.46	—	—	—	—
晾晒/烘干环节	(0，1]	3.90	12.64	2	0.19	—	—	—	—
	(1，2]	2.29	25.21	1.42	0.65	—	—	—	—
	(2，3]	2.06	12.15	0	0	—	—	—	—
	(3，5]	1.78	23.67	0.67	1.49	—	—	—	—
	(5，10]	1.14	20.09	1.08	4.19	—	—	—	—
	>10	0.63	6.24	0.49	93.49	—	—	—	—
脱粒环节	(0，1]	4.37	23.85	3	4.69	—	—	—	—
	(1，2]	1.86	34.19	1.83	10.94	—	—	—	—
	(2，3]	0.99	10.85	0	0	—	—	—	—
	(3，5]	0.64	15.56	1	37.50	—	—	—	—
	(5，10]	0.47	11.46	0.46	26.56	—	—	—	—
	>10	0.25	4.09	0.55	20.31	—	—	—	—

资料来源：由笔者根据调研数据整理。

(三) 变量选择与描述性统计

1. 核心变量

根据调查样本数据，农户生产粮食的投入产出及服务外包的描述性统计如表7—4所示。调查样本农户的粮食平均单产为454.4千克/亩，实际每亩投入的物质要素费用均值为369.9元，实际每亩投入的劳动用工量均值为12.336，实际每亩投入的机械作业费用均值为1175.6元。采用超越对数随机前沿分析方法测算所得调查农户粮食生产的全要素生产率均值为5.779。样本农户粮食生产环节的平均整体服务外包程度为0.225，服务外包比例为0.220。根据生产环节属性分类，劳动密集型环节外包的程度平均为0.186，外包比例为0.140；技术密集型环节外包的程度平均为0.058，外包比例为0.082。可以看出2018年调查的样本农户生产环节服务外包的比重已大幅度提高，高于张忠军、易忠懿（2015）调查的平均外包程度0.051，劳动密集型环节外包程度和比例仍然明显高于技术密集型环节外包的程度和比例。

表7—4　农户粮食生产的投入产出及服务外包的描述性统计分析

变量类型	变量名称	变量解释与单位	样本量	均值	标准差
被解释变量	粮食 TFP	采用超越对数随机前沿估计方法测算	455	5.779	2.692
核心解释变量	农机服务外包行为	农户种粮过程中任意环节使用了农机服务则认定该农户有生产环节外包行为，赋值为1；若种粮全程未使用农机服务则认定该农户无生产环节外包行为，赋值为0	455	0.6	0.490
	农机服务外包程度	农户实际生产中各环节服务外包总费用占农户生产投入总费用的比重	455	0.23	0.23

续表

变量类型	变量名称	变量解释与单位	样本量	均值	标准差
核心解释变量	劳动密集型外包程度	农户实际生产中耕地、收割、晾晒/烘干、脱粒等劳动密集型环节服务外包总费用占农户生产投入总费用的比重	455	0.19	0.20
	技术密集型外包程度	农户实际生产中播种/育秧、打药、施肥、灌溉等技术密集型环节服务外包总费用占农户生产投入总费用的比重	455	0.05	0.15
	农机服务外包环节比例	农户实际生产中购买服务外包的环节数占生产总环节数的比例	455	0.22	0.24
	劳动密集型外包比例	农户实际生产中耕地、收割、晾晒/烘干、脱粒等劳动密集型环节购买服务外包的环节数占生产总环节数的比例	455	0.14	0.13
	技术密集型外包比例	农户实际生产中播种/育秧、打药、施肥、灌溉等技术密集型环节购买服务外包的环节数占生产总环节数的比例	455	0.08	0.18

资料来源：由笔者根据调研数据整理计算。

2. 控制变量

本节选取影响农户家庭种植粮食全要素生产率的相关变量作为控制变量。具体包括以下几点。（1）经营规模。经营规模越大越有利于农户实现大规模机械化作业，提高全要素生产率。（2）兼业程度。农户家庭劳动力兼业化越来越明显，大量农民就近外出打工。农户家庭外出劳动力在春耕、秋收等农忙时节返乡务农可以缓解农业劳动力不足，有利于提升农户粮食全要素生产率。农户家庭成员在农忙时节返乡帮助干农活，已经成为中国农户家庭劳动力配置的基本模式。（3）农业劳动力占比。农村劳动力转移和农户兼业已经成为农户家庭劳动力资源配置的常态，农户将家庭劳动力配置在农业部门的比例会影响农业生产效率。（4）是否加入合作社。农户加入合作社不仅可以获得各类信息和技术支持，有助于农户改良品种、改进生产方式、促进技术进步、提高技术效率，还可以共享分工经济带来的好处，有助于粮食全要素生产率的提高。（5）是否参加技术培训。农户参加技术培训有利于提高全要素生产率。（6）农户家庭经济水平。家庭经济水平越高越有利于提升粮食全要素生产率。（7）是否受灾。受灾不利于粮食全要素生产率增长。（8）户主年龄。户主年龄是农户家庭个人特征的关键指标，年龄是影响农户种植生产决策的重要因素，也是影响农户生产效率的主要因素。（9）老龄化程度。当前我国农村劳动力老龄化现象明显，老龄劳动力因自身身体状况原因阻碍全要素生产率的提升。（10）受教育程度。人力资本理论强调了人力资本对生产率具有促进作用，因此农户受教育程度越高越有利于提升粮食全要素生产率。（11）家庭成员是否有党员。农户家庭成员是否有党员可以被视为信息渠道和社会资本。（12）粮食作物种类。粮食作物的种植结构会影响全要素生产率。具体的控制变量相关数据的衡量方法、单位、均值和标准差见表7—5。

表7—5　　　　　　　　控制变量的描述性统计

变量名称	变量解释与单位	样本量	均值	标准差
经营规模	农户家庭实际种植的粮食播种面积（亩）	455	8.807	75.219
兼业程度	农户家庭外出劳动力在春耕、秋收农忙时节返乡务农的天数（天）	455	8.565	19.247

续表

变量名称	变量解释与单位	样本量	均值	标准差
农业劳动力占比	家庭农业劳动力占总劳动力的比重	455	0.583	0.291
是否加入合作社	农户是否加入农业合作社，1 = 是，0 = 否	455	0.366	1.077
是否参加技术培训	是否参加过种粮技术方面的培训，1 = 是，0 = 否	455	0.112	0.316
农户家庭经济水平	农户家庭生活水平在本村所处的等级，1 = 较差，2 = 一般，3 = 较好	455	1.855	0.498
是否受灾	农户当年种粮是否受灾，1 = 是，0 = 否	454	0.421	0.874
老龄化程度	农户家庭农业劳动力老龄化程度。采用农户家庭内 60 岁以上务农劳动力人数占家庭务农劳动力总人数的比重表示	455	0.39	0.462
受教育程度	用农户家庭每个劳动力的受教育年限之和除以劳动力总人数得到；各阶段受教育年限标记如下：基本不识字或小学未毕业 = 0，小学毕业 = 6，初中毕业 = 9，高中或者中专毕业 = 12，大专以上 = 15	455	7.299	3.094
家庭成员是否有党员	是否有家庭成员为党员，1 = 是，0 = 否	455	0.171	0.377
户主年龄	户主当年实际周岁	455	50	13.6
粮食作物种类	农户种粮作物种类，1 = 水稻，2 = 小麦	455	1.378	0.485

资料来源：由笔者根据调研数据整理计算。

二　农机服务外包行为对粮食 TFP 的影响

在展开农机服务外包与农户粮食生产全要素生产率的分析之前，首先检验农户生产环节外包行为对粮食全要素生产率的影响。将农户生产环节外包行为进行 0—1 赋值，若农户在粮食种植过程的任何一个环节使用了农机服务，则认定该农户有生产环节外包行为，赋值为 1；若农户在种粮全程均未使用农机服务，则认定该农户没有生产环节外包行为，赋值为 0。首先对农户有无生产环节外包行为对粮食全要素生产率的影响进行组间均值差异检验。结果显示有生产环节外包行为农户的粮食全要素生产率在 5% 的显著性水平下高于无生产环节外包行为农户的粮食全要素生产率。这说明生产环节外包行为有助于粮食全要素生产率的提高。

在对模型进行回归分析之前，本书先对解释变量进行方差膨胀因子检验（Variance Inflation Factor，VIF），得出各变量的平均方差膨胀因子为 1.12，表明模型中各变量之间没有严重的多重共线性。在表 7—6 中 OLS 基准回归的结果显示生产环节外包行为对农户粮食 TFP 产生显著正向影响，说明农户对生产环节进行外包有利于提高粮食 TFP。对潜在内生性的处理有如下几点。（1）借鉴朱薇羽等（2020）、康晨等（2020）的研究，将省域农机服务外包水平作为工具变量，[①] 对生产环节外包行为影响粮食 TFP 的农户样本进行 2SLS 回归。（2）采用工具变量分位数回归的方法验证农户生产环节外包行为对粮食 TFP 的影响。基于两阶段最小二乘法对省域农机服务外包水平这一工具变量进行相关检验。第一阶段估计结果显示

---

① 朱薇羽等（2020）采用上一级服务外包水平即村级机械服务率作为工具变量，以解决农机服务外包及其可获得性差异与农户水稻专业化种植水平之间的内生性问题。乡（镇）的外包服务水平和县的外包服务水平可以作为村外包服务水平的工具变量进行内生性检验；省域农机服务外包水平采用省级农机服务外包程度（第四章第二节第一小节已计算）来衡量。

F（13，440）＝19.71，Prob＞F＝0.0000，说明在1%的显著性水平下农户生产环节外包行为具有内生性。根据 Stock 和 Yogo（2005）的研究结果显示，使用2SLS 时，F 值大于10，认为不用过于担心由于工具变量个数较少而产生弱工具变量的问题。因此选择省域农机服务外包水平作为工具变量具有一定的解释力。

表7—6 中2SLS 的估计结果显示，农户对粮食种植生产环节进行农机服务外包的行为对粮食 TFP 产生正向影响，显著性水平为10%。农机服务外包行为有助于农户提高粮食 TFP。工具变量分位数回归的估计结果显示，从0.25 分位点到0.75 分位点，农机服务外包行为对粮食 TFP 的影响系数逐渐递增。农机服务外包行为对低水平粮食全要素生产率的影响系数为0.0855，农机服务外包行为对中等水平粮食全要素生产率的影响系数为0.1661，农机服务外包行为对高水平粮食全要素生产率的影响系数为0.2170。说明农机服务外包行为对高水平组粮食全要素生产率的影响作用更大。在0.50 和0.75分位点上农机服务外包行为的系数在10%显著性水平上显著为正，说明农机服务外包行为对中高水平的粮食 TFP 产生显著促进作用。总之，OLS、2SLS 和工具变量分位数回归的估计结果均说明农户对种粮生产环节进行农机服务外包的行为有利于促进粮食 TFP 提高。

表7—6　　　　农机服务外包行为影响粮食 TFP 的估计结果

	（1）	（2）	（3）	（4）	（5）
	OLS	2SLS	IVQR_25	IVQR_50	IVQR_75
农机服务外包行为	0.1944 ***	0.2099 *	0.0855	0.1661 *	0.2170 *
	(0.0615)	(0.1257)	(0.0865)	(0.0912)	(0.1129)
经营规模	0.0009 ***	0.0009 ***	0.0011	0.0010	0.0009
	(0.0001)	(0.0001)	(0.0042)	(0.0021)	(0.0027)
兼业程度	0.0034 ***	0.0033 ***	0.0027 ***	0.0012	0.0032
	(0.0012)	(0.0012)	(0.0010)	(0.0021)	(0.0022)

续表

	（1）	（2）	（3）	（4）	（5）
	OLS	2SLS	IVQR_25	IVQR_50	IVQR_75
农业劳动力占比	−0.1321 (0.1020)	−0.1331 (0.1005)	−0.0665 (0.0870)	−0.0722 (0.0961)	−0.1412 (0.1059)
是否加入合作社	0.0325*** (0.0123)	0.0305*** (0.0114)	0.0405 (0.0828)	0.0289 (0.0470)	0.0155 (0.0724)
是否参加技术培训	0.4004*** (0.1048)	0.4055*** (0.1007)	0.0569 (0.1657)	0.4224** (0.2131)	0.6450*** (0.1729)
农户家庭经济水平	0.1129* (0.0610)	0.1124* (0.0598)	0.0654 (0.0553)	0.0294 (0.0594)	0.1319* (0.0719)
是否受灾	−0.0158*** (0.0007)	−0.0160*** (0.0007)	−0.0126 (0.0610)	−0.0144 (0.0455)	−0.0166 (0.0923)
老龄化程度	−0.0082 (0.0652)	−0.0091 (0.0650)	−0.0978* (0.0525)	−0.0509 (0.0649)	0.0040 (0.0862)
受教育程度	0.0018 (0.0107)	0.0020 (0.0111)	−0.0002 (0.0073)	−0.0039 (0.0069)	−0.0004 (0.0102)
家庭成员 是否有党员	0.0825 (0.0717)	0.0803 (0.0708)	0.0333 (0.1032)	0.1370 (0.0863)	0.1606 (0.0996)
户主年龄	0.0024 (0.0019)	0.0024 (0.0018)	0.0014 (0.0019)	−0.0005 (0.0020)	0.0006 (0.0030)
粮食作物种类	0.1486** (0.0679)	0.1288** (0.0579)	0.1240 (0.0767)	0.0958 (0.0834)	0.0511 (0.0975)
地区效应	控制	控制	控制	控制	控制
常数项	0.0320 (0.2745)	0.0925 (0.2272)	0.0367 (0.3063)	0.4008* (0.2223)	0.4858** (0.2086)
样本量	455	455			
R^2	0.135	0.134			

注：***、**、*分别表示1%、5%、10%显著性水平，OLS、2SLS括号内为稳健标准误，IVQR括号内为Bootstrap标准误。

三　农机服务外包程度对粮食 TFP 的影响

与前一小节一致，在模型回归分析之前，先对解释变量进行方差膨胀因子检验（Variance Inflation Factor，VIF），OLS 模型估计结果显示各变量的方差膨胀因子均小于 2，且平均方差膨胀因子为1.16，说明变量之间没有严重的多重共线性问题。表 7—7 中 OLS基准回归得到农机服务外包程度对农户粮食 TFP 产生正向影响。农户采用农机服务外包的方式一方面取决于农户的行为意愿，另一方面取决于当地农机服务市场发展的条件。农机服务市场发展的越好，当地农业现代化水平越高，农业生产率越高。因此农户生产环节的外包程度存在一定内生性。为了提高估计结果的准确性，尽可能缓解内生性带来的估计偏误，本书借鉴朱薇羽等（2020）、康晨等（2020）的研究，采用省域农机服务外包水平为工具变量，对农机服务外包程度影响粮食 TFP 的农户样本进行 2SLS 回归。基于两阶段最小二乘法对省域农机服务外包水平这一工具变量进行相关检验。第一阶段估计结果显示 $F_{(13, 440)} = 19.43$，$Prob > F = 0.0000$，说明在 1% 的显著性水平下农户种粮生产环节服务外包程度具有内生性，且 F 统计量为 19.43，据 Stock 和 Yogo（2005）的研究结果，使用 2SLS 时，F 值大于 10，可以认为不用太担心由于工具变量个数较少而产生的弱工具变量问题。因此，选择省域农机服务外包水平这一工具变量具有一定的解释力。2SLS 的估计结果显示，在所有调查农户中，服务外包程度的提升会显著促进粮食全要素生产率的提高。农机服务外包程度提高 1%，农户种植粮食的全要素生产率提升0.0354，在 10% 显著性水平上显著。控制变量中，经营规模、兼业程度、是否加入合作社、农户家庭经济水平、是否参加技术培训等与粮食全要素生产率呈正相关，且在统计学上表现出一定的显著性，与大多数既有文献得到的结论一致。是否受灾在 1% 的显著性水平上对粮食全要素生产率产生负向影响，说明自然灾害会降低粮食全要素生产率。

表7—7　　农机服务外包程度影响粮食全要素生产率的农户样本估计结果

	（1）	（2）	（3）	（4）	（5）
	OLS	2SLS	IVQR_25	IVQR_50	IVQR_75
农机服务外包程度	0. 0294 ***	0. 0354 *	0. 0237 *	0. 0365 ***	0. 0524 ***
	（0. 0107）	（0. 0212）	（0. 0136）	（0. 0086）	（0. 0147）
经营规模	0. 0009 ***	0. 0009 ***	0. 0011	0. 0010	0. 0009
	（0. 0001）	（0. 0001）	（0. 0023）	（0. 0025）	（0. 0044）
兼业程度	0. 0034 ***	0. 0034 ***	0. 0030 **	0. 0011	0. 0032 *
	（0. 0013）	（0. 0012）	（0. 0014）	（0. 0017）	（0. 0018）
农业劳动力占比	− 0. 1289	− 0. 1297	− 0. 0861	− 0. 0793	− 0. 1419
	（0. 1022）	（0. 1008）	（0. 1409）	（0. 0937）	（0. 1070）
是否加入合作社	0. 0319 **	0. 0305 ***	0. 0388	0. 0295	0. 0163
	（0. 0124）	（0. 0115）	（0. 0541）	（0. 0382）	（0. 0913）
是否参加技术培训	0. 4018 ***	0. 4041 ***	0. 1117	0. 4244 ***	0. 6477 ***
	（0. 1054）	（0. 1010）	（0. 1166）	（0. 1101）	（0. 1406）
农户家庭经济水平	0. 1117 *	0. 1114 *	0. 0813	0. 0348	0. 1198 *
	（0. 0614）	（0. 0602）	（0. 0545）	（0. 0656）	（0. 0710）
是否受灾	− 0. 0160 ***	− 0. 0161 ***	− 0. 0128	− 0. 0148	− 0. 0169
	（0. 0007）	（0. 0007）	（0. 0738）	（0. 0788）	（0. 1026）
老龄化程度	− 0. 0055	− 0. 0071	− 0. 0757	− 0. 0453	0. 0072
	（0. 0654）	（0. 0651）	（0. 0679）	（0. 0577）	（0. 0720）
受教育程度	0. 0028	0. 0027	0. 0052	− 0. 0018	− 0. 0025
	（0. 0107）	（0. 0110）	（0. 0106）	（0. 0079）	（0. 0082）
家庭成员是否有党员	0. 0852	0. 0817	0. 0325	0. 0984	0. 1815
	（0. 0719）	（0. 0708）	（0. 1283）	（0. 0964）	（0. 1249）
户主年龄	0. 0023	0. 0023	0. 0007	− 0. 0001	0. 0002
	（0. 0019）	（0. 0018）	（0. 0018）	（0. 0029）	（0. 0030）

续表

	（1）	（2）	（3）	（4）	（5）
	OLS	2SLS	IVQR_25	IVQR_50	IVQR_75
粮食作物种类	0.1445 **	0.1253 **	0.1238 *	0.1101	0.0544
	（0.0682）	（0.0585）	（0.0704）	（0.0775）	（0.0992）
地区效应	控制	控制	控制	控制	控制
常数项	0.2611	0.3467	0.1520	0.5522	0.8187 ***
	（0.2660）	（0.2611）	（0.2870）	（0.3592）	（0.2612）
样本量	455	455			
R^2	0.131	0.129			

注：***、**、*分别表示1%、5%、10%显著性水平，OLS、2SLS括号内为稳健标准误，IVQR括号内为Bootstrap标准误。

OLS考察的是解释变量对被解释变量的条件均值的影响，而本书还关注高水平的全要素生产率是否与高水平的服务外包程度相关，因此采用工具变量分位数回归方法更加能够说明问题。与OLS相比较，工具变量分位数回归更能全面描述粮食全要素生产率与农户生产环节服务外包程度的关系。本书选取0.25、0.5、0.75三个分位点，分别代表调查农户生产粮食TFP的低水平、中等水平和高水平，分析农机服务外包程度对不同水平粮食TFP的异质性影响。表7—7工具变量分位数回归结果表明农机服务外包程度对不同水平的粮食TFP均产生正向影响，且都在1%显著性水平上显著。对各分位点上的系数进行检验得到，F（2，438）=1.82，Prob > F = 0.1638，可以认为在0.25、0.50和0.75分位点上，服务外包程度对粮食全要素生产率的影响差异不明显。从各分位点上的回归系数可以看出，从0.25分位点到0.75分位点，生产环节服务外包程度对粮食全要素生产率的影响系数逐渐递增，显著性水平也逐渐提高。农机服务外包程度对低水平粮食全要素生产率的影响系数为0.0237，农机服务外包程度对中等水平粮食全要素生产率的影响系数为0.0365，农机服务外包程度对高水平粮食全要素生产率的影响系数为 0.0524。说明农机服务外包程度对高水平的粮食全要素生产率的影响作用更大。农户采用服务外包的生产方式将对粮食全要素生产率的提高起到"锦上添花"的作用。总体而言，OLS、2SLS 和工具变量分位数回归的估计结果均说明农机服务外包程度对粮食全要素生产率产生正向影响，假说 1 在农户层面得到验证，且说明本书实证结果具有可靠性。

四 不同粮食经营规模的农户异质性影响

笔者在调查中发现农户外包行为与种粮规模有关，农户种粮面积越大，生产环节中采用农机服务外包方式的比例越大。为了进一步验证不同粮食经营规模中农机服务外包对粮食全要素生产率的差异影响，本书按照农户种粮的播种面积进行分组回归。为了缓解内生性带来的影响，按照上一小节的做法，本小节采用省域农机服务外包水平为工具变量，对农机服务外包程度影响粮食全要素生产率的不同经营规模样本进行 2SLS 分组回归。根据表 7—8 的估计结果，农户种粮面积在 0—2 亩、2—5 亩和 5—8 亩的样本回归结果显示农机服务外包程度对粮食全要素生产率的促进作用并不显著，农户种粮面积在 8 亩以上的样本回归结果显示农机服务外包程度对粮食全要素生产率产生显著的促进作用。从分组回归的结果对比中可以看出，农机服务外包促进粮食全要素生产率的提升对一定经营规模的农户才表现出明显作用。经营规模越大，农户采用农机服务外包的方式越有利于促进粮食全要素生产率的提升。由此说明，农机服务外包对粮食全要素生产率的促进作用在农户层面的实现需要以规模经营为前提条件，由土地规模经营过渡到服务规模经营是提高粮食全要素生产率的实现路径。今后应大力推进土地规模化经营，通过土地规模经营与服务规模经营的有效衔接促进粮食全要素生产率增长。

表7—8　　　　　　　　不同经营规模的分组回归估计结果①

	（1） 0—2 亩	（2） 2—5 亩	（3） 5—8 亩	（4） 8 亩以上
农机服务外包程度	0.0221 （0.0204）	0.0436 （0.0271）	0.0271 （0.1066）	0.1083 * （0.0607）
经营规模	0.0187 （0.0160）	0.0039 *** （0.0012）	0.0008 *** （0.0002）	0.0004 （0.0003）
兼业程度	0.0026 （0.0020）	0.0054 *** （0.0021）	− 0.0054 （0.0062）	− 0.0099 （0.0111）
农业劳动力占比	− 0.2229 * （0.1240）	− 0.1399 （0.1845）	− 0.0894 （0.2405）	0.3518 （0.4058）
是否加入合作社	0.0043 （0.0129）	0.2496 （0.1539）	0.4378 * （0.2508）	0.7893 ** （0.3828）
是否参加技术培训	0.5685 *** （0.1612）	0.4829 *** （0.1669）	0.0309 （0.1661）	− 0.0972 （0.1845）
农户家庭经济水平	0.0213 （0.0946）	0.1721 （0.1054）	0.1408 （0.1214）	0.2479 （0.1652）
是否受灾	− 0.2889 ** （0.1242）	− 0.0139 *** （0.0015）	− 0.2836 （0.1757）	− 0.1419 （0.2141）
老龄化程度	0.1149 （0.0978）	− 0.0709 （0.1282）	− 0.0819 （0.1497）	− 0.1494 （0.2036）
受教育程度	0.0172 （0.0162）	− 0.0046 （0.0217）	0.0215 （0.0274）	0.0190 （0.0378）
家庭成员 是否有党员	0.0245 （0.0881）	− 0.0228 （0.1507）	0.3775 ** （0.1880）	0.4090 （0.2553）

① 第一阶段估计结果显示 F 值大于 10，基于经验法则可以认为不用太担心由于工具变量个数较少而产生的弱工具变量问题，省域农机服务外包水平这一工具变量有一定的解释力。对不同经营规模的分组依据是：农户实际种粮的播种面积。

续表

	（1） 0—2 亩	（2） 2—5 亩	（3） 5—8 亩	（4） 8 亩以上
户主年龄	0.0027 （0.0025）	0.0044 （0.0041）	0.0023 （0.0041）	0.0023 （0.0068）
粮食作物种类	0.0804 （0.0734）	0.1204 （0.1119）	0.1973 （0.2080）	0.0262 （0.2208）
常数项	0.5470 （0.3330）	0.1567 （0.4806）	0.4452 （0.9171）	0.3209 （0.8982）
样本量	222	137	51	58
R^2	0.158	0.250	0.463	0.449

注：***、**、* 分别表示1%、5%、10%显著性水平，括号内为稳健标准误。

为了进一步确保研究结论的可靠性，本节采用更换核心解释变量衡量指标的方法进行稳健性检验。将农机服务外包程度的衡量指标替换为外包环节比例，即农户对生产环节选择服务外包的数量占总环节数的比例。同样采用省域农机作业服务水平作为工具变量，对调查的农户全部样本进行了 2SLS 和工具变量分位数回归，结果见表7—9。稳健性检验的结果显示各回归模型中服务外包环节比例的系数在方向上基本一致，系数的数值大小较为接近，基本符合预期，说明本书的实证结果具有一定稳健性。

表7—9　　　　　　　　　　稳健性检验结果

	（1） OLS	（2） 2SLS	（3） IVQR_25	（4） IVQR_50	（5） IVQR_75
外包环节比例	0.0229 ** （0.0111）	0.0380 * （0.0228）	0.0339 *** （0.0110）	0.0396 *** （0.0105）	0.0622 *** （0.0113）
经营规模	0.0009 *** （0.0001）	0.0009 *** （0.0001）	0.0012 （0.0048）	0.0010 （0.0025）	0.0009 （0.0037）

续表

	（1）	（2）	（3）	（4）	（5）
	OLS	2SLS	IVQR_25	IVQR_50	IVQR_75
兼业程度	0. 0034 ***	0. 0034 ***	0. 0035 ***	0. 0020	0. 0033 **
	（0. 0013）	（0. 0013）	（0. 0011）	（0. 0014）	（0. 0014）
农业劳动力占比	− 0. 1238	− 0. 1216	− 0. 1188	− 0. 0390	− 0. 0831
	（0. 1032）	（0. 1026）	（0. 1291）	（0. 1137）	（0. 1270）
是否加入合作社	0. 0257 **	0. 0223 *	0. 0532	0. 0361	0. 0056
	（0. 0130）	（0. 0129）	（0. 0650）	（0. 0349）	（0. 0770）
是否参加技术培训	0. 4129 ***	0. 4111 ***	0. 1049	0. 3924 **	0. 6238 ***
	（0. 1058）	（0. 1011）	（0. 1116）	（0. 1967）	（0. 1848）
农户家庭经济水平	0. 1113 *	0. 1119 *	0. 0636	0. 0357	0. 1165
	（0. 0616）	（0. 0606）	（0. 0621）	（0. 0406）	（0. 0713）
是否受灾	− 0. 0159 ***	− 0. 0161 ***	− 0. 0125	− 0. 0140	− 0. 0178
	（0. 0007）	（0. 0007）	（0. 0953）	（0. 0702）	（0. 0597）
老龄化程度	− 0. 0056	− 0. 0110	− 0. 0901	− 0. 0445	− 0. 0323
	（0. 0660）	（0. 0658）	（0. 0557）	（0. 0461）	（0. 1040）
受教育程度	0. 0047	0. 0042	− 0. 0057	− 0. 0064	− 0. 0023
	（0. 0111）	（0. 0110）	（0. 0124）	（0. 0074）	（0. 0095）
家庭成员 是否有党员	0. 0872	0. 0800	0. 0505	0. 0776	0. 1640 **
	（0. 0726）	（0. 0716）	（0. 0728）	（0. 0789）	（0. 0751）
户主年龄	0. 0024	0. 0024	0. 0003	0. 0009	− 0. 0002
	（0. 0019）	（0. 0019）	（0. 0012）	（0. 0027）	（0. 0023）
粮食作物种类	0. 1349 **	0. 1146 *	0. 1168 *	0. 0784	0. 0599
	（0. 0683）	（0. 0605）	（0. 0651）	（0. 0686）	（0. 0742）
地区效应	控制	控制	控制	控制	控制
常数项	0. 2489	0. 3455	0. 2858	0. 5401 ***	0. 8688 ***
	（0. 2726）	（0. 2653）	（0. 2747）	（0. 1910）	（0. 2418）
R^2	0. 125	0. 120			

注：*** 、** 、* 分别表示 1% 、5% 、10% 显著性水平，OLS、2SLS 括号内为稳健标准误，IVQR 括号内为 Bootstrap 标准误。

第二节 人力资本的互补效应

Alston 等（2011）的研究指出生产性服务可以通过促进技术进步来改造传统农业。中国农村青壮年劳动力，尤其是男性劳动力的流失对农业生产产生了不可忽视的负面影响，而农业生产性服务已经成为缓解这一负面影响的有效途径之一，它提高了水稻生产的技术效率，在农业生产尤其是粮食生产中起着举足轻重的作用（胡雪枝、钟甫宁，2012；彭代彦、吴翔，2013；张忠军、易中懿，2015）。与此同时，农业生产性服务还推动了农业技术进步、细化了农业分工，为传统农业迈向现代农业指引了方向，它通过提高农业生产效率从而为发展现代农业、提升农业产出水平提供了有力支撑（陈超等，2012）。郝爱民（2015）以理论分析的方式构建了农业生产性服务与农业技术进步间的影响机理框架，提出农业生产性服务体系为农业生产提供了人力资本支持，以促进农业人力资本累积为途径加快了农业技术进步。魏修建、李思霖（2015）认为与工业发展类似，农业生产性服务业同样可以对农业经济增长带来促进作用，其在提升农业生产效率的效果上甚至不亚于工业，并最终增强农业的竞争力。据文献报道约80%的农户购买了不同环节的生产性服务（廖西元等，2011），这为农业劳动力数量和质量的下降，或技能不足可能带来的负面影响带来有效弥补（杨万江、李琪，2017、2018；孙顶强等，2016）。

在劳动力转移的背景下，人力资本的大量外流似乎并未对粮食生产带来负面影响。既有研究指出农户种粮的收益率远低于外出务工或者非粮生产的收益率，大部分农户选择将受教育程度高的劳动者配置在非粮生产和非农就业上，留在粮食生产部门的多为受教育程度很低的老农。若能提供适用于老龄化农业的技术和社会服务，则有利于确保粮食安全（郭晓鸣、左喆瑜，2015）。中国农村劳动力老龄化趋势明显，但尚未对水稻生产效率带来显著的负面影响，而这在一定程度上归功于农业生产环节外包。农业生产环节外包的既有研究大多关注的是服务外包对劳动力数量层面的替代作用，很少注意到服务外包还有劳动力质量层面的补充作用。根据服务经济文献的相关研究可知，生产性服务具有人力资本传送器功能。那么，农机服务作为农业生产性服务是否能够弥补农业人力资本的流失呢？人力资本是我国农业技术进步的关键，也是中国走上农业现代化强国之路和高质量发展的根本保障。面对农业劳动力老龄化和人力资本大量外流的现实，以农机服务为代表的农业生产性服务是如何发挥劳动力质量层面的作用呢？于是本节要研究的问题是：农机服务外包如何通过人力资本影响全要素生产率。

一　实证研究设计

（一）计量模型设定

服务外包的生产方式在解决劳动力数量不足问题的同时，是否还解决了人力资本流失的问题？本书将农机服务外包与人力资本变量的交互项引入计量模型，加以验证。人力资本可以从年龄、性别、受教育程度以及身体健康状况等多个维度进行衡量。就粮食生产而言，年龄、受教育程度和身体健康状况与生产效率密切相关。粮食生产环节需要体力，在新技术采纳上也需要智力支持。为了验证不同类型环节外包与人力资本的交互作用，本书将粮食生产的8大环节划分为劳动密集型环节外包和技术密集型环节外包，分别构建不同类型环节外包与人力资本的交互作用影响粮食全要素生产率的模型。为了深入剖析服务外包与人力资本之间的关系，本书抓住不同类型环节外包所表征的人力资本内涵，认为在劳动密集型环节，人力资本的内涵体现在年龄和健康上，而在技术密集型环节，人力资本的内涵体现在受教育程度上。考虑加入交叉项以便控制外包的非中性技术变化（Egger and Egger，2006），劳动密集型环节外包与体力密切相关，技术密集型环节外包与受教育程度密切相关。因此，本书将人力资本的两个维度（老龄化程度和受教育程度）分别与各维度相匹配的外包环节类型进行交乘，引入计量模型后分别从劳动密集型环节外包和技术密集型环节外包验证人力资本的互补效应。

$$Q_\tau (\ln TFP_i \mid \ln SO_{i1}) = \alpha_\tau + \beta_\tau \ln SO_{i1} + \delta_\tau \ln SO_{i1}$$
$$\times aging_i + \chi_\tau Z_i + \delta_i + \mu_\tau \qquad (7.6)$$

$$Q_\tau (\ln TFP_i \mid \ln SO_{i2}) = \alpha_\tau + \beta_\tau \ln SO_{i2} + \delta_\tau \ln SO_{i2}$$
$$\times edu_i + \chi_\tau Z_i + \delta_i + \mu_\tau \qquad (7.7)$$

（7.6）式中，SO_{i1} 代表劳动密集型环节外包，$aging_i$ 表示农户老龄化程度；（7.7）式 SO_{i2} 代表技术密集型环节外包，edu_i 表示农户受教育程度，其他变量含义及设定与前面的模型一致。采用工具变量分位数回归方法对以上模型进行估计，分别从不同类型的环节外包与人力资本的交互项来验证农机服务外包通过人力资本的互补效应对粮食全要素生产率产生影响。

（二）数据来源、变量选择与描述性统计

本节数据来源、变量选取与描述性统计与第七章第一节一致，相关数据参见表7—4 和表7—5。

二 劳动密集型环节的人力资本互补效应

在进行回归分析之前，首先对计量模型（7.6）的解释变量进行方差膨胀因子检验（Variance Inflation Factor，VIF），结果显示 OLS 模型中各变量的方差膨胀因子均小于3.5，且平均方差膨胀因子为1.47，这说明变量之间不存在多重共线性的问题。先以不包含解释变量的 OLS 作为基准回归，然后逐步加入劳动密集型环节外包变量、劳动密集型环节外包与老龄化程度的交互项，再对计量模型 (7.6) 进行工具变量分位数回归。本书采用工具变量（省域农机服务外包水平）和老龄化的交乘项作为交互项的工具变量，以缓解交互项可能存在的内生性问题。表 7—10 给出的是劳动密集型环节外包与老龄化程度的交互作用影响粮食全要素生产率的参数估计结果。从 0.25、0.50、0.75 分位数的回归系数来看，劳动密集型环节外包程度对不同分组的粮食全要素生产率均产生显著正向影响，且随着分位数的递增，影响系数逐渐增大，显著性水平也有所提高。这说明劳动密集型环节外包有利于提高粮食生产的全要素生产率，且对高水平全要素生产率的促进作用更大，再次验证实证结果具有可靠性。

劳动密集型环节外包人力资本互补效应检验的实证结果如表 7—10 所示。由于劳动密集型环节作业主要与劳动者的体力有关，60 岁以上老人的身体机能在完成劳动密集型环节作业时有困难，体力和健康状况均不利于农业生产。因此，农户家庭老龄化程度越高，越不利于完成劳动密集型环节的粮食生产，对粮食全要素生产率产生负面影响。这一点在第七章第一节的实证中老龄化程度的控制变量估计结果中可以验证。2SLS 结果表明，逐步加入劳动密集型环节外包与老龄化交互项后，老龄化程度对农户粮食全要素生产率的影响系数由 − 0.0099 到 0.1177，说明考虑劳动密集型环节外包对老龄化程度的交互影响后，老龄化程度对粮食全要素生产率的负向影响在一定程度上得到抵消。IVQR 结果表明，老龄化程度从 0.25、0.50 分位点上的负向影响转为 0.75 分位点上的正向影响，劳动密集型环节外包与老龄化程度的交互项系数在 0.25 和 0.75 分位点上的影响系数为正。表 7—10 中第 (6) 列的估计结果说明农户对劳动密集型环节进行服务外包以后，可以抵消老龄化对粮食全要素生产率带来的负面影响。这一结论与 Zhang 等（2017）、赵秋情等（2020）的结论基本一致，采用农机服务外包可以缓解老龄化带来的不利影响。实证估计结果与彭柳林等（2019）结论一致，如果粮食生产过程中能得到机耕、机收等农业生产性服务，可以显著降低高龄农业劳动力对粮食生产效率的负向影响。由此可以得出，劳动密集型环节外包可以抵消农业劳动力老龄化对粮食全要素生产率产生的抑制作用。尽管劳动密集型环节外包与老龄化程度的交互项系数在统计上并没有表现出显著性，但是从交互项系数的符号和老龄化程度系数的符号以及 IVQR 劳动密集型环节外包的显著性可以综合看出劳动密集型环节外包通过弥补劳动力老龄化对粮食全要素生产率所表现出的经济意义。

表 7—10　　劳动密集型环节外包与老龄化程度的交互影响①

	（1）	（2）	（3）	（4）	（5）	（6）
	OLS	2SLS	2SLS	IVQR_25	IVQR_50	IVQR_75
劳动密集型环节外包程度	—	0.0390	0.0276	0.0296 *	0.0414 ***	0.0563 **
		(0.0291)	(0.0344)	(0.0165)	(0.0120)	(0.0225)
劳动密集型外包 × 老龄化程度	—	—	0.0345	0.0061	−0.0099	0.0086
			(0.0497)	(0.0215)	(0.0187)	(0.0255)
老龄化程度	0.0016	−0.0099	0.1177	−0.0801	−0.1116	0.0262
	(0.0660)	(0.0654)	(0.2083)	(0.1128)	(0.0765)	(0.1487)
经营规模	0.0002	0.0002	0.0002	0.0002	−0.0001	0.0018
	(0.0003)	(0.0003)	(0.0003)	(0.0011)	(0.0020)	(0.0035)

---

①　对省域农机服务外包水平这一工具变量进行相关检验。第一阶段估计结果显示 F （15，438）＝22.12，Prob＞F＝0.0000，说明在 1% 的显著性水平下农户种粮生产环节服务外包程度具有内生性，且 F 统计量为 22.12，大于 10。根据经验法则，可以认为工具变量个数较少带来的弱工具变量问题可以不必太担心。省域农机服务外包水平这一工具变量具有一定解释力。对交互项的工具变量进行检验，第一阶段估计结果显示 F （15，438）＝22.82，Prob＞F＝0.0000，根据经验法则，可以认为采用省域农机服务外包水平和老龄化程度的交乘项作为交互项的工具变量具有一定的解释力。

续表

	（1）	（2）	（3）	（4）	（5）	（6）
	OLS	2SLS	2SLS	IVQR_25	IVQR_50	IVQR_75
兼业程度	0.0034 ***	0.0033 ***	0.0033 ***	0.0028 ***	0.0011	0.0031 **
	（0.0012）	（0.0012）	（0.0012）	（0.0010）	（0.0018）	（0.0015）
农业劳动力占比	－0.1170	－0.1154	－0.1248	－0.0859	－0.0404	－0.1116
	（0.1030）	（0.1014）	（0.1031）	（0.1145）	（0.0760）	（0.1011）
是否加入合作社	0.0279 **	0.0345 ***	0.0388 ***	0.0423	0.0291	0.0173
	（0.0137）	（0.0131）	（0.0147）	（0.0554）	（0.0332）	（0.0364）
是否参加技术培训	0.4175 ***	0.3827 ***	0.3650 ***	0.1121	0.3937 **	0.6165 ***
	（0.1095）	（0.1087）	（0.1132）	（0.1135）	（0.1699）	（0.1532）
家庭经济水平	0.1132 *	0.1150 *	0.1152 *	0.0857	0.0297	0.1226
	（0.0619）	（0.0601）	（0.0604）	（0.0912）	（0.0533）	（0.0771）
是否受灾	－0.0158 ***	－0.0159 ***	－0.0157 ***	－0.0135	－0.0150	－0.0175
	（0.0008）	（0.0007）	（0.0008）	（0.0901）	（0.0601）	（0.0842）
受教育程度	0.0066	0.0022	0.0033	－0.0000	－0.0038	－0.0009
	（0.0109）	（0.0112）	（0.0117）	（0.0121）	（0.0085）	（0.0107）
家庭成员是否有党员	0.0901	0.0716	0.0799	0.0689	0.1064	0.1718 *
	（0.0746）	（0.0723）	（0.0724）	（0.1116）	（0.1134）	（0.0902）
户主年龄	0.0027	0.0024	0.0025	0.0008	0.0001	－0.0005
	（0.0020）	（0.0019）	（0.0019）	（0.0013）	（0.0024）	（0.0030）
粮食作物类型	0.1329 *	0.1540 **	0.1478 **	0.1502 *	0.1142 *	0.0523
	（0.0692）	（0.0704）	（0.0715）	（0.0814）	（0.0657）	（0.0807）
地区效应	YES	YES	YES	YES	YES	YES
常数项	0.1906	0.2474	0.2105	0.1222	0.5739 **	0.8394 ***
	（0.2730）	（0.2671）	（0.2769）	（0.3484）	（0.2640）	（0.2953）
样本量	455	455	455			
R^2	0.107	0.121	0.119			

注：***、**、*分别表示1%、5%、10%显著性水平，OLS括号内为稳健标准误，2SLS括号内为稳健标准误，IVQR括号内为Bootstrap标准误。

三　技术密集型环节的人力资本互补效应

在进行回归分析之前，先对计量模型（7.7）的解释变量进行方差膨胀因子检验，检验结果显示 OLS 模型中各变量的方差膨胀因子均小于3.3，且平均方差膨胀因子为1.41，这说明变量之间不存在多重共线性的问题。表7—11列出的是技术密集型环节外包与受教育程度的交互作用影响粮食全要素生产率的参数估计结果。从 2SLS 回归结果可知，技术密集型环节外包对农户粮食全要素生产率产生正向影响。从0.25、0.50、0.75分位数的回归系数来看，技术密集型环节外包程度对不同分组的粮食 TFP 均产生显著正向影响，且随着分位数的递增，影响系数逐渐增大。在0.75分位点上，技术密集型环节外包的系数值最大，且在1%的显著性水平上显著。这说明技术密集型环节外包有利于提高粮食生产的全要素生产率，且对高水平全要素生产率的促进作用更为明显，再次验证第七章第一节实证结果具有可靠性。从技术密集型环节外包和劳动密集型环节外包的估计系数可以看出，不同类型的环节外包对粮食全要素生产率均具有促进作用。被调查农户中劳动密集型环节外包对粮食全要素生产率的促进作用比技术密集型环节外包更明显，主要原因是不同类型环节外包之间发展不均衡，技术密集型环节服务外包亟须大力推进。

技术密集型环节外包人力资本互补效应检验的实证结果如表7—11所示。技术密集型环节的技术含量更高，技术的更新和采用需要高素质的农民实施到生产过程中。因此，将技术密集型环节外包给服务组织，先进农业生产技术环节由服务外包供应商来完成，可以有效规避农户受教育水平偏低带来的技术采用阻力。将技术密集型环节外包程度与受教育程度的交互项引入后，发现受教育程度对粮食全要素生产率的影响从0.50分位点上的负向影响转变为0.75分位点上的正向影响，受教育程度对高水平组的粮食全要素生产率产生促进作用。技术密集型环节外包与受教育程度的交互项在0.75分位点上的系数为0.0044，且在10%的显著性水平上显著。可以看出，技术密集型环节外包与受教育程度的交互效应在高水平粮食全要素生产率组中呈明显的互补关系。即使农户受教育程度偏低，只要农户将技术密集型环节外包给服务组织，同样可以促进粮食全要素生产率的提高。0.75 分位点上的交互项系数只有 0.0044，可能的原因是被调查的农户在技术密集型环节外包的比例和程度还较低，今后应该加大技术密集型环节外包的发展和扶持力度。技术密集型环节外包可以弥补人力资本流失对粮食生产带来的负面影响，通过技术密集型环节外包可以抵消受教育程度偏低对粮食全要素生产率的抑制作用得以验证。由此得出，技术密集型环节外包与受教育程度表征的人力资本产生互补效应，从而对高水平组的粮食全要素生产率产生促进作用。

表 7—11　　　技术密集型环节外包与受教育程度的交互影响①

	(1)	(2)	(3)	(4)	(5)
	2SLS	2SLS	IVQR_25	IVQR_50	IVQR_75
技术密集型环节外包程度	0.0409	0.0454	0.0256 ***	0.0372 ***	0.0436 ***
	(0.0304)	(0.0328)	(0.0096)	(0.0102)	(0.0130)
技术密集型环节外包 × 受教育程度	—	0.0234	0.0000	− 0.0013	0.0044 *
		(0.0341)	(0.0020)	(0.0016)	(0.0027)
受教育程度	0.0016	0.1348	0.0047	− 0.0145	0.0238
	(0.0113)	(0.1992)	(0.0155)	(0.0126)	(0.0167)
老龄化程度	− 0.0099	− 0.0515	− 0.0785	− 0.0321	− 0.0329
	(0.0656)	(0.0878)	(0.0569)	(0.0606)	(0.0779)
经营规模	0.0002	0.0003	0.0011	0.0010	0.0009
	(0.0003)	(0.0004)	(0.0084)	(0.0027)	(0.0050)

① 对省域农机服务外包水平这一工具变量进行相关检验。第一阶段估计结果显示 F（15，438）＝12.6，Prob＞F＝0.0000，说明在 1% 的显著性水平下农户种粮生产环节服务外包程度具有内生性，且 F 统计量为 12.6，大于 10。根据经验法则，可以认为工具变量个数较少带来的弱工具变量问题可以不必太担心。省域农机服务外包水平这一工具变量具有一定解释力。对交互项的工具变量进行检验，第一阶段估计结果显示 F（15，438）＝93.85，Prob＞F＝0.0000，根据经验法则，可以认为采用省域农机服务外包水平和受教育程度的交乘项作为交互项的工具变量具有一定的解释力。

	（1）	（2）	（3）	（4）	（5）
	2SLS	2SLS	IVQR_25	IVQR_50	IVQR_75
兼业程度	0. 0033 ***	0. 0037 **	0. 0031 **	0. 0015	0. 0033 *
	（0. 0012）	（0. 0018）	（0. 0012）	（0. 0017）	（0. 0019）
农业劳动力占比	− 0. 1169	− 0. 0528	− 0. 0844	− 0. 0219	− 0. 1297
	（0. 1015）	（0. 1518）	（0. 1366）	（0. 1004）	（0. 0965）
是否加入合作社	0. 0346 ***	0. 0542	0. 0394	0. 0279	0. 0160
	（0. 0130）	（0. 0332）	（0. 0515）	（0. 0305）	（0. 0853）
是否参加技术培训	0. 3821 ***	0. 2538	0. 1024	0. 4247 **	0. 6283 ***
	（0. 1087）	（0. 2023）	（0. 1043）	（0. 1994）	（0. 1726）
家庭经济水平	0. 1169 *	0. 1342 *	0. 0724	0. 0229	0. 0963 *
	（0. 0604）	（0. 0803）	（0. 0587）	（0. 0655）	（0. 0575）
是否受灾	− 0. 0159 ***	− 0. 0220 **	− 0. 0128	− 0. 0138	− 0. 0181
	（0. 0007）	（0. 0089）	（0. 0247）	（0. 0615）	（0. 1059）
家庭成员 是否有党员	0. 0738	0. 0580	0. 0418	0. 1129	0. 1599
	（0. 0721）	（0. 0849）	（0. 0956）	（0. 0851）	（0. 1009）
户主年龄	0. 0026	0. 0031	0. 0005	0. 0002	− 0. 0001
	（0. 0019）	（0. 0026）	（0. 0019）	（0. 0021）	（0. 0031）
粮食作物类型	0. 1486 **	− 0. 1344	0. 1209 ***	0. 0636	0. 0011
	（0. 0691）	（0. 4138）	（0. 0380）	（0. 0443）	（0. 0859）
地区固定效应	YES	YES	YES	YES	YES
常数项	0. 2478	0. 4316	0. 1768	0. 6600 **	0. 9589 ***
	（0. 2678）	（0. 3601）	（0. 2096）	（0. 2714）	（0. 2640）
样本量	455	455			
R^2	0. 132	0. 119			

注：*** 、** 、* 分别表示 1% 、5% 、10% 显著性水平，2OLS 括号内为稳健标准误，IVQR 括号内为 Bootstrap 标准误。

本小节采用更换核心解释变量的方法对人力资本的互补效应进行稳健性检验。将农户生产环节服务外包的衡量指标替换为外包环节数比例，即农户对生产环节选择服务外包的环节数占总环节数的

比例。对技术密集型环节外包比例与受教育程度的交互项分别进行
OLS 和工具变量分位数回归，结果见表 7—12。稳健性检验结果中
服务外包环节比例的系数在方向上与表 7—11 基本一致，系数的数
值大小较为接近，基本符合预期，说明本书的实证结果具有一定稳
健性。表 7—12 中技术密集型环节外包比例的系数均显著为正，说
明技术密集型环节外包比例的增加有利于促进粮食全要素生产率的
提升。随着分位数的增加，技术密集型环节外包比例的估计系数逐
渐增加，与表 7—11 的规律一致。技术密集型环节外包比例与受教
育程度的交互项在 0.75 分位点上的系数为 0.0053，且在 10% 的显
著性水平上显著，说明技术密集型环节外包比例与受教育程度表征
的人力资本呈互补关系，技术密集型环节外包比例通过人力资本的
互补效应提升粮食全要素生产率。

表 7—12　　　　　　技术密集型环节外包比例影响农户粮食
全要素生产率的稳健性检验[1]

	（1）	（2）	（3）	（4）
	OLS	IVQR_25	IVQR_50	IVQR_75
技术密集型环节外包比例	0.0324 ***	0.0289 **	0.0394 ***	0.0427 ***
	(0.0117)	(0.0141)	(0.0137)	(0.0142)
技术密集型环节外包比例 × 受教育程度	0.0013	− 0.0005	− 0.0010	0.0053 *
	(0.0016)	(0.0025)	(0.0020)	(0.0030)
经营规模	0.0009 ***	0.0011	0.0010	0.0009
	(0.0001)	(0.0065)	(0.0024)	(0.0034)
兼业程度	0.0034 ***	0.0028 *	0.0017	0.0042 ***
	(0.0013)	(0.0016)	(0.0022)	(0.0013)

---

[1]　对省域农机服务外包水平这一工具变量进行相关检验。第一阶段估计结果显示 F (1,
453) = 103.45，Prob > F = 0.0000，说明在 1% 的显著性水平下农户种粮生产环节服务外包程度
具有内生性，且 F 统计量为 103.45，远大于 10。根据经验法则，可以认为工具变量个数较少带
来的弱工具变量问题可以不必太担心。省域农机服务外包水平这一工具变量具有一定解释力。

续表

	（1）	（2）	（3）	（4）
	OLS	IVQR_25	IVQR_50	IVQR_75
农业劳动力占比	−0.1250	−0.0844	−0.0286	−0.0722
	(0.1022)	(0.1431)	(0.0685)	(0.0734)
是否加入合作社	0.0323**	0.0407	0.0295	0.0057
	(0.0132)	(0.0599)	(0.0185)	(0.0264)
是否参加技术培训	0.3923***	0.0981	0.4112***	0.6006***
	(0.1056)	(0.1650)	(0.1089)	(0.1114)
家庭经济水平	0.1131*	0.0661	0.0352	0.1182*
	(0.0614)	(0.0635)	(0.0635)	(0.0604)
是否受灾	−0.0163***	−0.0135	−0.0143	−0.0193
	(0.0008)	(0.0469)	(0.0561)	(0.0886)
老龄化程度	−0.0146	−0.0851	−0.0261	−0.0407
	(0.0652)	(0.0569)	(0.0526)	(0.0468)
受教育程度	0.0102	0.0020	−0.0094	0.0314
	(0.0146)	(0.0291)	(0.0178)	(0.0216)
家庭成员是否有党员	0.0815	0.0205	0.0756	0.1424*
	(0.0721)	(0.1160)	(0.0955)	(0.0787)
户主年龄	0.0023	0.0008	0.0008	−0.0003
	(0.0019)	(0.0022)	(0.0021)	(0.0022)
粮食作物类型	0.1303*	0.1379**	0.0687	0.0147
	(0.0677)	(0.0580)	(0.0577)	(0.1024)
地区固定效应	控制	控制	控制	控制
常数项	0.2815	0.1807	0.6038**	0.8758***
	(0.2655)	(0.2664)	(0.2342)	(0.1919)
样本量	455			
R^2	0.135			

注：***、**、*分别表示1%、5%、10%显著性水平，OLS括号内为稳健标准误，IVQR括号内为Bootstrap标准误。

第三节　技术学习的替代效应

技术学习成本是指学习者对先进技术的引入，对技术溢出的消化吸收，以及在此基础上的技术再创新过程中所消耗的所有资源和实践的总和。生产环节服务外包的生产方式有利于农户优化资源配置，促进农业技术推广，降低农户采用新技术的门槛，减少农户技术学习成本，提高生产效率。因此，本节从技术学习的视角来探讨生产环节服务外包影响粮食全要素生产率的微观机制。

在有关技术经济的研究中，成本和收益是永远不可回避的首要话题，也是分析技术学习成败与否的逻辑内核。学者们普遍认为在经济增长的过程中，技术学习起着关键作用，他们大多从 FDI 和 R&D 的视角来分析技术引进和创新对区域经济增长的影响作用（Temiz, et al.，2014），例如，在成本上，技术学习者在技术引进后对新技术进行消化与吸收，由此带来的技术创新效率的提高会有效降低技术学习成本（Ciccone，2002）。类似地，李骏等（2018）基于知识溢出效应，从技术学习成本视角分析了产业集聚及其与技术学习成本的联合效应对经济增长的作用。学习成本决定技术学习的有效路径，既有研究指出实践、社会网络等是农户技术学习的主要渠道，主要原因就在于这些渠道有助于降低农户学习成本。信息水平直接影响着农户采纳劳动节约型技术的搜寻成本和学习成本（Wang, et al.，2016）。在信息获取方面，农户学习和采纳劳动节约型技术的可能性取决于获取技术相关信息的渠道以及获取信息的难易程度，渠道越多，难度越小，则意味着农户更容易学习和采纳相关技术（吴丽丽等，2017）。张银、李燕萍（2010）从农民对学习的意愿、时间和渠道等进行调研发现目前的技术氛围难以调动农民的学习兴趣，技术学习渠道不足以让农民高效获取技术相关信息，并且培训体系也不够健全，以至于无法真实地反映出农民学习对农民绩效的效应。由此可见，农户技术学习成本是农户技术创新的关键。

服务外包过程中的技术溢出一直是学者研究的热点问题。在复杂的外包关系中，知识所有权从接包方转移至发包方（Maskell，Batholt and Malmberg，2006）。服务外包伙伴选择的研究探讨了企业如何选择供应商更有利于自身的创新（Dutta，et al.，2011）。外包是提升本土企业创新能力的一个渠道，中国企业通过有效的知识管理将外包中合作方的先进技术和知识成功转移，并最终转化为自身的创新力（李西垚、李垣，2008）。中国代工企业在外包中通过"技术模仿、转移与引进"式的外部学习可以获取合作方的先进知识和技术，而组织内部的知识扩散与知识创新活动则是这些获取的知识被有效吸收和内化的关键（李西垚、李垣，2008）。逆向研发外包的相关文献指出，在发展中国家，企业大多以联合研发、设立海外研发中心或跨境研发并购等方式，积极地将研发和专业技术服务外包给位于全球价值链高端的发达国家的研发机构。这可以在降低研发风险并提高研发水平绩效表现的同时，获取本地产业技术创新所需补充的资源和先进知识（陈启斐、刘志彪，2014）。显然，这样的逆向研发外包对中国制造业的技术创新能力和创新绩效带来了积极的影响（陈启斐等，2015），是发展中国家企业成长的重要战略选择，并且也为装备制造业的突破性技术创新提供有效途径（杨瑾、侯兆麟，2020）。逆向研发外包通过降低技术学习成本提高本土企业创新绩效的经验为本书农户技术学习的微观机制提供思路。

在农业人力资本大量流失的背景下，如何在"大国小农"背景下推进农业技术现代化？农业技术采纳和技术学习的主体是谁？谁是农业技术推广的受众群体？尽管大量文献强调了农户技术采纳在农业现代化进程中的重要性，但是小农户技术采纳动力不足、技术学习能力有限均成为现代农业技术推广的障碍。那么我们关注的问题是：在"大国小农"的国情下，小农户是否必然是技术采纳和学习的主体？胡新艳等（2020）认为农户并不必然是农业投资主体，农业服务外包与农户生产性投资行为之间存在显著的替代效应。如果把生产性投资看成是农户农业生产的"硬件"投资，那么农户对农业技术学习的投资则可以看成是农业生产的"软件"投资。陈超等（2012）指出服务外包通过学习的正外部性影响农业生产率，但是对这一影响机制并未做出深入探讨。农技服务外包有利于分摊技术购置成本、共享先进农业技术的收益，在农户兼业化的背景下，有效优化了农业技术推广的效果，提升了技术应用效率，提高了农业产出水平，是实现农业可持续发展的重要选择之一（赵玉姝等，2013）。除了通过传统渠道（模仿、"干中学"、社会网络学习等）进行技术学习之外，农户能否通过服务外包的路径进行技术学习，进而提高全要素生产率呢？因此，本节从农户技术学习的视角出发，利用微观调查数据验证农机服务外包如何改变农户技术学习行为进而影响全要素生产率。

一　实证研究设计

（一）计量模型设定

农户技术学习既包括农户是否产生技术学习行为，还包括农户技术学习的意愿以及产生的学习成本。技术学习成本包括了学习者对先进技术的引入、对技术溢出的消化吸收，以及在此基础上技术再创新过程中所消耗的所有资源和时间的总和（刘洪伟等，2007）。本书对农户技术学习的刻画主要从四个方面展开：（1）有无技术学习行为；（2）技术学习强度；（3）技术学习时间；（4）技术学习费用。由于农户有无技术学习行为为二元虚拟变量，因此对农机服务外包是否影响农户产生技术学习行为的问题建立 Probit 模型，模型设定为：

$$Prob(learnbe_i = 1 \mid so_i) = F(so_i, \beta)$$
$$= \Phi(\beta_0 + \beta_1 so_i + \beta_2 Z_i + \mu_i) \quad (7.8)$$

其中，$learnbe_i$ 表示第 i 个农户是否有技术学习行为，so_i 表示第 i 个农户的生产环节服务外包程度，Z_i 为控制变量，β_0 为常数项，β_1、β_2 为待估计参数，μ_i 为误差项，并假设满足标准正态分布。

农户技术学习强度指标反映农户每年参与技术学习的频次，该指标在数值上大于等于 0，且该变量在 0 点出现集聚及"左截取"的现象，农户技术学习时间及费用取对数后大于等于 0，也在 0 点出现聚集和"左截取"现象。本书选取受限变量 Tobit 模型进行估计，以避免采用最小二乘法而出现估计结果偏差的问题。模型设定如下：

$$learnint_i^* = \beta_0 + \beta_1 so_i + \beta_2 Z_i + \mu_i \quad (7.9)$$

$$\begin{cases} learnint_i = learnint_i^* \ if \ learnint_i^* > 0 \\ learnint_i = 0 \ if \ learnint_i^* \leqslant 0 \end{cases}$$

$$\ln learntime_i^* = \beta_0 + \beta_1 so_i + \beta_2 Z_i + \mu_i \quad (7.10)$$

$$\begin{cases} \ln learntime_i = \ln learntime_i^* \ if \ learntime_i^* > 0 \\ \ln learntime_i = 0 \ if \ learntime_i^* \leqslant 0 \end{cases}$$

$$\ln learnfee_i^* = \beta_0 + \beta_1 so_i + \beta_2 Z_i + \mu_i \quad (7.11)$$

$$\begin{cases} \ln learnfee_i = learnfee_i^* \ if \ learnfee_i^* > 0 \\ \ln learnfee_i = 0 \ if \ learnfee_i^* \leqslant 0 \end{cases}$$

(7.9) 式中，$learn\,int_i$ 指第 i 个农户的技术学习强度，(7.10) 式 $learntime_i$ 指第 i 个农户的技术学习时间（取对数），(7.11) 式

$learnfee_i$ 指第 i 个农户的技术学习费用（取对数）。其他变量设置与（7.8）式相同。

根据理论分析，农户采用服务外包的方式提高全要素生产率主要由于服务外包降低了农户的技术学习成本。因此，本书建立服务外包程度、农户技术学习成本影响粮食 TFP 的计量模型，其中，对农户技术学习成本的衡量从技术学习时间和技术学习费用两个维度来加以验证。具体模型设定如下：

$$lnTFP_i = \alpha_0 + \alpha_1 lnso_i + \alpha_2 lnlearntime_i$$
$$+ \alpha_3 lnso_i \times lnlearntime_i + \tau Z_i + \mu_i \qquad (7.12)$$

$$lnTFP_i = \alpha_0 + \alpha_1 lnso_i + \alpha_2 lnlearnfee_i$$
$$+ \alpha_3 lnso_i \times lnlearnfee_i + \tau Z_i + \mu_i \qquad (7.13)$$

其中，TFP_i 为第 i 个农户的粮食全要素生产率（取对数），so_i 为农户 i 的生产环节服务外包程度（取对数），$learntime_i$ 指第 i 个农户的技术学习时间（取对数），$learnfee_i$ 指第 i 个农户的技术学习费用（取对数），Z_i 为控制变量。α_0、α_1、α_2、α_3、τ 为待估计参数，μ_i 为误差项。

（二）核心变量设计与说明

为了从微观机制上深入挖掘农机服务外包对粮食全要素生产率的影响，本节从农户技术学习视角来验证微观农户层面的影响机制。技术学习是指生产能力落后的农户为了缩小与生产能力强的农户间的差距，通过技术上的模仿、引入、消化和吸收来提高技术能力的过程，其本质是积累和提高技术能力。技术学习的成功与否不仅依赖于农户的学习行为，还取决于学习投入。对于农户而言，农业生产的比较收益不断下降，学习成本则成为影响农户采纳新技术的关键。本书对农户技术学习指标的测量主要从三个方面展开：（1）有无技术学习行为；（2）技术学习强度；（3）技术学习成本。对农户是否存在技术学习行为的衡量主要从 6 个方面来考核，通过问卷调查了解农户是否参加合作社的技术交流、是否参与种子公司的随访、是否参与农技推广站的技术指导、是否参加农技培训、是否参加技术示范、是否关注农技公众号，若被访农户在这 6 个方面至少有 1 项回答为是，则认为该农户存在技术学习行为。将农户每年技术学习的频次加总得到技术学习强度指标，包括每年参加各类技术学习频次、每月收到的农技短信的条数以及微信朋友圈发布的农技信息比例。对技术学习成本主要从技术学习时间和技术学习费用两个维度进行衡量。将农户每年投入学习种粮新技术的时间作为技术学习时间的衡量指标，将农户每年投入学习种粮新技术的费用作为技术学习费用的衡量指标。具体的相关问题、变量解释、指标说明以及变量的描述性统计见表 7—13。

表 7—13　　　　　　　农户技术学习的衡量指标

农户技术学习指标	具体解释及说明	样本量	均值	方差	最小值	最大值
有无技术学习行为	1. 是否参加合作社的技术交流，1 = 是，0 = 否	455	0.220	0.445	0	1
	2. 是否参与种子公司的随访，1 = 是，0 = 否	455	0.130	0.336	0	1
	3. 是否参与农技推广站的技术指导，1 = 是，0 = 否	453	0.119	0.324	0	1
	4. 是否参加农技培训，1 = 是，0 = 否	455	0.147	0.355	0	1
	5. 是否参加技术示范，1 = 是，0 = 否	455	0.145	0.353	0	1
	6. 是否关注农技公众号，1 = 是，0 = 否	455	0.119	0.324	0	1
	综合 1—6，评价农户有无技术学习行为，若以上 6 个方面至少有 1 项为是，则认为该农户存在技术学习行为，≥1 = 是，0 = 否	455	0.389	0.488	0	1

续表

农户技术学习指标	具体解释及说明	样本量	均值	方差	最小值	最大值
技术学习强度	7. 参加技术培训频次（次/年）	455	0.189	0.522	0	3
	8. 参加技术示范频次（次/年）	455	0.143	0.414	0	3
	9. 参与种子公司随访频次（次/年）	455	0.124	0.373	0	3
	10. 参与农机推广站指导频次（次/年）	454	0.152	0.695	0	12
	11. 每月收到农技短信的条数（条/月）	455	1.365	4.947	0	30
	12. 微信朋友圈发布的农技信息比例（%）	455	0.035	0.094	0	0.70
	将7—12农户所有学习频次加总得到技术学习强度总指标，包括每年参加各类技术学习频次、农技短信以及微信朋友圈发布的农技信息比例	455	2.008	5.767	0	50.6
技术学习成本	13. 技术学习时间（小时/年）	455	31.899	452.194	0	9600
	14. 了解种粮新技术花费金额（元/年）	455	208.198	3758.935	0	80000

资料来源：由笔者根据调研数据整理计算。

（三）数据来源与描述性统计

本节数据来源于笔者的微观调查农户数据。被解释变量为农户粮食全要素生产率，核心解释变量为农户生产环节服务外包程度。服务经济学指出服务外包具有技术溢出效应，那么农户生产环节服务外包是否通过影响农户技术学习成本来提升全要素生产率？因此，本部分将农户技术学习行为与成本作为重要的解释变量。控制变量包括农户生产特征、经济特征、家庭特征和个人特征四个方面。农户生产特征包括是否家庭农场、耕地条件、种粮面积、种粮收入占总收入比重。农户经济特征包括是否金融借贷、农户家庭经济水平。农户家庭特征包括老龄化程度、兼业程度、人均受教育程度、社会资本和农业劳动力占比。农户个人特征包括被访农民的性别、年龄、是否户主。各变量的具体定义、说明与数据描述性统计见表7—14。

表7—14　　　　　　　　　变量定义与描述性统计

变量类型	变量名称	变量定义与说明	样本量	均值	方差	最小值	最大值
被解释变量	农户粮食全要素生产率	采用超越对数随机前沿估计方法测算，取对数	455	0.760	0.629	−1.825	3.517
核心解释变量	生产环节服务外包程度	农户生产环节服务外包程度。农户实际生产中各环节服务外包总费用占农户生产投入总费用的比重，取对数	455	−3.438	2.874	−6.908	0
解释变量	技术学习行为	综合表7-2-1中1—6项，若6项中至少有1项为是，则认为该农户存在技术学习行为。≥1＝是；0＝否	455	0.389	0.488	0	1
	技术学习强度	综合表7-2-1中7—12项，将农户所有学习频次加总	455	2.008	5.767	0	50.6
	技术学习时间	技术学习时间（小时/年），取对数	455	1.010	1.476	0	9.170
	技术学习费用	了解种粮新技术花费金额（元/年），取对数	455	0.612	1.640	0	11.290
控制变量	农户生产特征	是否家庭农场。是否注册登记为家庭农场，1＝是；0＝否	455	0.055	0.228	0	1
		耕地条件。1＝差；2＝一般；3＝好	455	2.086	0.530	1	3
		种粮面积。单位：亩	455	10.311	101.042	0.1	2000
		种粮收入占总收入比重	455	0.244	0.293	0	1
	农户经济特征	是否金融借贷。包括农户种粮投入是否需要向银行贷款和亲朋好友借款的情况。1＝是；0＝否	455	0.062	0.241	0	1
		农户家庭经济水平。农户家庭生活水平在本村属于的级别：1＝较差；2＝一般；3＝较好	455	1.855	0.498	1	3

变量类型	变量名称	变量定义与说明	样本量	均值	方差	最小值	最大值
控制变量	农户家庭特征	老龄化程度。60 岁以上在家务农劳动力人数占家庭农业劳动力总人数的比重	455	0.390	0.462	0	1
		兼业程度。外出劳动力在农忙时节返乡务农的天数	455	8.565	19.247	0	120
		人均受教育程度。家庭劳动力人均受教育年数，0 = 基本不识字或小学未毕业；6 = 小学毕业；9 = 初中毕业；12 = 高中或中专毕业；15 = 大专以上	455	7.299	3.094	0	13.5
		社会资本。农户家庭社会资本综合指数：3 = 有家庭成员担任村干部；2 = 有亲朋好友在乡镇以上政府部门工作；1 = 家庭成员中有党员	455	0.651	1.332	0	6
		农户家庭农业劳动力占总劳动力的比重	455	0.583	0.291	0	1
	农户个人特征	性别。1 = 男；0 = 女	455	0.859	0.348	0	1
		年龄。实际周岁	455	50.275	13.611	19	80
		是否户主。1 = 是；0 = 否	455	0.666	0.477	0	1

资料来源：由笔者根据调研数据整理计算。

二　农机服务外包对农户技术学习的影响

本书以全部样本农户的生产环节服务外包程度的均值为分界点，深入探讨生产环节服务外包不同程度的农户在技术学习上是否存在显著差异。首先将高于均值的样本界定为服务外包高程度组，将低于均值的样本界定为服务外包低程度组，进行组间均值差异检验。表7—15 的组间均值差异分析结果表明：服务外包高程度组的农户在技术学习行为表现上明显好于低程度组。具体而言，高程度组中有22.3%的农户得到了种子公司的随访，而低程度组中只有

5.8%；高程度组中有 18.3% 的农户得到农技推广站的技术指导，而低程度组中只有 7%；高程度组中有 20.8% 的农户参加过农技培训，而低程度组中只有 10.1%；高程度组中有 21.8% 的农户参加过农技示范，而低程度组中只有 8.9%；高程度组中有 16.2% 的农户关注了农技公众号，而低程度组中只有 8.5%；服务外包高程度组都在 1% 的显著性水平下高于服务外包低程度组。服务外包高程度组的农户在技术学习强度上高于服务外包低程度组，而服务外包高程度组的农户技术学习时间和费用远低于服务外包低程度组。

表 7—15　　农户生产环节外包程度与技术学习的均值比较

核心变量	变量维度	生产环节服务外包低程度组		生产环节服务外包高程度组		均值差
		样本量	均值	样本量	均值	
有无技术学习行为	是否得到合作社农技指导	258	1.233	197	1.208	0.024
	是否得到种子公司的随访	258	0.058	197	0.223	-0.165***
	是否得到农技推广站的技术指导	256	0.07	197	0.183	-0.112***
	是否参加过农技培训	258	0.101	197	0.208	-0.107***
	是否参加过农技示范	258	0.089	197	0.218	-0.129***
	是否关注农技公众号	258	0.085	197	0.162	-0.077**
技术学习强度		258	5.058	197	7.596	-2.538
技术学习费用		258	363.915	197	4.264	359.651
技术学习时间		258	48.403	196	10.337	38.066

资料来源：由笔者根据调研数据整理计算。***、**、* 分别表示 1%、5%、10% 显著性水平。

从均值比较可以看出，生产环节服务外包不同程度的农户在技术学习行为上存在显著差异，高程度组和低程度组的农户技术学习成本也不同。这说明农户将生产环节外包以后对技术学习产生影响。表 7—16 汇报了计量模型（7.8）—（7.11）的估计结果。第（1）（2）列的指标反映了生产环节服务外包对农户有无技术学习行为的影响结果。从结果可以看出，前者对后者产生了显著正向影响，由此可以说明，农户的服务外包程度越高，农户越愿意学习新技术。当农户服务外包程度提高10%时，农户进行技术学习的概率会提高5.622%，且在1%的显著性水平上显著。第（3）（4）列的指标反映了服务外包对农户技术学习强度影响的结果。从结果可以看出，生产环节服务外包程度每提高10%，相应的农户技术学习强度就会提高79.49%，且在1%的显著性水平上显著。第（5）—（8）列的结果显示当生产环节服务外包程度提高10%时，农户技术学习时间会减少17.19%，农户技术学习费用会减少7.93%，且均在1%的显著性水平上显著。总体而言，表7—16的估计结果表明生产环节服务外包程度与农户技术学习行为、技术学习强度之间存在互补关系，服务外包程度与农户技术学习时间、技术学习费用之间存在替代关系。服务外包程度越高，说明农户粮食生产的专业化水平越高，农户越愿意采纳新品种、改进生产技术；服务外包组织在进行机械作业过程中传播新品种、新工艺、新方法，带来的技术外溢性也会提高农户技术学习强度。与此同时，服务外包程度越高，更加专业的农机手和服务组织带来先进技术，也会帮助农户节省技术学习时间，降低学习费用，甚至替代农户的学习过程。

本书引入工具变量来缓解农机服务外包程度与农户技术学习之间可能存在由于互为因果关系而导致的内生性问题，对计量模型（7.8）—（7.11）进一步验证。对解释变量农户服务外包程度进行工具变量的确定，采用高一级别的指标即省级服务外包水平作为农户服务外包程度的工具变量。分别采用Ⅳ-Probit模型和Ⅳ-Tobit模型进行估计，结果见表7—17。内生性检验结果表明，Ⅳ-Probit模型和Ⅳ-Tobit模型的Wald检验结果显示P值均在1%的显著性水

表 7—16　生产环节服务外包影响农户技术学习的参数估计结果

| | 有无技术学习行为（Probit 模型） | | 维度1：技术学习强度 | | 技术学习成本（Tobit 模型） | | | |
| | | | | | 维度2：技术学习时间 | | 维度3：技术学习费用 | |
	（1）系数值	（2）边际系数	（3）系数值	（4）边际系数	（5）系数值	（6）边际系数	（7）系数值	（8）边际系数
服务外包程度	1.9179*** (0.3565)	0.5622*** (0.1043)	22.7462*** (6.8635)	7.9490*** (2.4089)	-2.2826*** (0.2575)	-1.7188*** (0.1897)	-1.2293*** (0.3182)	-0.7934*** (0.2052)
种粮面积	0.0046* (0.0027)	0.0013* (0.0008)	0.0596*** (0.0141)	0.0208*** (0.0050)	-0.0004 (0.0006)	-0.0003 (0.0005)	0.0003 (0.0008)	0.0002 (0.0005)
农业劳动力占比	0.2449 (0.2632)	0.0718 (0.0773)	-8.2504 (5.6972)	-2.8832 (1.9968)	-0.5478*** (0.2095)	-0.4125*** (0.1575)	-0.7362*** (0.2589)	-0.4752*** (0.1670)
种粮收入占比	-0.0004 (0.0024)	-0.0001 (0.0007)	-0.0179 (0.0756)	-0.0063 (0.0264)	0.0004** (0.0002)	0.0003** (0.0002)	-0.0002 (0.0002)	-0.0001 (0.0002)
耕地条件	-0.3974** (0.1631)	-0.1165** (0.0481)	-5.4883* (3.0879)	-1.9180* (1.0868)	-0.5450*** (0.1183)	-0.4104*** (0.0884)	-0.5422*** (0.1462)	-0.3500*** (0.0942)
是否家庭农场	1.3091*** (0.3199)	0.4777*** (0.1143)	16.1571** (6.4169)	5.6464** (2.2418)	-0.9368*** (0.2694)	-0.7054*** (0.2024)	-0.7053** (0.3328)	-0.4552** (0.2148)
是否金融借贷	-0.8382* (0.4431)	-0.1731*** (0.0569)	1.9256 (6.9396)	0.6729 (2.4254)	-0.0297 (0.2573)	-0.0223 (0.1937)	-0.3937 (0.3179)	-0.2541 (0.2052)
农户家庭经济水平	0.1893 (0.1684)	0.0555 (0.0494)	2.6330 (3.2976)	0.9201 (1.1528)	0.2288* (0.1259)	0.1723* (0.0947)	0.2473 (0.1556)	0.1596 (0.1004)

第七章 农机服务外包影响粮食全要素生产率的微观机制检验 / 253

续表

| | 有无技术学习行为（Probit 模型） | | 维度1：技术学习强度 | | 技术学习成本（Tobit 模型） | | | |
| | | | | | 维度2：技术学习时间 | | 维度3：技术学习费用 | |
	(1) 系数值	(2) 边际系数	(3) 系数值	(4) 边际系数	(5) 系数值	(6) 边际系数	(7) 系数值	(8) 边际系数
老龄化程度	-0.1448 (0.2053)	-0.0425 (0.0602)	-2.7727 (3.9979)	-0.9690 (1.3969)	0.1441 (0.1443)	0.1085 (0.1086)	0.1986 (0.1783)	0.1282 (0.1151)
兼业程度	-0.0054 (0.0045)	-0.0016 (0.0013)	-0.0448 (0.0861)	-0.0156 (0.0301)	0.0008 (0.0032)	0.0006 (0.0024)	-0.0003 (0.0025)	-0.0003 (0.0025)
人均受教育程度	-0.0215 (0.0274)	-0.0063 (0.0081)	-0.4725 (0.5556)	-0.1651 (0.1942)	-0.0282 (0.0205)	-0.0212 (0.0155)	-0.0572** (0.0254)	-0.0369** (0.0164)
社会资本	0.1298** (0.0555)	0.0380** (0.0163)	1.9149 (1.1827)	0.6692 (0.4135)	-0.0833* (0.0452)	-0.0627* (0.0340)	-0.1412** (0.0558)	-0.0911** (0.0360)
性别	0.3345 (0.2928)	0.0886 (0.0691)	10.7155* (5.5930)	3.7447* (1.9589)	-0.2998 (0.1915)	-0.2258 (0.1441)	-0.5021** (0.2366)	-0.3241** (0.1526)
年龄	-0.1174 (0.0075)	-0.0034 (0.0022)	-0.1931 (0.1473)	-0.0675 (0.0515)	0.0329*** (0.0053)	0.0248*** (0.0040)	0.0116* (0.0066)	0.0075* (0.0042)
是否户主	0.3211 (0.20911)	0.0941 (0.0612)	6.1552 (3.9239)	2.1510 (1.3784)	-0.0447 (0.1457)	-0.0337 (0.1097)	0.1251 (0.1800)	0.0807 (0.1162)
常数项	-0.7609 (0.5696)	—	-6.3128 (12.1253)	—	1.4333*** (0.4474)	—	2.2518*** (0.5528)	—
观测值	377	377	455	455	455	455	455	455

注：***，**，* 分别表示在1%、5%和10%水平上显著，括号内为标准误。

表7—17

工具变量回归估计结果

变量	(1) 有无技术学习行为 (IV—Probit)				(2) 技术学习成本 (IV—Tobit)			
	第二阶段 有无技术学习行为	第一阶段 农户服务外包程度	第二阶段 技术学习强度	第一阶段 农户服务外包程度	第二阶段 技术学习时间	第一阶段 农户服务外包程度	第二阶段 技术学习费用	第一阶段 农户服务外包程度
农户服务外包程度	1.5434*** (0.3903)	—	16.9453** (7.2511)	—	-22.2540*** (2.5041)	—	-32.4054*** (7.9087)	—
省域服务外包水平	—	5.9055*** (0.1205)	—	5.9859*** (0.1002)	—	5.9859*** (0.1002)	—	5.9859*** (0.1002)
控制变量	yes	yes	yes	yes	yes	yes	yes	yes
第一阶段 F 值	—	173.56	—	258.81	—	258.81	—	258.81
Wald 检验	8.23***	—	5.72***	—	89.21***	—	14.75***	—
观测值	377	377	455	455	455	455	455	455

注：***、**、*分别表示在1%、5%和10%水平上显著，括号内为标准误。

平上显著，说明可以拒绝变量外生的原假设，认为存在内生性问题。四组模型的第一阶段回归中，工具变量省域服务外包水平对农户服务外包水平在1%的显著性水平上存在正向影响，且根据经验，显著性检验的 F 值均远大于10，说明不存在弱工具变量的问题（Stock and Yogo，2005）。工具变量的第二阶段回归结果表明：在解决内生性问题之后，农户服务外包程度仍在1%的显著性水平上正向影响农户技术学习行为，在5%的显著性水平上正向影响农户技术学习强度；农户服务外包程度在1%的显著性水平上负向影响农户技术学习时间和费用。再次说明生产环节服务外包程度与农户技术学习行为、强度之间存在互补关系，生产环节服务外包程度与农户技术学习时间、费用之间存在替代关系。

三 农机服务外包、技术学习成本对粮食全要素生产率的影响

农户采用生产环节服务外包的方式如何通过技术学习对粮食全要素生产率产生影响？在服务外包影响粮食全要素生产率的计量模型中，加入服务外包程度与农户技术学习成本的交互项，技术学习成本从学习时间和学习费用两个维度分别加以验证。表7—18列出了计量模型（7.12）（7.13）的参数估计结果。表7—18 第（1）（2）列加入的是生产环节服务外包程度与农户技术学习时间的交互项，第（3）（4）列加入的是生产环节服务外包程度与农户技术学习费用的交互项。分别采用 OLS 和 2SLS 的方法对计量模型（7.12）（7.13）进行估计，结果显示将农户技术学习时间和费用分别与服务外包程度进行交互以后，服务外包程度对粮食全要素生产率均产生显著正向影响，2SLS 的估计系数均在1%的显著性水平上显著，与之前的结论一致。第（1）（2）列结果显示服务外包程度与农户技术学习时间的交互项的估计系数显著为负，说明技术学习时间的节约可以激励农户采用服务外包的方式提高粮食全要素生产率。第（3）

（4）列结果显示技术学习费用的估计系数显著为负，说明技术学习费用的降低可以激励农户寻找提高粮食全要素生产率的方式。服务外包程度与农户技术学习费用的交互项的估计系数显著为负，说明技术学习费用的降低可以激励农户通过服务外包的方式促进粮食全要素生产率提升。农户技术学习时间和费用与服务外包程度的交互项均对粮食全要素生产率起到显著负向影响，说明服务外包程度通过降低技术学习成本对粮食全要素生产率产生促进作用。本书借鉴李骏等（2018）的方法加入服务外包与学习成本变量的交叉项后，结果显示农机服务外包与农户技术学习成本的交互项对粮食全要素生产率具有显著负向影响，说明农户技术学习成本越低，农机服务外包对粮食全要素生产率的促进效应越显著，从而验证了农机服务外包通过技术学习的替代效应促进粮食全要素生产率提升。

表7—18　　农机服务外包与技术学习成本的关联
效应影响粮食 TFP 的回归结果

	农户粮食全要素生产率		农户粮食全要素生产率	
	OLS（1）	2SLS（2）	OLS（3）	2SLS（4）
服务外包程度	0.0491 **	0.0561 ***	0.0339 **	0.0498 ***
	(0.0179)	(0.0217)	(0.0159)	(0.0185)
技术学习时间	−0.0638	−0.0693	—	—
	(0.0597)	(0.0589)		
服务外包程度×技术学习时间	−0.0202 *	−0.0223 **	—	—
	(0.0109)	(0.0111)		
技术学习费用	—	—	−0.1068 *	−0.1179 **
			(0.0558)	(0.0552)
服务外包程度×技术学习费用	—	—	−0.0210 **	−0.0242 **
			(0.0097)	(0.0097)
农户生产特征	控制	控制	控制	控制
农户经济特征	控制	控制	控制	控制
农户家庭特征	控制	控制	控制	控制
农户个人特征	控制	控制	控制	控制
常数项	0.4881	0.5116	0.5512 *	0.6207 *
	(0.3193)	(0.3145)	(0.3248)	(0.3217)

续表

	农户粮食全要素生产率		农户粮食全要素生产率	
	OLS（1）	2SLS（2）	OLS（3）	2SLS（4）
观测值	455	455	455	455
R^2	0.044	0.043	0.045	0.043

注：***、**、*分别表示在1%，5%和10%水平上显著，括号内为稳健标准误。

　　为了进一步确保研究结论的可靠性，本书将调查数据划分为不同子样本进行稳健性检验。首先按照不同粮食种类划分为种植水稻农户样本和种植小麦农户样本，按照不同地区划分为东部地区农户样本、中部地区农户样本和西部地区农户样本。分别对这五个子样本进行 Probit 模型和 Tobit 模型估计。不同子样本的农户生产环节服务外包程度与技术学习行为的稳健性结果见表7—19，结果显示农户服务外包程度对种植水稻和小麦的农户技术学习行为均产生显著的正向影响，东部、中部和西部地区的农户样本也显示服务外包程度对农户技术学习行为产生显著正向影响。种植不同粮食种类和不同地区的农户技术学习强度稳健性结果见表7—20，不同子样本的农户技术学习时间和费用的稳健性结果见表7—21 和表7—22。从表7—20 的稳健性检验结果看出，绝大部分估计模型中服务外包程度与农户技术学习强度呈显著正相关；表7—21 的稳健性检验结果显示服务外包程度与农户技术学习时间呈显著负相关；表7—22 的稳健性检验结果显示服务外包程度与农户技术学习费用基本呈显著负相关。表7—23 给出的是种植不同种类粮食的农户样本中，加入服务外包程度与技术学习成本的交互项后对全要素生产率影响的稳健性检验结果，可以看出不同粮食种类的子样本均显示农户服务外包程度通过技术学习时间、技术学习费用的替代效应对粮食全要素生产率产生促进作用。由以上系列稳健性检验可知结果基本符合预期，说明本书的实证结果具有一定稳健性。

表 7—19　　不同粮食种类和不同地区的技术学习行为稳健性检验结果

技术学习行为	水稻		小麦		东部		中部		西部	
	系数值	边际系数	系数值	边际系数	系数值	边际系数	系数值	边际系数	系数值	边际系数
服务外包程度	2.260***	0.515***	2.225***	0.681	2.436**	0.761**	4.298***	0.56	2.829***	0.574***
	(−0.5561)	(−0.1176)	(−0.7651)	(−5.1032)	(−1.0017)	(−0.3185)	(−1.3679)	(−33.1634)	(−0.8532)	(−0.1845)
控制变量	控制	控制	控制	控制	控制	控制	控制	控制	控制	控制
常数项	−0.1410	—	−1.173	—	−2.698*	—	0.57	—	−2.279**	—
	(−0.8443)		(−0.9483)		(−1.4904)		(−2.2702)		(−1.1576)	
观测值	236	236	139	139	87	87	119	119	149	149

注：***、**、* 分别表示在 1%、5% 和 10% 水平上显著，括号内为标准误。下表同。

表7—20 不同粮食种类和不同地区的技术学习强度稳健性检验结果

技术学习强度	水稻		小麦		东部		中部		西部	
	系数值	边际系数	系数值	边际系数	系数值	边际系数	系数值	边际系数	系数值	边际系数
服务外包程度	53.3417***	14.9691***	6.5470**	4.5211**	2.2841	1.4920	-2.0982	-1.3783	13.4663**	8.6342**
	(12.9375)	(3.6495)	(2.9939)	(2.0619)	(3.8638)	(2.5234)	(5.3079)	(3.4866)	(5.7676)	(3.6889)
控制变量	控制	控制	控制	控制	控制	控制	控制	控制	控制	控制
常数项	16.3841	—	-4.0785	—	-8.8936	—	-4.4349	—	22.4681**	—
	(23.2026)		(5.0964)		(6.9126)		(9.4340)		(9.3984)	
观测值	283	283	172	172	105	105	179	179	171	171

注: ***、**、* 分别表示在1%、5%和10%水平上显著,括号内为标准误。下表同。

表7—21 不同粮食种类和不同地区的技术学习时间稳健性检验结果

技术学习时间	水稻		小麦		东部		中部		西部	
	系数值	边际系数	系数值	边际系数	系数值	边际系数	系数值	边际系数	系数值	边际系数
服务外包程度	-5.4897***	-3.1364***	-1.2249***	-0.7674***	-1.3763***	-0.8909***	-1.2094**	-0.9877**	-2.5005***	-1.8401***
	(0.6855)	(0.4209)	(0.3598)	(0.2241)	(0.5015)	(0.3219)	(0.5155)	(0.4193)	(0.3575)	(0.2540)
控制变量	控制	控制	控制	控制	控制	控制	控制	控制	控制	控制
常数项	0.5135	—	1.8002***	—	1.1871	—	-0.2389	—	2.6641***	—
	(1.1299)		(0.6124)		(0.8972)		(0.9163)		(0.5825)	
观测值	283	283	172	172	105	105	179	179	171	171

注：***、**、*分别表示在1%、5%和10%水平上显著，括号内为标准误。下表同。

表7—22 不同粮食种类和不同地区的技术学习费用稳健性检验结果

技术学习费用	水稻		小麦		东部		中部		西部	
	系数值	边际系数	系数值	边际系数	系数值	边际系数	系数值	边际系数	系数值	边际系数
服务外包程度	-8.3617***	-6.9265***	0.0086	0.0048	-0.5348	-0.2955	-0.5284	-0.3193	-2.5811***	-1.8522***
	(2.6799)	(2.2288)	(0.4018)	(0.2241)	(0.3837)	(0.2120)	(0.3319)	(0.2008)	(0.6702)	(0.4763)
控制变量	控制	控制	控制	控制	控制	控制	控制	控制	控制	控制
常数项	5.7629	—	1.1952*	—	0.0656	—	0.5733	—	4.3278***	—
	(4.0500)		(0.6839)		(0.6865)		(0.5900)		(1.0921)	
观测值	283	283	172	172	105	105	179	179	171	171

注：***、**、*分别表示在1%、5%和10%水平上显著，括号内为标准误。下表同。

表7—23　　　　　　服务外包程度、技术学习成本影响粮食
全要素生产率的稳健性检验

粮食全要素生产率	水稻	小麦	水稻	小麦
	2SLS	2SLS	2SLS	2SLS
服务外包程度	0.0204	0.0890***	0.0112	0.0829***
	(0.0425)	(0.0234)	(0.0270)	(0.0232)
技术学习时间	−0.0602	−0.0930	—	—
	(0.0821)	(0.0993)		
服务外包程度×技术学习时间	−0.0158	−0.0324*	—	—
	(0.0180)	(0.0168)		
技术学习费用	—	—	−0.0988	−0.0757
			(0.0678)	(0.1195)
服务外包程度×技术学习费用	—	—	−0.0175	−0.0194
			(0.0124)	(0.0194)
农户生产特征	控制	控制	控制	控制
农户经济特征	控制	控制	控制	控制
农户家庭特征	控制	控制	控制	控制
农户个人特征	控制	控制	控制	控制
常数项	0.5154	0.6915	0.6375	0.6923
	(0.4582)	(0.4359)	(0.4682)	(0.4401)
观测值	283	172	283	172
R^2	0.050	0.159	0.050	0.137

注：***、**、*分别表示在1%、5%和10%水平上显著，括号内为标准误。下表同。

第四节　本章小结

本章主要从微观机制上验证了农机服务外包对粮食全要素生产率的影响。首先利用笔者2019年组织调查的农户截面数据验证农机服务外包程度的提高是否有助于农户提升粮食全要素生产率。采用2SLS和工具变量分位数回归模型得出农户生产环节外包行为显著影响粮食全要素生产率，服务外包程度的提高有利于促进粮食全

要素生产率的提升，服务外包程度对高水平粮食全要素生产率的促进作用更加明显。采用服务外包的方式对种粮面积在 8 亩以上规模的农户才显示出对粮食全要素生产率具有明显促进作用。其次根据生产性服务是人力资本的传送器理论，将农户家庭人力资本水平与服务外包程度的交互项引入模型，分别从劳动密集型环节和技术密集型环节对人力资本的互补效应进行验证。结果表明技术密集型环节外包对粮食全要素生产率的促进作用比劳动密集型环节外包更明显。劳动密集型环节外包可以缓解农业劳动力老龄化带来的负面影响，技术密集型环节外包可以弥补受教育程度偏低对粮食生产带来的负面影响，技术密集型环节外包对人力资本的互补效应是粮食全要素生产率提升的微观机制之一。最后从技术学习的视角验证了农机服务外包影响粮食全要素生产率的微观机制。微观截面数据的组间均值差异分析反映出不同农机服务外包程度的农户在技术学习上存在明显差异，农机服务外包高程度组的农户在技术学习时间和费用上低于服务外包低程度组。为了研究农机服务外包与农户技术学习的关系，采用Ⅳ-Probit 模型和Ⅳ-Tobit 模型得出农机服务外包对农户技术学习具有替代效应。通过验证农机服务外包与技术学习成本的交互效应对粮食全要素生产率的影响说明农户技术学习成本的降低是农机服务外包促进粮食全要素生产率的提升的重要微观机制。得到的主要结论如下。

（1）农户采用服务外包的生产方式会影响粮食全要素生产率，农机服务外包程度的提升有利于农户提高粮食全要素生产率。农户服务外包的程度对高水平组粮食全要素生产率的促进作用更加明显，农户服务外包的生产方式将对粮食全要素生产率的提高起到"锦上添花"的作用。农机服务外包对粮食全要素生产率的促进作用在农户层面的实现需要以规模经营为前提条件，农户种粮面积超过一定阈值时，农机服务外包的生产方式才能表现出对粮食全要素生产率的显著促进作用。应大力推行和促进土地规模经营，通过土地规模经营和服务规模经营的有效衔接来实现农业高质量发展的路径。

（2）农机服务外包通过人力资本的互补效应提高粮食全要素生产率的微观机制主要体现在技术密集型环节。劳动密集型和技术密集型环节外包均有利于提高粮食生产的全要素生产率，不同类型环节外包对高水平组全要素生产率的促进作用更明显，调查显示当前劳动密集型环节外包对粮食全要素生产率的促进作用比技术密集型环节外包更明显，应加快技术密集型环节外包的发展。劳动密集型环节外包可以缓解农业劳动力老龄化带来的不利影响，而技术密集型环节外包可以弥补人力资本流失对粮食生产带来的负面影响。劳动密集型环节外包与老龄化程度的互补效应并不明显，技术密集型环节外包与受教育程度之间具有明显的互补效应。服务外包的生产方式在解决劳动力数量不足问题的同时，还解决了人力资本流失带来的农业劳动力质量下降的问题。本书的实证结果为农业生产服务外包具有弥补农业劳动力质量下降、技能不足的作用提供经验证据。

（3）农机服务外包与农户技术学习行为、技术学习强度之间存在互补效应，服务外包与农户技术学习时间、技术学习费用之间存在替代效应。从有无技术学习行为、技术学习强度、技术学习时间和技术学习费用四个维度来刻画农户技术学习，其中有无技术学习行为、技术学习强度反映农户的技术学习意愿，技术学习的时间和费用反映农户的技术学习成本。农户在农机服务外包行为和程度上表现不同，其在技术学习方面也存在明显差异。农机服务外包对农户技术学习行为表现出显著正向影响，说明农户的服务外包程度越高，农户越愿意学习新技术。农机服务外包对农户技术学习成本表现出显著负向影响，说明农户的服务外包程度越高越有利于降低农户的技术学习成本。

（4）农机服务外包通过技术学习的替代效应提高农户的粮食全要素生产率。农机服务外包不仅对农户生产的"硬件"投资（生产性投资）具有替代效应（胡新艳等2020），还对农户生产的"软件"投资（技术学习）具有替代效应。农机服务外包程度越高，说明农户粮食生产的专业化水平越高，农户越愿意学习和采纳新品种、改进生产技术。服务外包组织在进行机械作业过程中传播新品种、新工艺、新方法，带来的技术外溢性也会提高农户技术学习强度。服务外包程度越高，专业的农机手和服务组织带来先进技术，会缩短农户技术学习时间，降低学习费用，甚至替代农户的学习过程。农户技术学习成本与服务外包程度的交互影响反映了技术学习时间的节约和学习费用的降低可以激励农户通过农机服务外包的方式促进粮食全要素生产率提高。

第 八 章

研究结论与政策建议

本书对农机服务外包是否影响粮食全要素生产率的科学问题进行回答，并对农机服务外包如何影响粮食全要素生产率的机制进行验证，得出一些新颖的结论。本章就前文的理论和实证分析进行总结，概括得出本书的主要研究结论和观点，进而提出相关政策建议。本书的研究结论和政策建议将为促进粮食生产高质量发展指明路径，为促进小农户与现代农业有机衔接提供参考。

第一节　研究结论

在物质要素投入增长逐渐乏力的趋势下，面对资源与环境的双重约束，激发全要素生产率的增长是今后确保粮食安全和持续高质量发展的重要方向。本书以农机服务外包为切入点，在借鉴服务经济的研究基础上构建了农机服务外包影响粮食全要素生产率的理论框架。然后分别从省级和农户层面对农机服务外包的生产方式能否成为粮食全要素生产率的增长来源进行验证，并围绕农机服务外包如何影响粮食全要素生产率的机制展开实证研究。本书依据"文献梳理→理论构建→实证检验→结论建议"的思路，省级层面采用国家统计年鉴数据，农户层面采用笔者抽样调查的数据，综合运用随机前沿分析和计量经济分析方法，得到本书的主要结论。

结论一：以农业机械化为代表的服务外包生产方式可以成为粮食全要素生产率的增长来源，农机服务外包程度的提升有利于农户提高粮食全要素生产率。粮食生产的"十五连增"与农机服务的发展密不可分。中国农机服务市场在2004—2007年处于初级发展阶段，2008年以后转为中级发展阶段。农机服务市场进入中级阶段后显示出对粮食全要素生产率增长的促进作用，说明农机服务对粮食全要素生产率增长的作用存在一定的滞后效应。劳动密集型和技术密集型环节外包均有利于提高粮食生产的全要素生产率，现阶段劳动密集型环节外包对粮食全要素生产率的促进作用高于技术密集型环节外包。农机服务外包的程度对高水平组农户的粮食全要素生产率产生的促进作用更加明显，说明生产率水平越高的农户采用农机服务外包方式的效果更好。农机服务外包对粮食全要素生产率的促进作用在农户层面的实现需要以土地规模经营为前提条件。农户种粮面积至少在8亩以上才显示农机服务外包对粮食全要素生产率产生显著的促进作用。当前中国家庭小规模分散经营阻碍了农机服务外包方式对粮食全要素生产率的促进作用，应大力推行和促进土地规模经营，通过土地规模经营和服务规模经营的有效衔接来实现农业高质量发展。

结论二：农机服务外包通过农业分工的调节效应影响粮食全要素生产率。"斯密—杨格"定理的理论内核表明分工程度取决于市场容量的大小，由分工引发的专业化生产环节（市场容量）及其网格效应也会影响分工。农户粮食生产的分工程度与农业生物的生命节律有关，粮食作物连片种植所决定的市场特殊性影响着市场容量。粮食作物连片种植的比例越高，统一进行农机作业服务的可能性越高。只有当经营规模超过一定的阈值后，在连片种植条件下形成服务市场容量，由商品化率表征的农业分工程度得到深化，此时才能产生促进全要素生产率提升的边际效应。实证结果显示引入粮食商品率表征农业分工程度的调节变量后，农机服务外包程度与农业分工程度的交互项在 1% 的显著性水平上对粮食全要素生产率产生正向影响，说明农业分工程度的调节效应显著，农机服务外包程度对粮食全要素生产率的影响系数由 0.0498 提高至 0.1225。说明农机服务外包在农业分工的调节作用下有助于进一步提升粮食全要素生产率，农机服务外包程度反映出农业分工的深化，有利于促进粮食全要素生产率的提升。农业分工与农机服务外包的交互影响有助于增强粮食全要素生产率的促进作用，补充说明了农业分工与服务市场容量具有的相互关联性（张露、罗必良，2018）。在小农户家庭经营的国情下，通过发展农机服务外包可以将小农户卷入农业分工，从而提高小农户的全要素生产率，实现小农户与现代农业的有机衔接。

结论三：农机服务外包通过技术进步偏向的中介效应影响粮食全要素生产率。本书将诱致技术变迁模型的核心概念要素相对价格进行了拓展，并将诱致技术变迁分析框架从关注要素相对价格的作用拓展到关注服务相对价格的影响。由于土地要素市场并不完善，农户难以通过扩大土地经营规模来达到自家购置机械的技术经济性。在超小土地经营规模的条件下，农机服务外包的方式可以提高大型农机具的利用率，形成对农业资本要素的迂回使用。由于机械使用经济性或盈亏平衡点的制约，农机服务相对价格的下降是农户用机械替代劳动的主要诱致因素。农机服务相对价格的下降对小农户采用节约劳动技术的诱致作用比机械要素相对价格下降对节约劳动技术的诱致作用更明显。技术进步偏向在服务外包的生产方式下加速形成，由此促进全要素生产率提升。实证结果表明购置农机的价格与劳动力的相对价格对技术进步偏向的形成未产生明显的直接诱导作用。农机服务与劳动力之间的相对价格变化对技术进步偏向的形成产生了显著的诱导作用。购置农机的要素相对价格通过服务外包的路径对技术进步偏向产生间接影响。农机服务外包在要素相对价格的诱导机制下促进技术进步偏向的形成，并通过技术进步偏向的中介作用促进粮食全要素生产率提高。在小农户长期大量存在的国情下，服务规模经营是中国农业走向现代化的发展方向，农机服务外包对诱导技术进步偏向的叠加效应是促进小农户与现代农业有机衔接的重要机制。

结论四：农机服务外包通过人力资本的互补效应促进农户粮食全要素生产率的提升，是农机服务外包提升粮食全要素生产率的重要微观机制之一。服务经济文献强调生产性服务具有人力资本传送器功能（Grubel and Walker，1989），本书重点关注农机服务作为生产性服务在农业劳动力质量层面的补充作用。农户通过服务外包的方式迂回利用中间服务商的人力资本，服务外包的环节越多，输入的人力资本和知识资本越多，越有利于提高粮食全要素生产率。劳动密集型环节外包可以缓解农业劳动力老龄化带来的不利影响，技术密集型环节外包可以弥补人力资本流失对粮食生产带来的负面影响。本书将劳动密集型环节外包与老龄化程度的交互项引入计量模型后，发现老龄化程度和交互项对 0.75 分位点上的粮食全要素生产率产生正向影响。将技术密集型环节外包程度与受教育程度的交互项引入后，发现受教育程度和交互项对 0.75 分位点上的粮食全要素生产率产生显著正向影响。实证结果表明：农户对劳动密集型环节进行服务外包可以抵消老龄化对全要素生产率增长产生的抑制作用，农户将技术密集型环节服务外包可以抵消受教育程度偏低对粮食全要素生产率的抑制作用。劳动密集型环节外包与老龄化程度的互补效应不明显，技术密集型环节外包与受教育程度之间具有明显的互补效应。农机服务外包通过人力资本的互补效应提升全要素生产率的微观机制主要体现在：农机服务外包生产方式对农业劳动力老龄化和受教育程度偏低的弥补。农机服务外包不仅可以实现"迂回生产"和"迂回投资",还能实现"人力资本的迂回利用"。

结论五:农机服务外包通过技术学习的替代效应促进农户粮食全要素生产率的提升,是农机服务外包提升粮食全要素生产率的另一重要微观机制。农机服务市场拓展了农户"信息邻居"(Information Neighbors)的来源渠道,农户在外包的知识转移和分享功能中互相学习。农机服务外包影响农户技术学习的分析框架表明服务外包的技术学习渠道可以降低农户学习成本,甚至替代农户的学习过程。农户调查数据的组间均值差异反映出服务外包高程度组中农户的技术学习意愿明显高于服务外包低程度组,农机服务外包高程度组的农户在技术学习时间和费用上远低于服务外包低程度组。进一步检验得到生产环节服务外包程度与农户技术学习行为、技术学习强度之间存在互补关系,生产环节服务外包程度与农户技术学习时间、技术学习费用之间存在替代关系。本书在服务外包影响粮食全要素生产率的计量模型中加入服务外包程度与农户技术学习成本的交互项,技术学习成本从学习时间和学习费用两个维度分别进行验证。实证结果显示:服务外包程度与农户技术学习时间的交互项系数显著为负,说明技术学习时间的节约可以激励农户采用服务外包的方式提高粮食全要素生产率;服务外包程度与农户技术学习费用的交互项系数显著为负,说明技术学习费用的降低可以激励农户通过服务外包的方式促进粮食全要素生产率提升。服务外包程度通过降低技术学习时间和费用促进农户采纳新技术,从而实现粮食全要素生产率的提升。农机服务外包对农户生产"软件"投资(技术学习)的替代效应是农机服务外包促进粮食全要素生产率提高的重要微观机制。

在当前"大国小农"的背景下,农机服务外包是农户粮食生产的普遍方式。农机服务发展极大地加速了中国粮食生产的机械化进程。Grubel 和 Walker（1989）将农业生产服务作为生产全过程的第三方，是小农户农业生产的重要参谋，通过农机外包服务迂回生产提高专业化程度，并提高劳动与其他要素的生产率。农机服务外包不仅加速机械替代劳动力的进程，还将生产服务外包呈现出的功能和效应带入了农业部门，促进农业分工，实现规模经济，提高全要素生产率。在理论分析和实证检验基础上，本书认为农机服务外包通过以下三条路径提升粮食全要素生产率。

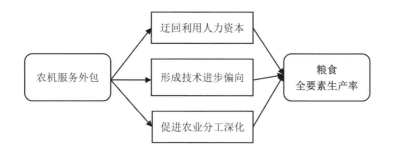

图 8—1　农机服务外包提升粮食全要素生产率的路径

路径一：迂回利用人力资本。农机服务外包通过迂回利用人力资本的路径提升粮食全要素生产率。人们普遍认为农业部门比较收益低，高文化程度和高素质的人才往往更倾向于远离农业、农村，因此农村人力资本流失已经成为农村劳动力市场的常态。人力资本是经济长期增长的动力源泉（Schultz，1964），面对农村人力资本长期的大量外流，服务外包生产方式的出现，解决了"无人种地"的问题。机械对劳动力数量的替代是农机服务外包对粮食生产带来益处的主要原因。然而，要解决"如何种好地"的问题，必须正面回应农业人力资本流失的问题。

生产者服务部门是人力资本和知识资本的传送器（Grubel and Walker，1989），服务部门的增长是知识和人力资本积累过程的结果。农户将粮食生产环节以支付服务费用的方式交给农机服务中间商,在用机械化作业完成生产环节任务的同时,也包含了人力资本的迂回利用过程。一方面,农机服务中间商在生产的专业化和资产专用性方面比小农户更加具有优势;另一方面,农机服务商要形成专业化的服务供应市场,必须掌握先进技术、了解市场行情、知晓作物种植特性,因此农机服务中间商一般在人力资本水平上比小农户的人力资本水平更高。农机服务供应商在承接农户作业任务的过程中,不仅实现生产的迂回,还实现了人力资本的迂回利用。罗必良(2017)强调农业生产环节服务外包通过横向分工和纵向分工形成的服务网格,实现迂回生产,形成专业化。这里的迂回是指机械替代劳动的生产迂回,侧重点在于劳动力数量或者体力层面;而本书所要强调的是农机服务外包在劳动力质量或者智力层面的功能。农机服务外包通过迂回利用服务商的人力资本促进新技术的推广和采纳,形成人力资本深化,从而促进粮食全要素生产率的提升。

路径二:形成技术进步偏向。技术进步偏向有助于全要素生产率增长。机械化发展是粮食生产现代化的必然之路,因此以机械化生产为代表的技术进步是实现粮食全要素生产率提升的关键。中国已经提出到2035年农业基本实现现代化的奋斗目标,以规模经营为实现条件的机械化作业与农户家庭小规模经营的国情相矛盾,农户通过家庭购置农机具既不经济,还会造成资源浪费。农机服务外包的生产方式则可以解决这一问题,既可以帮助农户实现小规模经营的机械化作业(前提是形成连片化种植),又可以让农户低成本利用机械要素,从而形成机械要素投入偏向型技术进步。

本书对诱致技术变迁模型的拓展说明服务要素的相对价格会诱致技术进步偏向的形成。与农户家庭购买农机具相比,农户采用服务外包的方式可以解决家庭购置农机具不经济、利用率不高以及农机具日常维护成本高等问题。当机械购置的价格超出农户经营规模的技术使用经济性后，农户可能会选择"抛荒""弃种"甚至采用传统的畜力耕种。农机服务外包为小规模家庭经营的农户提供了更为经济的机械要素使用方式，诱导农户采用劳动节约型的技术。随着农机服务市场的发展，高精尖端大中型农机具逐渐投入粮食生产过程，与之相配套的新品种得到推广；旋耕机播种、育秧一体化、精量播种、精量施肥、无人机植保等技术通过外包的模式在粮食生产中广泛应用。可以看出，农机服务外包充分发挥了生产者服务的功能，将高科技含量、现代化的机械操作带入农户生产环节，产生技术溢出效应，形成技术进步偏向并促进粮食全要素生产率的提升。

路径三：促进农业分工深化。根据"斯密—杨格"定理，农户服务外包行为中形成的农机作业服务容量与粮食作物连片种植后形成的纵向分工和横向分工有关。受到农业生物生命节律的影响，粮食作物连片种植所决定的市场特殊性影响着市场容量，粮食作物连片种植的比例越高，机械作业形成规模化条件，农机服务市场容量越大。农机服务水平越高，农业分工程度越高。由农机作业服务决定的农业分工程度对粮食全要素生产率的提升存在正向的边际效应。

农机服务供应商在承包中可以帮助小农户经营实现大机械、新技术的分工经济。农户采用服务外包的方式进行机械化生产能够使小农户获得大规模生产才有的规模经济，便于小农户利用先进技术，特别是具有规模效应门槛的先进技术。小农户将机械作业环节发包出去还需要一定的经营规模作为条件。因为经营规模太小无法形成一定的农机服务市场容量，也很难达到大机械化作业要求的规模门槛。只有当经营规模超过一定的阈值后，在连片种植条件的实现下形成服务市场容量，由商品化率表征的农业分工程度逐渐深化，形成全要素生产率提升的边际效应。农业社会化服务是农业分工和专业化发展的产物，生产服务要素作为农业生产的"黏合剂"有机联结着农业生产的各个环节。以服务外包方式形成的服务规模经营有利于农业分工深化，促进全要素生产率的提升。

第二节　政策建议

通过以上研究得出的相关结论，本书的政策启示在于：面对当前农村劳动力大量转移且逆转可能性不大的实际情况，进一步大力推广并提升现代化智慧化农机外包服务水平将有助于提高粮食全要素生产率，从而夯实粮食生产基础，保障国家粮食安全。提高小农户的全要素生产率可以通过服务产生的分工经济来实现。要强化政策引导，关注政策时效，科学谋划，做好顶层设计。要平衡农机服务市场的区域发展，调整优化粮食生产区域布局，带动中国粮食生产全面向现代化、智慧化、规模集约化方向发展。本书从规模经营、农机补贴政策、服务市场管理、服务队伍建设、农业生产条件等五个方面提出政策建议。

一　促进土地规模经营和服务规模经营的有效衔接

促进土地规模经营和服务规模经营路径的有效衔接，因地制宜选择农业规模化经营路线。在农业基本制度方面，为稳定农民对国家土地的长期使用权，还需要继续坚持家庭联产承包责任制。为提升中国农业规模经营水平，各地区可根据实际选择农业服务规模经营或通过土地流转形成的规模经营路径。在实际生产中要着力采取具体有效措施支持农机服务外包发展（冀名峰、李琳，2020）。加强对农业生产托管服务业的政策支持（姜长云，2020），将农业生产性服务外包作为政策激励的主要方面，应重点补助服务事业主体，帮助生产服务外包行业整体提升（冀名峰、李琳，2020）。在农户分化的现实背景下，分类指导农户走差异化的农业资本化路径，诱导大规模农户成为农机作业服务的供给主体，激发小农户购买农机服务的大机械生产需求（胡雯等，2019）。进一步优化粮食生产布局结构，提高主产区粮食生产的专业化、产业化、市场化和商品化水平，进一步促进经济发达非主产区现代粮食生产水平的提升，加快现代粮食产业园建设。充分考虑区域粮食品种结构差异、区域生产条件差异、生产环节特性差异，重点帮扶粮食生产机械化水平相对落后的品种、会诊扶持机械化生产薄弱环节。激励有条件的地区加快土地流转，激发小农户粮食种植的土地规模化和集中连片化。打造农业创新成果转化应用服务平台，加大发展创新成果转化及应用，促进农业生产服务体系的有机构成并全面服务农业现代化（芦千文，2019）。

二　建立农机补贴政策动态调整机制

农机补贴政策的目标是积极推动全程机械化的发展，提高生产的标准化程度。然而，我国农业生产机械化发展在农机具类型、生产品种、生产环节、生产区域、生产条件等方面非常不平衡，因此，需要通过建立一整套农机补贴政策的动态调整机制，以协调和推进农业生产全程机械化的有序均衡发展。通过建立健全农机补贴政策动态调整机制，激励农机服务市场全面发展，带动小农户机械化生产和作业，逐步促进我国农业走向机械化、现代化、集约化之路。首先，应该从农机补贴对象上建立动态调整机制。循序渐进将农机补贴对象由补贴农机具转为农机服务作业量，鼓励农业生产服务供应商根据服务作业面积申报补贴。其次，应该从农机补贴范围上建立动态调整机制。对于农机具的补贴要从补贴小功率、简易式小农具逐步调整为补贴大功率、高新技术大农机。将饱和农机具逐步退出补贴范围，补贴资金向薄弱的、关键性的技术环节倾斜。再次，应该从农机补贴标准上建立动态调整机制。通过农机补贴标准的动态变化反映出国家对农业生产支持的政策走向。在粮食生产关键品种、生产率提升的关键环节上提高补贴标准，鼓励农机服务供应商采用新品种、新技术。最后，还应该从农机补贴时机上建立动态调整机制。在农业生产性服务市场发育不完善、发展程度较低时加大农机补贴力度，在农业生产性服务市场逐渐形成和完善时应及时降低农机补贴标准。此外，对于农机服务组织还应该给予更多地融资、农业建筑用地、保险等方面的政策和政府服务，这样比直接的现金补贴更加有利于农业生产性服务市场的发展（张宗毅、杜志雄，2018）。

三　规范农业生产性服务市场管理

农业生产现代化的重要路径是培育农业生产社会服务组织。本书研究结论表明发展农机服务市场可以促进粮食全要素生产率的提升，由于当前中国农机服务市场发展不平衡、管理不规范，导致农机服务外包对粮食全要素生产率的促进作用还有提升空间，同时也存在明显的区域异质性。因此，有必要从农业生产性服务市场管理着手，协调统筹农业生产性服务市场发展，规范管理农业生产性服务市场。通过培育农业生产社会服务市场，按类别帮扶农业经营主体，根据规模农户的生产要素匹配形成新型农业经营主体；鼓励小规模农户通过购买农业生产性服务的方式卷入农业纵向分工，从而达到适度规模经营的效率最优。大力支持农业生产性服务企业做大做强，引导农业生产性服务业向本地化和集聚化发展。农机服务外包应该朝着产业化、信息化、一体化、平台化方向发展。农业生产性服务产业的主体可以从家庭农场、新型农业经营主体、农业龙头企业、农村合作社中发展，培养多样化的委托代理市场，整合资源，为农户提供高质、价廉的农机服务。着力打造中国农业机械作业信息平台，运用"全国农机化生产信息服务平台""农机跨区作业直通车"等信息系统，积极联动小农户与农机服务组织，对接双方农机服务需求信息，整合各区域资源，科学调配资源（虞松波等，2019）。推广应用"保姆式"全托管和"菜单式"半托管服务，从而提升其农业生产性服务水平（彭柳林等，2019），结合不同类型农户的生产需求，制定差异化的外包服务产品。鼓励研发绿色环保、化学减量化、精准高效的大中型农业机械以应对不同区域、不同地形地貌以及生产窗口期的异质性，农业生产服务主体应结合资源配置效率、地理环境、市场容量等确定服务半径（张琛等，2020）。通过建立农机服务价格形成机制、农机服务质量管理认证机制、农机服务市场竞争机制来强化农业生产性服务市场的管理，提高小规模农户对农机服务的可获得性，降低农户购买服务成本，提高外包服务效率和质量。

四 打造高素质农业生产服务队伍

本书的研究结论表明农机服务外包通过人力资本的互补效应促进粮食全要素生产率提升，农机服务外包通过迂回利用服务组织的人力资本，弥补农业人力资本的大量外流，缓解农业劳动力老龄化的负面影响。因此，有必要大力提升农业生产性服务业的人力资本，打造出高素质的农业生产服务队伍。要创新农业社会化服务模式、健全农业社会化服务体系，同时抓好新型职业农民培育工程建设与新型农业经营主体培育工程（穆娜娜等，2019）。加大新型职业农民培育工程的建设力度，鼓励职业农民从事农业生产服务业，加大返乡创业农民投身农机服务行业支持力度。吸纳青壮年劳动力加入农业生产服务队伍，缓解农业劳动力老龄化带来的不利影响。充分考虑农户从业经历的多样性，鼓励部分有志于农业农村的农村劳动力回流，这些新型复合型农民，可以在乡村更好地发挥作用，帮助农村快速振兴（罗明忠等，2019）。打造高效服务交易平台，培育符合市场规律的农业外包服务市场，降低交易成本，为农户参与农业服务细化分工提供便利（胡新艳等，2020），通过迂回利用服务供应商的人力资本破解小农户技术学习动力不足、能力不够的约束，使得采用农机服务外包方式的小农户轻松融入现代农业的生产和发展。应积极采取积极措施激发小农户采用农机服务外包的生产方式，进一步降低农户的学习成本；引导人才、技术、资本向农业生产性服务业流动并聚集，使生产性服务业成为农业经济新的增长点。

五 逐步改善农业生产经营条件

改善农业生产经营环境和条件可以加快农业生产性服务业的发展，良好的农业生产经营条件可以大力提升农机服务外包促进全要素生产率的作用。改善农业生产经营条件应从以下几个方面着手。第一，加快农村信息化基础设施建设。提高农业信息服务质量可以有效提升广大农民的信息获取和判别能力（祝华军等，2018）。强化信息化基础设施建设，打造农机服务信息平台，科学匹配农机服务供需信息；完善并执行农机社会化服务质量标准体系，降低其交易成本（马九杰等，2019）。第二，合理规划布局粮食生产，调整粮食种植区域与结构。通过土地整治与地块互换推进农户土地经营的连片化种植，强化粮食生产布局的组织化与生产性服务专业化（罗必良等，2019），引导农作物种植的区域专业化呈纬度差异化布局，形成区域横向分工和连片专业化生产的格局（杨高第等，2020）。第三，着力推进耕地的集中连片，破解细碎化难题。目前，解放和发展农村生产力需要重点破解耕地分散化问题。各地要因地制宜，出台相应的政策，加大项目支持力度，搞好综合协调，在村庄内推行土地置换或者联耕联种，引导农户进行适度规模经营，并在此过程中保证土地连片规模，尽可能避免土地细碎化，为我国农业规模化经营发展创造更加有利的条件。第四，要促进农地科学流转，需进一步稳定农地承包权。要让农业资本快速形成，一是要抓农业经营规模化；二是要"盘活"农地经营权，改善农业经济的分工，拓展分工交易的空间，提高社会全要素生产率。第五，继续推行高标准农田和田间机耕道路等基础设施的建设。推进农田整治，农机服务的生产性经营主体要积极参与农业组织化与区域化经营，通过农机服务外包供需信息，促进中国农业生产规模化（苏柯雨等，2020）。此外，还要进一步加大农业科研创新力度，优化粮食生产技术扩散环境，加大粮食新技术研发和推广，加速研发适用于非平原地区的农机。突破植保等技术密集型环节服务外包技术瓶颈，进一步拓展农机服务市场容量。

第三节　研究展望

本书在前文研究结论的基础上认为农机服务外包还有很大的发展空间，未来在以下几个方面值得进一步展开研究。

第一，农机服务外包能否通过服务规模经济促进全要素生产率提升还需要加以验证。大量研究指明了农业服务规模经营的发展道路，且以农机服务外包方式形成的纵向分工为服务规模经营提供了市场容量，本书对粮食全要素生产率的分解可以看出粮食生产规模效应的损失在减小，那么这种规模效应损失的降低是否与农机服务外包的方式有联系？一方面粮食生产连片化种植的布局和品种结构调整需要一定时间才能看出显著成效；另一方面，由农机服务外包形成的服务规模效应在学术上应该如何界定和衡量也具有一定难度，因此，如何证实并量化农机服务外包产生的服务规模效应是未来研究的关键所在。既有文献已经指出农业生产性服务具有"黏合剂"作用，有利于优化资源配置，由农机服务外包方式带来的服务规模效应是否能有效促进全要素生产率提高值得进一步探讨。

第二，农机服务外包对农户福利的影响有待进一步展开实证研究。既有研究指出农业社会化服务有助于提升农户福利（杨丹，2019），中国农业高质量发展的本质内涵要求从"为增长而增长"转向"为福利而转型"，实现从产品生产到生态经济福利的目标性转换（张露、罗必良，2020）。可见，未来农户福利提升是农业发展的核心目标之一。然而，现有研究大多仍聚焦于农民收入增长，对农户福利的研究有待进一步加强。农民生活幸福是乡村振兴的一个重要方面，探索农户福利提升的有效措施是未来研究的一个方向。随着农机服务市场的发展，农机服务外包在农户生产环节中的贡献和作用越来越明显，不仅表现为节本增效，还可以通过解放农户劳动力增加非农就业机会，提升农户福利。因此，关于农机服务外包影响农户福利的作用机制有待进一步深入探讨。

第三，农机服务外包对绿色全要素生产率的影响机制有待进一步展开研究和论证。粮食安全不仅指总量上的安全，还应该包含质量、效益、绿色环保等多维度的安全，重视粮食生产的绿色环保有利于可持续高质量发展。既有研究指出农业绿色全要素生产率和粮食安全之间存在双向因果关系（展进涛、徐钰娇，2019），忽视碳排放的传统粮食全要素生产率测算与实际有较大偏差，导致农业绿色全要素生产率明显低于传统全要素生产率（邓灿辉等，2019）。由此可见，对绿色全要素生产率的测算和研究是今后研究的一个重要方向，如何提高绿色全要素生产率同时满足生产率提升和环境保护的要求。既有研究指出机械化水平、财政支出水平对粮食主产区农业绿色全要素生产率表现为显著正向影响（郭永奇、侯林岐，2020）。促进农业减量化可以通过壮大社会化服务组织、提升农机服务水平的途径来实现（杨高第等，2020）。实践证明测土配方施肥、无人机植保等均有利于降低农业面源污染。由此可见，农机服务外包可能是农业绿色发展的重要路径，未来应该进一步深入探索农机服务外包对绿色全要素生产率的作用机制。

附　　录

调查问卷

问卷编码：_____　填表人：_____　填表人电话：_____

调查地点：_____省_____市（县、区）_____镇（乡）_____村

调查农户姓名：_____　农户电话：_____

A. 农户家庭基本情况

A1. 您的性别是？（直接记录）→（　　）　1＝男；0＝女

A2. 您今年（2019 年）过生日时的实际年龄是（　　　）周岁？

A3. 您是否是户主？（　　　）　1＝是；0＝否

A4. 您家户口本上共有_____口人，其中男劳动力_____人，女劳动力_____人。全家外出 3 个月以上打工的劳动力有_____人，在家务农的劳动力有_____人。您家 60 岁以上在家务农的劳动力有_____人。

A5. 外出劳动力在粮食春耕季节是否返家干农活？（　　）1＝返家；0＝不返家。若是，返家多少天？（　　）天

A6. 外出劳动力在粮食秋收季节是否返家干农活？（　　）1＝

返家；0＝不返家。若是，返家多少天？（　　　）天

　　A7. 您家劳动力的文化程度：1. 基本不识字或小学未毕业＿＿＿＿＿＿＿人；2. 小学毕业＿＿＿＿＿＿人；3. 初中毕业＿＿＿＿＿＿人；4. 高中或中专毕业＿＿＿＿＿＿人；5. 大专以上＿＿＿＿＿＿人。

　　A8. 您家是否有家庭成员担任村干部？（　　　）　1＝是；0＝否（注：村主任、书记、文书、会计、妇女主任等都算）

　　A9. 您家亲朋中是否有人在乡镇级以上政府部门工作？（　　）1＝是；0＝否

　　A10. 您家是否有党员？（　　　）　1＝是；0＝否

　　A11. 您家注册登记为家庭农场了吗？　（　　　）　1＝是；0＝否

　　B. 家庭耕地情况

　　B1. 您家户口簿上在册人口的承包地有＿＿＿＿＿＿亩，地块数有＿＿＿＿＿＿块。

　　B2. 您家实际耕种的土地有＿＿＿＿＿＿亩，地块数有＿＿＿＿＿＿块。其中，转入的土地有＿＿＿＿＿＿亩，地块数有＿＿＿＿＿＿块；自家承包地有＿＿＿＿＿＿亩，地块数有＿＿＿＿＿＿块。

　　B3. 您家流转给种植大户/家庭农场或企业老板的土地有＿＿＿＿＿＿亩，地块数有＿＿＿＿＿＿块。

　　B4. 您家实际耕种的土地情况：

　　B4—1 耕地质量如何？（　　　）1＝差；2＝一般；3＝好

　　B4—2 能保证灌溉条件的地块数有（　　　）块；

　　B4—3 您家门口有没有通硬化路？（　　　）1＝有；0＝没有

　　B4—4 能通机耕道的地块数有（　　　）块。

　　B4—5 离您家最近的硬化路需要步行多久？（　　　）分钟。

　　B4—6 耕地地形如何？1. 平地（　　　）块；2. 梯田（　　　）

块；3. 坡地（　　　）块。

B4—7 耕地类型如何？1. 水田面积（　　　）亩；2. 旱地面积（　　　）亩。

C. 粮食作物生产情况

C1. 农户粮食作物生产及生产资料购买情况

问题编码	早稻	中稻	晚稻	小麦	问题编码	早稻	中稻	晚稻	小麦
C1. 2018 年播种面积（亩）					C6. 2018 年种子/秧苗支出（元）				
C2. 2018 年总产量（斤）					C7. 2018 年农膜支出（元）				
C3. 2018 年销售价格（元/斤）					C8. 2018 年农药支出（元）				
C4. 2018 年是否受灾（1=是；0=否）					C9. 2018 年化肥支出（元）				
C5. 2018 年受灾面积（亩）					C10. 2018 年其他物质支出（元）				

问题编码	C11	C12	C13	C14	C15	C16	C17	C18
购买项目	拖拉机	收割机	脱粒机	插秧机/播种机	水泵	农用三轮车	喷雾器	其他
购买时间（年）								
购买市场价格（元）								
功率（千瓦）								
获得补贴（元）								
自己支付（元）								

注：1 公顷=0.01 平方千米=100 公亩=15 亩；1 亩=10 分；若为三季稻，则早、中、晚稻都要填；若为两季稻，则填写早稻和中稻；若为一季稻，则只填写中稻。农药包括防治病虫害、除草剂、生产调节剂等所有费用。化肥包括 N、P、K 肥，尿素，碳铵，复合肥，农家肥，有机肥等所有肥料总支出。其他物质支出包括粮食生产所消耗的燃油费、农机维修保养费、水费、电费等。

C2. 2018年农户粮食作物生产方式情况表

作物编码	作物名称	土地托管			耕地									播种/育秧					
					自有机械耕地	服务		人工			畜工			自有机械播种/育秧	服务		人工		
		是		否		租用机械服务费用	租用机械服务来源	自投人工	雇用人工	雇工价格	自投畜工	雇用畜工	雇用畜工价格		租用机械服务费用	租用机械服务来源	自投人工	雇用人工	雇工价格
		亩	元/亩	亩	亩	亩　元/亩	代码1	工	工	元/天	工	工	元/天	亩	亩　元/亩	代码1	工	工	元/天
		1	2	3	4	5	6	7	8	9	10	11	12	13	14	15	16	17	18
1	早稻																		
2	中稻																		
3	晚稻																		
4	小麦																		

续表

作物编码	作物名称	自有机械打药 (亩)	服务 租用机械服务费用 (元/亩)	服务 租用机械服务来源 (代码1)	人工 自投人工 (工)	人工 雇用人工 (工)	人工 雇工价格 (元/天)	自有机械施肥 (亩)	服务 租用机械服务费用 (元/亩)	服务 租用机械服务来源 (代码1)	人工 自投人工 (工)	人工 雇用人工 (工)	人工 雇工价格 (元/天)	自有机械灌溉 (亩)	服务 租用机械服务费用 (元/亩)	服务 租用机械服务来源 (代码1)	人工 自投人工 (工)	人工 雇用人工 (工)	人工 雇工价格 (元/天)
		19	20	21	22	23	24	25	26	27	28	29	30	31	32	33	34	35	36
1	早稻									.									
2	中稻																		
3	晚稻																		
4	小麦																		

作物编码	作物名称	自有机械收获 (亩)	服务 租用机械服务费用 (元/亩)	服务 租用机械服务来源 (代码1)	人工 自投人工 (工)	人工 雇用人工 (工)	人工 雇工价格 (元/天)	自有机械晾晒/烘干 (亩)	服务 租用机械服务费用 (元/亩)	服务 租用机械服务来源 (代码1)	人工 自投人工 (工)	人工 雇用人工 (工)	人工 雇工价格 (元/天)	自有机械脱粒 (亩)	服务 租用机械服务费用 (元/亩)	服务 租用机械服务来源 (代码1)	人工 自投人工 (工)	人工 雇用人工 (工)	人工 雇工价格 (元/天)
		37	38	39	40	41	42	43	44	45	46	47	48	49	50	51	52	53	54
1	早稻																		
2	中稻																		
3	晚稻																		
4	小麦																		

代码1:1=本村其他农户;2=本县其他村农户;3=村集体统一经营;4=农机专业合作社;5=技术推广站;6=农资经销处或厂家;7=本乡镇社会化服务公司;8=本县外乡社会化服务公司;9=外县社会化服务公司;10=其他,请用文字说明。工=人工/畜工数量*天数,1天按8小时计算。如果耕地、播种、施肥中打药和施肥活动与其他活动分不开,则按照项数均分,统计填写时询问。

询问注意事项:1.先问是否有土地托管;2.粮食生产的机械化或租用机械情况;3.粮食生产是自有机械或租用人工情况;4.各环节租用机械情况。

D. 农户家庭收入和支出情况（2018 年）

D1. 您家 2018 年的毛收入大概是多少钱？（　　　　）万元，其中，种粮收入是多少钱？（　　　　）万元。

D2. 您家 2018 年的总支出大约是多少钱？（　　　　）万元，其中，用于生活消费的支出大概是（　　　　）万元，教育支出是（　　　　）万元，种粮投入是（　　　　）万元。

D3. 您家 2018 年向银行/信用社申请贷款了吗？（　　　）1 = 是；0 = 否。若是，贷款金额为（　　　　）元，贷款用于种粮食的金额为（　　　　）元。

D4. 您家 2018 年是否向亲朋借款？（　　　）1 = 是；0 = 否。若是，借款用于种粮食的金额为（　　　　）元。

D5. 您家 2018 年是否用存款购买了用于粮食生产的种子化肥农药等？（　　）1 = 是；0 = 否。若是，使用存款金额为（　　　）元。

E. 家庭获得粮食生产服务情况

E1. 2018 年您家在种植粮食过程中得到了哪些别人为您提供的收费服务？费用是多少元/亩？（　　　　）（多项选择）

1 = 耕整地（　　　）；2 = 播种（　　　　）；3 = 育秧（　　　　）；4 = 移栽（　　　）；5 = 病虫害防治（　　　　）；6 = 施肥（　　　　）；7 = 排灌（　　　）；8 = 收割（　　　　）；9 = 晾晒/烘干（　　　　）；10 = 脱粒（　　　）；11 = 其他_____（　　　　）

E2. 请您对种植粮食过程中得到的收费服务进行评价：

评价指标	获得服务是否容易			服务及时性		服务价格		服务效果		
1. 耕整地	难	一般	易	不及时	及时	偏高	适中	不好	一般	好
2. 播种	难	一般	易	不及时	及时	偏高	适中	不好	一般	好
3. 育秧	难	一般	易	不及时	及时	偏高	适中	不好	一般	好
4. 移栽	难	一般	易	不及时	及时	偏高	适中	不好	一般	好
5. 病虫害防治	难	一般	易	不及时	及时	偏高	适中	不好	一般	好
6. 施肥	难	一般	易	不及时	及时	偏高	适中	不好	一般	好
7. 排灌	难	一般	易	不及时	及时	偏高	适中	不好	一般	好
8. 收割	难	一般	易	不及时	及时	偏高	适中	不好	一般	好
9. 晾晒/烘干	难	一般	易	不及时	及时	偏高	适中	不好	一般	好
10. 脱粒	难	一般	易	不及时	及时	偏高	适中	不好	一般	好

E3. 您家获取粮食生产收费服务相关信息的三种主要渠道是？
（　　　　　）

　　1＝只为亲戚、熟人提供服务，不需要收集更多服务信息；
2＝通过亲朋介绍；3＝通过互联网站；4＝通过短信、微信、QQ；
5＝通过村委会；6＝通过政府相关部门；7＝其他＿＿＿＿＿＿

E4. 您是否加入农民合作社？（　　　）　1＝是；0＝否

E5. 您加入合作社的方式是？（　　　）（可多选）1＝土地入
社；2＝资金入社；3＝农机入社；4＝技术入社；5＝其他＿＿＿

E6. 您所加入的合作社为您提供过哪些生产服务？（　　　　　）
（可多选）

　　1＝农业生产资料供应；2＝农机零配件供应；3＝生产环节服务
（耕整地、播种育秧、打药、施肥、收获）；4＝农产品销售；5＝解
决资金困难；6＝技术指导和培训；7＝运输；8＝储藏和保管；9＝
烘干和加工；10＝组织跨区农机作业；11＝农机维修；12＝发布市
场信息；13＝没提供过服务

E7. 您对合作社为您提供的以上服务是否满意？（　　　　　）

　　1＝非常不满意；2＝不太满意；3＝一般；4＝比较满意；5＝
非常满意

E8. 加入合作社对您使用新技术有没有帮助？（　　）1＝有；
0＝没有。若有，帮助您用好农业技术的程度如何？（　　　）

　　1＝非常小；2＝较小；3＝一般；4＝有点大；5＝非常大

　　F. 农户粮食种植新技术选择行为

　　F1. 您家是否接受过种粮技术方面的集中培训？（　　　　）
1＝是；0＝否。若是，培训频率为一年＿＿＿＿次。

　　F2. 您家是否参加过现场种粮技术示范？（　　）　1＝是；0＝
否。若是，参加技术示范频率为一年＿＿＿＿次。

F3. 您家是否得到过来自种子公司的随访服务？（　　）1 = 是；0 = 否。若是，频率为一年＿＿＿次。

F4. 您家是否得到过来自政府农技推广专员的随访服务？（　　）1 = 是；0 = 否。若是，频率为一年＿＿＿次。

F5. 2018 年您总共花费多少时间和金钱了解粮食种植新技术？（　　）小时（　　）元

（注：看电视和手机得到种粮技术信息也计算在内）

F6. 您获得粮食种植新技术的三种主要渠道是？（　　　　）

1 = 邻居；2 = 亲朋；3 = 农技推广站；4 = 农资店；5 = 合作社；6 = 农机服务队；7 = 专业服务公司；8 = 专业农机户；9 = 种植大户；10 = 电视网络或手机；11 = 其他＿＿＿＿＿＿＿＿

F7. 您每月能接收到多少条农技服务的短信？（　　　　）条

F8. 您是否使用微信？（　　）1 = 是；0 = 否。若是，您是否关注了农技服务方面的公众号？（　　）1 = 是；0 = 否。您朋友圈关于农业技术方面的信息占比大概是多少？（　　）

F9. 您家的生活水平在本村属于（　　　　）1 = 较差；2 = 一般；3 = 较好

F10. 你们村的经济发展水平在你们乡镇属于（　　　　）1 = 较差；2 = 一般；3 = 较好

参考文献

一　中文文献

（一）图书类

李俏：《农业社会化服务体系研究》，社会科学文献出版社 2015 年版。

林毅夫：《制度、技术与中国农业发展》，上海人民出版社 2005 年版。

罗必良、仇童伟、张露、洪炜杰：《种粮的逻辑——"农地产权—要素配置—农业分工"的逻辑解释框架》，中国农业出版社 2018 年版。

［俄］A. 恰亚诺夫：《农民经济组织》，萧正洪译，中央编译出版社 1996 年版。

［英］阿尔弗雷德·马歇尔：《经济学原理》，廉运杰译，华夏出版社 2005 年版。

［英］大卫·李嘉图：《政治经济学及赋税原理》，丰俊功译，光明日报出版社 2009 年版。

［英］弗兰克·艾利思：《农民经济学：农民家庭农业和农业发展》，胡景北译，上海人民出版社 2006 年版。

［日］速水右次郎：《发展经济学——从贫困到富裕》，李周译，社会科学文献出版社 2003 年版。

［美］西奥多·W. 舒尔茨:《改造传统农业》, 梁小民译, 商务印书馆 2017 年版。

［英］亚当·斯密:《国民财富的性质和原因的研究》, 郭大力、王亚南译, 商务印书馆 1997 年版。

［澳］杨小凯、［澳］黄有光:《专业化与经济组织: 一种新兴古典微观经济学框架》, 张玉纲译, 经济科学出版社 1999 年版。

（二）期刊论文类

［美］阿林·杨格、贾根良:《报酬递增与经济进步》,《经济社会体制比较》1996 年第 2 期。

蔡昉:《中国经济增长如何转向全要素生产率驱动型》,《中国社会科学》2013 年第 1 期。

蔡宏波:《外包与劳动生产率提升——基于中国工业行业数据的再检验》,《数量经济技术经济研究》2011 年第 1 期。

蔡键、刘文勇:《农业社会化服务与机会主义行为: 以农机手作业服务为例》,《改革》2019 年第 3 期。

蔡键、刘文勇:《社会分工、成本分摊与农机作业服务产业的出现——以冀豫鲁三省农业机械化发展为例》,《江西财经大学学报》2017 年第 4 期。

蔡键、唐忠:《华北平原农业机械化发展及其服务市场形成》,《改革》2016 年第 10 期。

蔡荣、蔡书凯:《农业生产环节外包实证研究——基于安徽省水稻主产区的调查》,《农业技术经济》2014 年第 4 期。

曹峥林、王钊:《中国农业服务外包的演进逻辑与未来取向》,《宏观经济研究》2018 年第 11 期。

陈波、侯永志:《中国服务业的结构特征》,《北京机械工业学院学报》2002 年第 1 期。

陈超、李寅秋、廖西元:《水稻生产环节外包的生产率效应分

析——基于江苏省三县的面板数据》，《中国农村经济》2012 年
第 2 期。

陈江华、罗明忠：《农地确权对水稻劳动密集型生产环节外包的影
响——基于农机投资的中介效应》，《广东财经大学学报》2018
年第 4 期。

陈启斐、刘志彪：《生产性服务进口对我国制造业技术进步的实证
分析》，《数量经济技术经济研究》2014 年第 3 期。

陈启斐、王晶晶、岳中刚：《研发外包是否会抑制我国制造业自主
创新能力?》，《数量经济技术经济研究》2015 年第 2 期。

陈汝影、余东华：《资本深化、技术进步偏向与中国制造业产能利
用率》，《经济评论》2019 年第 3 期。

陈书章、宋春晓、宋宁、王济民、马恒运：《中国小麦生产技术进
步及要素需求与替代行为》，《中国农村经济》2013 年第 9 期。

陈苏、胡浩、傅顺：《要素价格变化对农业技术进步及要素替代的
影响——以玉米生产为例》，《湖南农业大学学报（社会科学
版）》2018 年第 3 期。

陈卫平、郑风田：《中国的粮食生产力革命——1953—2003 年中国
主要粮食作物全要素生产率增长及其对产出的贡献》，《经济理论
与经济管理》2006 年第 4 期。

陈晓华：《现代农业发展与农业经营体制机制创新》，《农业经济问
题》2012 年第 11 期。

陈义媛：《土地托管的实践与组织困境：对农业社会化服务体系构
建的思考》，《南京农业大学学报》（社会科学版）2017 年第
6 期。

陈昭玖、胡雯：《农地确权、交易装置与农户生产环节外包——基
于"斯密—杨格"定理的分工演化逻辑》，《农业经济问题》
2016 年第 8 期。

程大中：《中国服务业与经济增长：一般均衡模型及其经验研究》，《世界经济》2010 年第 10 期。

程大中：《中国服务业增长的特点、原因及影响——鲍莫尔—富克斯假说及其经验研究》，《中国社会科学》2004 年第 2 期。

程大中：《中国生产者服务业的增长、结构变化及其影响——基于投入—产出法的分析》，《财贸经济》2006 年第 10 期。

戴天仕、徐现祥：《中国的技术进步方向》，《世界经济》2010 年第 11 期。

邓灿辉、马巧云、魏莉丽：《基于碳排放的河南省粮食绿色全要素生产率分析及对策建议》，《中国农业资源与区划》2019 年第 9 期。

邓丽姝：《服务经济条件下生产性服务业主导产业升级研究》，《北京工商大学学报（社会科学版)》2015 年第 4 期。

董直庆、陈锐：《技术进步偏向性变动对全要素生产率增长的影响》，《管理学报》2014 年第 8 期。

董直庆、戴杰、陈锐：《技术进步方向及其劳动收入分配效应检验》，《上海财经大学学报》2013 年第 5 期。

樊胜根：《从国际视野看中国农业经济研究》，《农业经济问题》2020 年第 10 期。

封永刚：《中国农业经济增长动能的分解与转换历程》，博士学位论文，西南大学，2018 年。

封志明、孙通、杨艳昭：《2003—2013 年中国粮食增产格局及其贡献因素研究》，《自然资源学报》2016 年第 6 期。

付明辉、祁春节：《要素禀赋、技术进步偏向与农业全要素生产率增长——基于 28 个国家的比较分析》，《中国农村经济》2016 年第 12 期。

盖庆恩、朱喜、程名望、史清华：《土地资源配置不当与劳动生产率》，《经济研究》2017 年第 5 期。

高帆：《分工演进与中国农业发展的路径选择》，《学习与探索》2009 年第 1 期。

龚斌磊：《投入要素与生产率对中国农业增长的贡献研究》，《农业技术经济》2018 年第 6 期。

龚道广：《农业社会化服务的一般理论及其对农户选择的应用分析》，《中国农村观察》2000 年第 6 期。

顾乃华：《工业投入服务化：形成机制、经济效应及其区域差异——基于投入产出数据和 HLM 模型的实证研究》，《产业经济研究》2010 年第 3 期。

关凤利、裴瑱：《我国农业生产性服务业的发展对策》，《经济纵横》2010 年第 4 期。

郭晓鸣、左喆瑜：《基于老龄化视角的传统农区农户生产技术选择与技术效率分析——来自四川省富顺、安岳、中江 3 县的农户微观数据》，《农业技术经济》2015 年第 1 期。

郭永奇、侯林岐：《中国粮食主产区粮食农业绿色全要素生产率测度及影响因素研究》，《科技管理研究》2020 年第 19 期。

郝爱民：《农业生产性服务对农业技术进步贡献的影响》，《华南农业大学学报（社会科学版）》2015 年第 1 期。

郝一帆、王征兵：《生产性服务业能提升中国农业全要素生产率吗?》，《学习与实践》2018 年第 9 期。

何爱、徐宗玲：《菲律宾农业发展中的诱致性技术变革偏向：1970～2005》，《中国农村经济》2010 年第 2 期。

何秀荣：《关于我国农业经营规模的思考》，《农业经济问题》2016 年第 9 期。

胡瑞法、黄季焜：《农业生产投入要素结构变化与农业技术发展方向》，《中国农村观察》2001 年第 6 期。

胡雯、张锦华、陈昭玖：《农地产权、要素配置与农户投资激励："短期化"抑或"长期化"?》，《财经研究》2020 年第 2 期。

胡雯、张锦华、陈昭玖：《小农户与大生产：农地规模与农业资本化——以农机作业服务为例》，《农业技术经济》2019 年第 6 期。

胡新艳、陈小知、米运生：《农地整合确权政策对农业规模经营发展的影响评估——来自准自然实验的证据》，《中国农村经济》2018 年第 12 期。

胡新艳、米薪宇：《产权稳定性对农机服务外包的影响与作用机制》，《华中农业大学学报（社会科学版）》2020 年第 3 期。

胡新艳、杨晓莹、吕佳、符少玲：《服务外包与我国南方地区农业机械化发展——理论逻辑与经验分析》，《中国农业资源与区划》2016 年第 3 期。

胡新艳、张雄、罗必良：《服务外包、农业投资及其替代效应——兼论农户是否必然是农业的投资主体》，《南方经济》2020 年第 9 期。

胡雪枝、钟甫宁：《农村人口老龄化对粮食生产的影响——基于农村固定观察点数据的分析》，《中国农村经济》2012 年第 7 期。

胡祎、张正河：《农机服务对小麦生产技术效率有影响吗?》，《中国农村经济》2018 年第 5 期。

胡昭玲：《产品内国际分工对中国工业生产率的影响分析》，《中国工业经济》2007 年第 6 期。

黄季焜：《六十年中国农业的发展和三十年改革奇迹——制度创新、技术进步和市场改革》，《农业技术经济》2010 年第 1 期。

黄守宏：《民工荒引发的农业农村问题及应对思路》，《人口与发展》2008 年第 3 期。

黄宗智、高原、彭玉生：《没有无产化的资本化：中国的农业发展》，《开放时代》2012 年第 3 期。

纪月清、钟甫宁：《非农就业与农户农机服务利用》，《南京农业大学学报（社会科学版）》2013 年第 5 期。

冀名峰、李琳：《农业生产托管：农业服务规模经营的主要形式》，《农业经济问题》2020 年第 1 期。

贾娟琪、孙致陆、李先德：《粮食价格支持政策提高了我国粮食全要素生产率吗？——以小麦最低收购价政策为例》，《农村经济》2019 年第 1 期。

江松颖、刘颖、王嫚嫚：《我国谷物全要素生产率的动态演进及区域差异研究》，《农业技术经济》2016 年第 6 期。

江小涓：《服务外包：合约形态变革及其理论蕴意——人力资本市场配置与劳务活动企业配置的统一》，《经济研究》2008 年第 7 期。

江小涓：《服务业增长：真实含义、多重影响和发展趋势》，《经济研究》2011 年第 4 期。

江雪萍、李尚蒲：《农户参与横向分工：测度及其比较——来自广东的农户问卷》，《华中农业大学学报》（社会科学版）2015 年第 2 期。

江永红、陈昇楠：《产业结构服务化对全要素生产率增速的影响机理》，《改革》2018 年第 5 期。

姜长云：《关于发展农业生产性服务业的思考》，《农业经济问题》2016 年第 5 期。

姜长云：《论农业生产托管服务发展的四大关系》，《农业经济问题》2020 年第 9 期。

鞠建东、林毅夫、王勇：《要素禀赋、专业化分工、贸易的理论与实证——与杨小凯、张永生商榷》，《经济学（季刊）》2004 年第 4 期。

康晨、刘家成、徐志刚：《农业生产外包服务对农村土地流转租金的影响》，《中国农村经济》2020 年第 9 期。

孔祥智：《健全农业社会化服务体系实现小农户和现代农业发展有机衔接》，《农业经济与管理》2017 年第 4 期。

孔祥智、徐珍源：《农业社会化服务供求研究——基于供给主体与需求强度的农户数据分析》，《广西社会科学》2010 年第 3 期。

孔祥智、徐珍源、史冰清：《当前我国农业社会化服务体系的现状、问题和对策研究》，《江汉论坛》2009 年第 5 期。

雷钦礼、徐家春：《技术进步偏向、要素配置偏向与我国 TFP 的增长》，《统计研究》2015 年第 8 期。

李谷成：《资本深化、人地比例与中国农业生产率增长——一个生产函数分析框架》，《中国农村经济》2015 年第 1 期。

李谷成、范丽霞、成刚等：《农业全要素生产率增长：基于一种新的窗式 DEA 生产率指数的再估计》，《农业技术经济》2013 年第 5 期。

李谷成、范丽霞、冯中朝：《资本积累、制度变迁与农业增长——对 1978～2011 年中国农业增长与资本存量的实证估计》，《管理世界》2014 年第 5 期。

李骏、刘洪伟、陈银：《产业集聚、技术学习成本与区域经济增长——以中国省际高技术产业为例》，《软科学》2018 年第 4 期。

李宁、何文剑、仇童伟、陈利根：《农地产权结构、生产要素效率与农业绩效》，《管理世界》2017 年第 3 期。

李宁、汪险生、王舒娟、李光泗：《自购还是外包：农地确权如何影响农户的农业机械化选择?》，《中国农村经济》2019 年第 6 期。

李宁、周琦宇、汪险生：《新型农业经营主体的角色转变研究：以农机服务对农地经营规模的影响为切入点》，《中国农村经济》2020 年第 7 期。

李平、杨慧梅：《离岸服务外包与中国全要素生产率提升——基于发包与承包双重视角的分析》，《国际贸易问题》2017 年第 9 期。

李强、刘冬梅：《我国农业科研投入对农业增长的贡献研究——基于 1995—2007 年省级面板数据的实证分析》，《中国软科学》2011 年第 7 期。

李士梅、尹希文：《中国农村劳动力转移对农业全要素生产率的影响分析》，《农业技术经济》2017 年第 9 期。

李西垚、李垣：《外包中的知识管理——浅析中国企业如何通过外包提高创新能力》，《科学学与科学技术管理》2008 年第 2 期。

李小平、李小克：《偏向性技术进步与中国工业全要素生产率增长》，《经济研究》2018 年第 10 期。

李小平、牛晓迪：《中国区域偏向型技术进步趋势及其影响因素研究》，《武汉大学学报（哲学社会科学版）》2019 年第 5 期。

李学林、李隆伟、董晓波、毛昭庆、王雪娇、郭沛：《云南省粮食全要素生产率分解研究》，《农业技术经济》2019 年第 10 期。

廖文康、王介勇、李红梅：《中国农垦农业全要素生产率变化及其区域差异分析》，《中国农业资源与区划》2019 年第 5 期。

廖西元、申红芳、王志刚：《中国特色农业规模经营"三步走"战略——从"生产环节流转"到"经营权流转"再到"承包权流转"》，《农业经济问题》2011 年第 12 期。

林毅夫：《新结构经济学——重构发展经济学的框架》，《经济学（季刊）》2011 年第 1 期。

林毅夫、张鹏飞：《适宜技术、技术选择和发展中国家的经济增长》，《经济学（季刊）》2006 年第 3 期。

刘晗、王钊：《农户生产分工差别化影响因素研究——基于种植业调查的实证分析》，《农业技术经济》2017 年第 5 期。

刘洪伟、李纪珍、王彦：《技术学习成本及其影响因素分析》，《科研管理》2007 年第 5 期。

刘家成、徐志刚、钟甫宁：《村庄和谐治理与农户分散生产的集体协调——来自中国水稻种植户生产环节外包的证据》,《南京大学学报（哲学·人文科学·社会科学)》2019 年第 4 期。

刘家成、钟甫宁、徐志刚、仇焕广：《劳动分工视角下农户生产环节外包行为异质性与成因》,《农业技术经济》2019 年第 7 期。

刘明辉、卢飞、刘灿：《土地流转行为、农业机械化服务与农户农业增收——基于 CFPS2016 数据的经验分析》,《南京社会科学》2019 年第 2 期。

刘涛、王波、李嘉梁：《互联网、城镇化与农业生产全要素生产率》,《农村经济》2019 年第 10 期。

刘维刚、倪红福：《制造业投入服务化与企业技术进步：效应及作用机制》,《财贸经济》2018 年第 8 期。

刘彦随、刘玉、郭丽英：《气候变化对中国农业生产的影响及应对策略》,《中国生态农业学报》2010 年第 4 期。

刘英基：《有偏技术进步、替代弹性与粮食生产要素组合变动》,《软科学》2017 年第 4 期。

刘玉梅、田志宏：《中国农机装备水平的决定因素研究》,《农业技术经济》2008 年第 6 期。

刘岳平、钟世川：《技术进步方向、资本—劳动替代弹性对中国农业经济增长的影响》,《财经论丛》2016 年第 9 期。

刘志彪：《国际外包视角下我国产业升级问题的思考》,《中国经济问题》2009 年第 1 期。

卢锋：《当代服务外包的经济学观察：产品内分工的分析视角》,《世界经济》2007 年第 8 期。

卢华、胡浩、耿献辉：《农业社会化服务对农业技术效率的影响》,《中南财经政法大学学报》2020 年第 6 期。

芦千文：《新时代发展农业生产性服务业的新要求》，《农业经济与管理》2019 年第 3 期。

芦千文：《中国农业生产性服务业：70 年发展回顾、演变逻辑与未来展望》，《经济学家》2019 年第 11 期。

芦千文、吕之望、李军：《为什么中国农户更愿意购买农机作业服务——基于对中日两国农户农机使用方式变迁的考察》，《农业经济问题》2019 年第 1 期。

鲁慧鑫、冯宗宪、郭根龙：《区域服务进口对中国制造业全要素生产率的影响分析——基于两部门模型》，《经济问题探索》2018 年第 2 期。

陆雪琴、章上峰：《技术进步偏向定义及其测度》，《数量经济技术经济研究》2013 年第 8 期。

吕延方、王冬：《承接外包对中国制造业全要素生产率的影响——基于 1998—2007 年面板数据的经验研究》，《数量经济技术经济研究》2010 年第 11 期。

罗必良：《论服务规模经营——从纵向分工到横向分工及连片专业化》，《中国农村经济》2017 年第 11 期。

罗必良：《农地确权、交易含义与农业经营方式转型——科斯定理拓展与案例研究》，《中国农村经济》2016 年第 11 期。

罗必良：《小农经营、功能转换与策略选择——兼论小农户与现代农业融合发展的"第三条道路"》，《农业经济问题》2020 年第 1 期。

罗必良、万燕兰、洪炜杰、钟文晶：《土地细碎化、服务外包与农地撂荒——基于 9 省区 2704 份农户问卷的实证分析》，《经济纵横》2019 年第 7 期。

罗光强、谭芳：《粮食生产效率的区域差异及其政策效应的异质性》，《农林经济管理学报》2020 年第 1 期。

罗慧、赵芝俊：《偏向性技术进步视角下中国粳稻技术进步方向及其时空演进规律》，《农业技术经济》2020 年第 3 期。

罗明忠、唐超、邓海莹：《从业经历与农业经营方式选择：生产环节外包的视角》，《南方经济》2019 年第 12 期。

马九杰、赵将、吴本健、诸怀成：《提供社会化服务还是流转土地自营：对农机合作社发展转型的案例研究》，《中国软科学》2019 年第 7 期。

闵锐、李谷成：《环境约束条件下的中国粮食全要素生产率增长与分解——基于省域面板数据与序列 Malmquist-Luenberger 指数的观察》，《经济评论》2012 年第 5 期。

闵锐、李谷成：《"两型"视角下我国粮食生产技术效率的空间分异》，《经济地理》2013 年第 3 期。

穆娜娜、周振、孔祥智：《农业社会化服务模式的交易成本解释——以山东舜耕合作社为例》，《华中农业大学学报（社会科学版）》2019 年第 3 期。

潘经韬、陈池波：《农机购置补贴对农机作业服务市场发展的影响——基于 2004—2013 年省级面板数据的实证分析》，《华中农业大学学报（社会科学版）》2018 年第 3 期。

潘经韬、陈池波、覃津津：《农户机械化服务支出的时空演变与驱动因素——基于 2004—2016 年湖北省县级面板数据的实证分析》，《中南财经政法大学学报》2018 年第 6 期。

庞春：《交易效率、人口密度与厚实市场——内生分工的经济分析》，《经济学报》2019 年第 4 期。

彭代彦、文乐：《农村劳动力结构变化与粮食生产的技术效率》，《华南农业大学学报（社会科学版）》2015 年第 1 期。

彭代彦、吴翔：《中国农业技术效率与全要素生产率研究——基于农村劳动力结构变化的视角》，《经济学家》2013 年第 9 期。

彭柳林、池泽新、付江凡、余艳锋：《劳动力老龄化背景下农机作业服务与农业科技培训对粮食生产的调节效应研究——基于江西省的微观调查数据》，《农业技术经济》2019 年第 9 期。

彭小辉、史清华、朱喜：《中国粮食产量连续增长的源泉》，《农业经济问题》2018 年第 1 期。

钱加荣、赵芝俊：《现行模式下我国农业补贴政策的作用机制及其对粮食生产的影响》，《农业技术经济》2015 年第 10 期。

秦升泽、吴平：《农业全要素生产率影响因素的社会嵌入性研究》，《华中农业大学学报（社会科学版）》2020 年第 2 期。

秦天、彭珏、邓宗兵：《生产性服务业发展与农业全要素生产率增长》，《现代经济探讨》2017 年第 12 期。

邱海兰、唐超：《劳动力非农转移对农机外包服务投资影响的异质性分析》，《农林经济管理学报》2020 年第 6 期。

仇焕广、刘乐、李登旺、张崇尚：《经营规模、地权稳定性与土地生产率——基于全国 4 省地块层面调查数据的实证分析》，《中国农村经济》2017 年第 6 期。

仇童伟：《自给服务与外包服务的关联性：对农业纵向分工的一个理论探讨》，《华中农业大学学报（社会科学版）》2019 年第 1 期。

仇童伟、罗必良：《市场容量、交易密度与农业服务规模决定》，《南方经济》2018 年第 5 期。

仇叶：《小规模土地农业机械化的道路选择与实现机制——对基层内生机械服务市场的分析》，《农业经济问题》2017 年第 2 期。

曲昊月、庄丽娟：《农业生产服务、技术进步与技术效率——基于 35 个经济体的实证研究》，《经济问题探索》2018 年第 3 期。

舒杏、王佳：《生产性服务贸易自由化对制造业生产率的影响机制与效果研究》，《经济学家》2018 年第 3 期。

宋冬林、王林辉、董直庆：《技能偏向型技术进步存在吗？——来自中国的经验证据》，《经济研究》2010 年第 5 期。

苏柯雨、魏滨辉、胡新艳：《农业劳动成本、市场容量与农户农机服务外包行为——以稻农为例》，《农村经济》2020 年第 2 期。

孙顶强、Misgina Asmelash、卢宇桐、刘明轩：《作业质量监督、风险偏好与农户生产外包服务需求的环节异质性》，《农业技术经济》2019 年第 4 期。

孙顶强、卢宇桐、田旭：《生产性服务对中国水稻生产技术效率的影响——基于吉、浙、湘、川 4 省微观调查数据的实证分析》，《中国农村经济》2016 年第 8 期。

檀竹平、洪炜杰、罗必良：《农业劳动力转移与种植结构"趋粮化"》，《改革》2019 年第 7 期。

唐超：《劳动力非农转移对农机外包服务投资影响的异质性分析》，《农林经济管理学报》2020 年第 6 期。

陶纪明：《服务经济的本质与内涵：理论渊源》，《科学发展》2010 年第 10 期。

田甜、李隆玲、黄东、武拉平：《未来中国粮食增产将主要依靠什么？——基于粮食生产"十连增"的分析》，《中国农村经济》2015 年第 6 期。

仝志辉、侯宏伟：《农业社会化服务体系——对象选择与构建策略》，《改革》2015 年第 1 期。

涂正革、陈立：《技术进步的方向与经济高质量发展——基于全要素生产率和产业结构升级的视角》，《中国地质大学学报（社会科学版）》2019 年第 3 期。

万晶晶、钟涨宝：《非农就业、农业生产服务外包与农户农地流转行为》，《长江流域资源与环境》2020 年第 10 期。

王岚：《投入服务化是否提高了中国制造业全要素生产率》，《国际贸易问题》2020 年第 2 期。

王林辉、董直庆：《资本体现式技术进步、技术合意结构和我国生产率增长来源》，《数量经济技术经济研究》2012 年第 5 期。

王璐、杨汝岱、吴比：《中国农户农业生产全要素生产率研究》，《管理世界》2020 年第 12 期。

王欧、唐轲、郑华懋：《农业机械对劳动力替代强度和粮食产出的影响》，《中国农村经济》2016 年第 12 期。

王亚飞、张毅、廖甍：《外商直接投资对农业全要素生产率的影响：作用机理与经验证据》，《当代经济研究》2019 年第 6 期。

王颜齐、郭翔宇：《种植户农业雇佣生产行为选择及其影响效应分析——基于黑龙江和内蒙古大豆种植户的面板数据》，《中国农村经济》2018 年第 4 期。

王永贵、马双：《服务外包中创新能力的测量与提升——知识转移视角的理论探讨与实证研究》，中国企业改革与发展研究会编《中国企业改革发展优秀成果 2018（第二届）上卷》，中国经济出版社 2018 年版。

王玉斌、李乾：《农业生产性服务、粮食增产与农民增收——基于 CHIP 数据的实证分析》，《财经科学》2019 年第 3 期。

王跃梅、姚先国、周明海：《农村劳动力外流、区域差异与粮食生产》，《管理世界》2013 年第 11 期。

王志刚、申红芳、廖西元：《农业规模经营：从生产环节外包开始——以水稻为例》，《中国农村经济》2011 年第 9 期。

魏修建、李思霖：《我国生产性服务业与农业生产效率提升的关系研究——基于 DEA 和面板数据的实证分析》，《经济经纬》2015 年第 3 期。

温铁军、董筱丹、石嫣：《中国农业发展方向的转变和政策导向：基于国际比较研究的视角》，《农业经济问题》2010 年第 10 期。

温忠麟、叶宝娟:《中介效应分析:方法和模型发展》,《心理科学进展》2014 年第 5 期。

温忠麟、张雷、侯杰泰、刘红云:《中介效应检验程序及其应用》,《心理学报》2004 年第 5 期。

吴丽丽、李谷成、周晓时:《家庭禀赋对农户劳动节约型技术需求的影响——基于湖北省 490 份农户调查数据的分析》,《湖南农业大学学报(社会科学版)》2017 年第 4 期。

吴丽丽、李谷成、周晓时:《要素禀赋变化与中国农业增长路径选择》,《中国人口·资源与环境》2015 年第 8 期。

吴明凤、李容、杨宇:《土地细碎化背景下地块生产趋同对农户购置农机的影响》,《西北农林科技大学学报(社会科学版)》2017 年第 2 期。

伍骏骞、方师乐、李谷成、徐广彤:《中国农业机械化发展水平对粮食产量的空间溢出效应分析——基于跨区作业的视角》,《中国农村经济》2017 年第 6 期。

武舜臣、王静、王雪友:《中国区域农业技术进步偏向与要素结构匹配研究》,《中国科技论坛》2016 年第 6 期。

武宵旭、葛鹏飞、徐璋勇:《城镇化与农业全要素生产率提升:异质性与空间效应》,《中国人口·资源与环境》2019 年第 5 期。

武晓霞、任志成:《人力资本与服务外包中的技术外溢——基于江苏省的实证研究》,《经济与管理研究》2010 年第 7 期。

夏秋、胡昭玲:《制造业投入服务化能提高全要素生产率吗——基于成本和风险的视角》,《当代财经》2018 年第 7 期。

肖红波、王济民:《新世纪以来我国粮食综合技术效率和全要素生产率分析》,《农业技术经济》2012 年第 1 期。

谢兰兰:《激发制度效能和生产要素活力,推动农业农村高质量发展——"农村发展与农业生产方式转型"国际学术研讨会综述》,《中国农村经济》2020 年第 3 期。

谢琳、胡新艳、罗必良:《技术进步、信任格局与农业生产环节外包》,《农业技术经济》2020 年第 11 期。

徐现祥、舒元:《基于对偶法的中国全要素生产率核算》,《统计研究》2009 年第 7 期。

徐志刚、张骏逸、吕开宇:《经营规模、地权期限与跨期农业技术采用——以秸秆直接还田为例》, 《中国农村经济》2018 年第 3 期。

许晖、李文:《高科技企业组织学习与双元创新关系实证研究》,《管理科学》2013 年第 4 期。

许晖、许守任、王睿智:《网络嵌入、组织学习与资源承诺的协同演进——基于 3 家外贸企业转型的案例研究》,《管理世界》2013 年第 10 期。

薛超、周宏:《中国农业技术进步方向与要素结构匹配度的区域差异分析》,《统计与决策》2019 年第 5 期。

杨春华、李国景:《国际视角下农业生产力与经营规模关系的实证分析》,《农业技术经济》2016 年第 2 期。

杨丹:《农业分工和专业化能否引致农户的合作行为——基于西部 5 省 20 县农户数据的实证分析》,《农业技术经济》2012 年第 8 期。

杨丹:《市场竞争结构、农业社会化服务供给与农户福利改善》,《经济学动态》2019 年第 4 期。

杨福霞、徐江川、青平:《中国小麦生产的技术进步诱因:投资驱动抑或价格诱导》,《农业技术经济》2018 年第 9 期。

杨福霞、徐江川、杨冕、史岩:《能源价格波动、诱导性技术进步与中国环境全要素生产率》,《中国管理科学》2018 年第 11 期。

杨高第、张露、岳梦、张俊飚:《农业社会化服务可否促进农业减量化生产？——基于江汉平原水稻种植农户微观调查数据的实证分析》，《世界农业》2020 年第 5 期。

杨瑾、侯兆麟：《逆向研发外包、组织学习与装备制造业突破性技术创新》，《科学决策》2020 年第 3 期。

杨进、向春华、张晓波：《中国农业的劳动分工——基于生产服务外包的视角》，《华中科技大学学报（社会科学版）》2019 年第 2 期。

杨万江、李琪：《农户兼业、生产性服务与水稻种植面积决策——基于 11 省 1646 户农户的实证研究》，《中国农业大学学报（社会科学版）》2018 年第 1 期。

杨万江、李琪：《新型经营主体生产性服务对水稻生产技术效率的影响研究——基于 12 省 1926 户农户调研数据》，《华中农业大学学报（社会科学版）》2017 年第 5 期。

杨义武、林万龙、张莉琴：《农业技术进步、技术效率与粮食生产——来自中国省级面板数据的经验分析》，《农业技术经济》2017 年第 5 期。

杨宇、李容、吴明凤：《土地细碎化对农户购买农机作业服务的约束路径分析》，《农业技术经济》2018 年第 10 期。

杨振兵：《中国制造业创新技术进步要素偏向及其影响因素研究》，《统计研究》2016 年第 1 期。

杨子、饶芳萍、诸培新：《农业社会化服务对土地规模经营的影响——基于农户土地转入视角的实证分析》，《中国农村经济》2019 年第 3 期。

姚为群：《生产性服务——服务经济形成与服务贸易发展的原动力》，《世界经济研究》1999 年第 3 期。

尹朝静、范丽霞、李谷成：《要素替代弹性与中国农业增长》，《华南农业大学学报（社会科学版）》2014 年第 2 期。

尹朝静、付明辉、李谷成:《技术进步偏向、要素配置偏向与农业全要素生产率增长》,《华中科技大学学报(社会科学版)》2018年第5期。

尹朝静、李谷成、范丽霞、高雪:《气候变化、科技存量与农业生产率增长》,《中国农村经济》2016年第5期。

余东华、信婧:《信息技术扩散、生产性服务业集聚与制造业全要素生产率》,《经济与管理研究》2018年第12期。

余东华、张鑫宇、孙婷:《资本深化、有偏技术进步与全要素生产率增长》,《世界经济》2019年第8期。

虞松波、刘婷、曹宝明:《农业机械化服务对粮食生产成本效率的影响——来自中国小麦主产区的经验证据》,《华中农业大学学报(社会科学版)》2019年第4期。

云振宇、刘文、孙昭、张瑶、高胜普、刘贞、蔡晓湛:《浅析我国农业社会化服务标准体系的构建与实施》,《农业现代化研究》2014年第6期。

展进涛、徐钰娇:《环境规制、农业绿色生产率与粮食安全》,《中国人口·资源与环境》2019年第3期。

张琛、黄斌、钟真:《农业社会化服务半径的决定机制:来自四家农民合作社的证据》,《改革》2020年第12期。

张红宇:《农村经营体制的探索与创新》,《农村经济》2008年第8期。

张丽、李容:《农机服务发展与粮食生产效率研究:2004—2016——基于变系数随机前沿分析》,《华中农业大学学报(社会科学版)》2020年第2期。

张利国、鲍丙飞:《我国粮食主产区粮食全要素生产率时空演变及驱动因素》,《经济地理》2016年第3期。

张露、罗必良:《小农生产如何融入现代农业发展轨道?——来自中国小麦主产区的经验证据》,《经济研究》2018 年第 12 期。

张露、罗必良:《中国农业的高质量发展:本质规定与策略选择》, 《天津社会科学》2020 年第 5 期。

张晓恒、周应恒、严斌剑:《农地经营规模与稻谷生产成本:江苏 案例》,《农业经济问题》2017 年第 2 期。

张银、李燕萍:《农民人力资本、农民学习及其绩效实证研究》, 《管理世界》2010 年第 2 期。

张云华、彭超、张琛:《氮元素施用与农户粮食生产效率:来自全 国农村固定观察点数据的证据》,《管理世界》2019 年第 4 期。

张忠军、易中懿:《农业生产性服务外包对水稻生产率的影响研 究——基于 358 个农户的实证分析》,《农业经济问题》2015 年 第 10 期。

张宗毅、杜志雄:《农业生产性服务决策的经济分析——以农机作 业服务为例》,《财贸经济》2018 年第 4 期。

张宗毅、刘小伟、张萌:《劳动力转移背景下农业机械化对粮食生 产贡献研究》,《农林经济管理学报》2014 年第 6 期。

张宗毅、王许沁、葛继红:《中国农机化效率:区域差异及购置补 贴影响效应——基于省域视角和 DEA-Tobit 模型的分析》,《湖南 农业大学学报(社会科学版)》2019 年第 3 期。

赵瑾:《服务思想的历史演变与国际社会新定位》,《国外社会科 学》2019 年第 2 期。

赵亮、余康:《要素投入结构与主产区粮食全要素生产率的增 长——基于 1978—2017 年粮食主产区的投入产出面板数据》, 《湖南农业大学学报(社会科学版)》2019 年第 5 期。

赵培芳、王玉斌:《农户兼业对农业生产环节外包行为的影响—— 基于湘皖两省水稻种植户的实证研究》,《华中农业大学学报 (社会科学版)》2020 年第 1 期。

赵秋倩、沈金龙、夏显力：《农业劳动力老龄化、社会网络嵌入对农户农技推广服务获取的影响研究》，《华中农业大学学报（社会科学版）》2020 年第 4 期。

赵玉姝、焦源、高强：《农业技术外包服务的利益机制研究》，《农业技术经济》2013 年第 5 期。

郑旭媛、徐志刚：《资源禀赋约束、要素替代与诱致性技术变迁——以中国粮食生产的机械化为例》，《经济学（季刊）》2017 年第 1 期。

钟甫宁、陆五一、徐志刚：《农村劳动力外出务工不利于粮食生产吗？——对农户要素替代与种植结构调整行为及约束条件的解析》，《中国农村经济》2016 年第 7 期。

钟世川、毛艳华：《中国全要素生产率的再测算与分解研究——基于多要素技术进步偏向的视角》，《经济评论》2017 年第 1 期。

钟真、胡珺祎、曹世祥：《土地流转与社会化服务："路线竞争"还是"相得益彰"？——基于山东临沂 12 个村的案例分析》，《中国农村经济》2020 年第 10 期。

周娟：《土地流转背景下农业社会化服务体系的重构与小农的困境》，《南京农业大学学报（社会科学版）》2017 年第 6 期。

朱晶、晋乐：《农业基础设施、粮食生产成本与国际竞争力——基于全要素生产率的实证检验》，《农业技术经济》2017 年第 10 期。

朱晶、李天祥、林大燕、钟甫宁：《"九连增"后的思考：粮食内部结构调整的贡献及未来潜力分析》，《农业经济问题》2013 年第 11 期。

朱薇羽、朱臻、李博伟：《农机服务外包及其可获得性差异对专业化种植的影响——基于浙江省的实证数据》，《世界农业》2020 年第 11 期。

朱喜、史清华、盖庆恩：《要素配置扭曲与农业全要素生产率》，

《经济研究》2011 年第 5 期。

祝华军、楼江、田志宏：《农业种植结构调整：政策响应、相对收
　　益与农机服务——来自湖北省 541 户农民玉米种植面积调整的实
　　证》，《农业技术经济》2018 年第 1 期。

卓乐、曾福生：《农村基础设施对粮食全要素生产率的影响》，《农
　　业技术经济》2018 年第 11 期。

二　英文文献

（一）　图书

Alston, J. M. , A. Andersen, J. S. James, P. G. Pardey, *Persistence
　　Pays：U. S. Agricultural Productivity and the Benefits from Public R&D
　　Spending*, New York：Springer, 2011, p. 23.

Grubel, H. , Walker, M. , *Service Industry Growth：Causes and
　　Effects*, The Fraser Institute Press, 1989, p. 35.

Hayami, Y. , Ruttan, V. W. , *Agricultural Development：An Interna-
　　tional Perspective*, Baltimore：Johns Hokins University Press,
　　1985, p. 58.

Kumbhakar, S. C. , Lien, G. , *Impact of Subsidies on Farm Productivity
　　and Efficiency. The Economic Impact of Public Support to Agriculture：An
　　International Perspective*, New York：Springer, 2010, p. 54.

Kommers Kollegium, *Everybody Is in Services：The Impact of Servicifica-
　　tion in Manufacturing on Trade and Trade Policy*, Stockholm：The
　　National Board of Trade, 2012, p. 169.

Riddle, D. , *Service－led Growth：The Role of the Service Sector in the
　　World Development*, Praeger Publishers, 1986, p. 18.

Schmookler, J. , *Invention and Economic Growth*, Cambridge：Cam-
　　bridge University Press, 1966, p. 196.

Schultz, T. W., *Transforming Traditional Agriculture*, New Haven Yale University Press, 1964, p. 28.

OECD, *Interconnected Economies: Benefiting from Global Value Chains*, OECD Publishing, 2013, p. 34.

（二）期刊

Acemoglu, D., "Equilibrium Bias of Technology", *Econometrica*, Vol. 75, 2007, pp. 1371 – 1409.

Acemoglu, D., "Labor-and Capital-Augmenting Technical Change", *Journal of the European Economic Association*, Vol. 1, 2003, pp. 1 – 37.

Aigner, D., Lovell, C. A., Schmidt, P., "Formulation and Estimation of Stochastic Frontier Production Function Models", *Journal of Econometrics*, Vol. 6, 1977, pp. 21 – 37.

Ainembabazi, J. H., Van Asten, P., Vanlauwe, B., et al., "Improving the Speed of Adoption of Agricultural Technologies and Farm Performance Through Farmer Groups: Evidence From the Great Lakes Region of Africa", *Agricultural Economics*, Vol. 48, 2017, pp. 241 – 259.

Ajayi, M. T., Okunlola, J. O., "Impact of Agricultural Extension Services on Adoption of Root Crops Technologies in Ondo State, Nigeria", *South African Journal of Agricultural Extension*, Vol. 34, 2005, pp. 181 – 187.

Akudugu, M. A., Guo, E., Dadzie, S. K., "Adoption of Modern Agricultural Production Technologies by Farm Households in Ghana: What Factors Influence Their Decisions?", *Journal of Biology Agriculture and Healthcare*, Vol. 1, 2012, pp. 1 – 15.

Amiti, M., Wei, S. J., "Fear of Service Outsourcing: Is It Justified?", *Economic Policy*, Vol. 20, 2005, pp. 308 – 347.

Amiti, M. and Wei, S. J. , "Service Offshoring and Productivity: Evidence From the United States", *National Bureau of Economic Research*, 2006, No. 11926.

Anderson, T. W. , Hsiao, C. , "Formulation and Estimation of Dynamic Models Using Panel Data", *Journal of Econometrics*, Vol. 18, 1982, pp. 47 – 82.

Andersson, M. , Stone, T. A. , "Global Sourcing and Technical Efficiency-a Firm-level Study on the ICT Industry in Sweden", *Journal of Business Economics and Management*, Vol. 18, 2016, pp. 877 – 896.

Antonelli, C. , "Localized technological change, new information technology and the knowledge – based economy: The European evidence", *Journal of Evolutionary Economics*, Vol. 8, 1998, pp. 177 – 198.

Antonelli, C. and F. Quatraro, "The Effects of Biased Technological Change on Total Factor Productivity: Empirical Evidence From a Sample of OECD Countries", *The Journal of Technology Transfer*, Vol. 35, 2010, pp. 361 – 383.

Bai, J. , "Estimating Cross-section Common Stochastic Trends in Nonstationary Panel Data", *Journal of Econometrics*, Vol. 122, 2004, pp. 137 – 183.

Bai, J. , "Panel Data Models with Interactive Fixed Effects", *Econometrica*, Vol. 77, 2009, pp. 1229 – 1279.

Baldwin, J. R. , Yan, B. , "Global Value Chains and the Productivity of Canadian Manufacturing Firms", *Statistics Canada Analytical Studies Branch*, Vol. 3, 2014, pp. 4 – 26.

Batte, M. T. , Amholt, M. W. , "Precision Arming Adoption and Use in Ohio: Case Studies of Six Leading – edge Adopters", *Computers and Electronics in Agriculture*, Vol. 38, 2003, pp. 125 – 139.

Battese, G. E., Coelli, T. J., "Frontier Production Functions, Technical Efficiency and Panel Data: with Application to Paddy Farmers in India", *Journal of Productivity Analysis*, Vol. 3, 1992, pp. 153 – 169.

Becker, G. -S., Murphy, K. -M., "The Division of Labor, Coordination Costs, and Knowledge", *The Quarterly Journal of Economics*, Vol. 107, 1992, pp. 1137 – 1160.

Benot, D., Djellal, F., Gallouj, F., "Knowledge Intensive Business Services and Long Term Growth", *Structural Change and Economic Dynamics*, Vol. 25, 2013, pp. 188 – 205.

Binswanger, H. P., "A Microeconomic Approach to Induced Innovation", *The Economic Journal*, Vol. 336, 1974, pp. 940 – 958.

Brümmer, B., Glauben, T., Lu, W., "Policy Reform and Productivity Change in Chinese Agriculture: a Distance Function Approach", *Journal of Development Economics*, Vol. 81, 2006, pp. 61 – 79.

Brooks, K., Nash, J., Gardner, B. L., et al., *Handbook of Agricultural Economics*, Elsevier, 2002, p. 68.

Che, Y. and L. Zhang, "Human Capital, Technology Adoption and Firm Performance: Impacts of China's Higher Education Expansion in the Late 1990s", *Economic Journal*, Vol. 4, 2017, pp. 75 – 105.

Chen, Shuai, Chen Xiaoguang, Xu Jintao, "Impacts of Climate Change on Agriculture: Evidence from China", *Journal of Environmental Economics and Management*, Vol. 76, 2016, pp. 105 – 124.

Chen Zhuo, Huffman Wallace-E., Rozelle Scott, "Farm Technology and Technical Efficiency: Evidence from Four Regions in China",

China Economic Review, Vol. 20, 2009, pp. 153 – 161.

Ciccone, A., Hall, R. E., "Productivity and the Density of Economic Activity", *American Economic Review*, Vol. 86, No. 1, 1996, pp. 54 – 70.

Ciccone, A., Peri, G., "Identifying Human Capital Externalities: Theory with an Application to US Cities", *CEPR Discussion Papers*, 2002, p. 3.

Conley, T. -G., Udry, C. -R., "Learning about a New Technology: Pineapple in Ghana", *American Economic Review*, Vol. 100, 2010, pp. 35 – 69.

Cui, Z. J., Loch, C. H., Grossmann, B., et al., "How Provider Selection and Management Contribute to Successful Innovation Out-sourcing: An Empirical Study Siemens", *Production and Operations Management*, Vol. 21, 2011, pp. 29 – 48.

Danquah, M., Amankwah-amoah, J., "Assessing the Relationships Between Human Capital, Innovation and Technology Adoption: Evidence from Sub-Saharan Africa", *Technological Forecasting & Social Change*, Vol. 122, 2017, pp. 24 – 33.

Deb, P. and Trivedi, P., "Maximum Simulated Likelihood Estimation of a Negative Binomial Regression Model with Multinomial Endogenous Treatment", *The Stata Journal*, Vol. 6, 2006, pp. 246 – 255.

Dutta, D. K., Gwebu, K. L., Wang, J., "Strategy and Vendor Selection in IT Outsourcing: Is there a Method in the Madness", *Journal of Global Information Technology Management*, Vol. 14, 2011, pp. 6 – 26.

Egger, H., Egger, P., "International Outsouring and the Productivity of Low-Skilled Labor in the EU", *Economic Inquiry*, Vol. 44, 2006, pp. 98 – 108.

Egger, P. , Pfaffermayr, M. , Wolfmayr-Schnitzer, Y. , "The International Fragmentation of Austrian Manufacturing: The Effects of Outsourcing on Productivity and Wages", *The North American Journal of Economics and Finance*, Vol. 12, 2001, pp. 257 – 272.

Farrell, M. J. , "The Measurement of Productive Efficiency", *Journal of the Royal Statistical Society Series A*, Vol. 120, 1957, pp. 253 – 290.

Feder, G. , Slade, R. , "The Acquisition of Information and the Adoption of New Technology", *American Journal of Agricultural Economics*, Vol. 24, 1984, pp. 312 – 320.

Feenstra, R. C. , Hanson, G. H. , "The Impact of Outsourcing and High-Technology Capital on Wages: Estimates for the United States, 1979 – 1990", *Quarterly Journal of Economics*, Vol. 114, 1999, pp. 907 – 940.

Felix, E. , Bernard, H. , "Services Policy Reform and Economic Growth in Transition Economies", *Review of World Economics*, Vol. 142, 2006, pp. 744 – 764.

Fleisher Belton, Jian Chen, "The Coast – Noncoast Income Gap, Productivity and Regional Economic Policy in China", *Journal of Comparative Economics*, Vol. 252, 1997, pp. 220 – 236.

Foster, A. , *Are Indian Farms Too Small? Mechanization, Agency Costs, and Farm Efficiency*, New Haven: Manuscript Yale University, 2011, p. 59.

Foster, A. D. , Rosenzweig, M. R. , "A Test for Moral Hazard in the Labor Market: Effort, Health, Caloric Consumption", *The Review of Economics and Statistics*, Vol. 76, 1994, pp. 213 – 227.

Foster, A. D. , Rosenzweig, M. R. , "Information, Learning, and

Wage Rates in Low-Income Rural Areas", *Journal of Human Resources*, Vol. 28, 1993, pp. 759 – 790.

Foster, A., Rosenzweig, M. R., "Learning by Doing and Learning from Others: Human Capital and Technical Change in Agriculture", *Journal of Political Economy*, Vol. 103, 1995, pp. 1176 – 1209.

Foster, A., Rosenzweig, M. R., "Technical Change and Human-Capital Returns and Investments: Evidence from the Green Revolution", *American Economic Review*, Vol. 86, 1996, pp. 931 – 953.

Fritz, M. S., MacKinnon, D. P., "Required Sample Size to Detect the Mediated Effect", *Psychological Science*, Vol. 18, 2007, pp. 233 – 239.

Gallacher, M., "Human Capital and Production Efficiency: Argentine Agriculture", *British Journal of Radiology*, Vol. 87, 1999, p. 1.

Gancia, G. A., Zilibotti, F., "Technological Change and the Wealth of Nations", *Annual Review of Economics*, Vol. 1, 2009, pp. 93 – 120.

Geishecker, I., Görg Holger, "Winners and Losers: Fragmentation, Trade and Wages Revisited", *Social Science Electronic Publishing*, Vol. 1, 2004, pp. 179 – 198.

Genius, M., Koundouri, P., Nauges C., Tzourelekas, V., "Information Transmission in Irrigation Technology Adoption and Diffusion: Social Learning, Extension Services, and Spatial Effects", *American Journal of Agricultural Economics*, Vol. 96, 2014, pp. 328 – 344.

Girma, S., Görg, H., "Outsourcing, Foreign Ownership, and Productivity: Evidence from UK Establishment Level Data", *Review of International Economics*, Vol. 12, 2004, pp. 817 – 832.

Gong, B., "Agricultural Reforms and Production in China: Changes in Provincial Production Funciton and Productivity in 1978 – 2015",

Journal of Development Economics, Vol. 132, 2018, pp. 18 – 31.

Greene, W. H., "A Gamma-Distributed Stochastic Frontier Model", *Journal of Econometrics*, Vol. 46, 1990, pp. 141 – 163.

Greenfield, Harry, I., *Manpower and the Growth of Producer Services*, New York and London: Columbia University Press, 1966, p. 163.

Görg, H., Hanley, A., Strobl, E., "Productivity Effects of International Outsourcing: Evidence from Plant-level Data", *Canadian Journal of Economics*, Vol. 41, 2008, pp. 670 – 688.

Griliches, Z., "The Search for R&D Spillovers", *Scandinavian Journal of Economics*, Vol. 94, 1992, pp. 29 – 47.

Grilliches, Z., "Hybrid Corn: An Exploration in the Economics of Technological Change", *Econometrica*, Vol. 25, 1957, pp. 501 – 522.

Grossman, Gene – M., Helpman Elhanan, "Endogenous Innovation in the Theory of Growth", *American Economic Association*, Vol. 8, 1994, pp. 23 – 44.

Grossman, G. M., Rossi-Hansberg, E., "Trading Tasks: A Simple Theory of Offshoring", *The American Economic Review*, Vol. 19, 2008, pp. 78 – 97.

Grossman Gene-M., Helpman Elhanan, "Endogenous Innovation in the Theory of Growth", *American Economic Association*, Vol. 8, 1994, pp. 23 – 44.

Harry H. Postner, "Factor Content of Canadian International Trade: An Input-Output Analysis", *Journal of International Economics*, Vol. 2, 1977, pp. 209 – 211.

Hastie, T., Tibshirani, R., "Varying-Coefficient Models", *Journal of the Royal Statistical Society: Series B*, Vol. 1, 1993, pp. 757 – 796.

Hayami, Y., Ruttan, V. W., "Factor Prices and Technical Change in Agricultural Development: the United States and Japan, 1880 – 1960", *Journal of Political Economy*, Vol. 78, 1970, pp. 1115 – 1141.

Hayes, A. F., "Beyond Baron and Kenny: Statistical Mediation Analysis in the New Millennium", *Communication Monographs*, Vol. 76, 2009, pp. 408 – 420.

Heshmati, A., "Productivity Growth, Efficiency and Outsourcing in Manufacturing and Service Industries", *Journal of Economic Surveys*, Vol. 17, 2010, pp. 79 – 112.

Hicks, J., "The Theory of Wages", *American Journal of Sociology*, 1932, p. 48.

Howard N. Barnum, Lyn Squire, "An Econometric Application of the Theory of the Farm Household", *Journal of Development Economics*, Vol. 6, 1979, pp. 79 – 102.

Hsieh, Chang – Tai, and Peter J. Klenow, "Misallocation and Manufacturing TFP in China and India", *Quarterly Journal of Economics*, Vol. 124, 2009, pp. 1403 – 1448.

Huang, J., Rozelle, S., "Technological Change: Rediscovering the Engine of Productivity Growth in China's Rural Economy", *Journal of Development Economics*, Vol. 49, 1996, pp. 337 – 369.

Huffman, W. E., "Allocative Efficiency: The Role of Human Capital", *Quarterly Journal of Economics*, Vol. 91, 1977, pp. 59 – 77.

Jaeho, L., Ji Hwan, L., "Effects of Internationalization on Innovation in the Service Industry: Evidence from Korea", *Journal of East Asian Economic Integration*, Vol. 18, 2014, pp. 339 – 366.

Ji, C., Guo, H., Jin, S., Yang, J., "Outsourcing Agricultural Production: Evidence from Rice Farmers in Zhejiang Province", *Plos*

One, Vol. 12, 2017, pp. 17 – 36.

Just, R. E., Zilberman, D., "Stochastic Structure, Farm Size and Technology Adoption in Developing Agriculture", *Oxford Economic Papers*, Vol. 35, 1983, pp. 307 – 328.

Kaasa, Anneli, "Effects of Different Dimensions of Social Capital on Innovative Activity: Evidence from Europe at the Regional Level", *Technovation*, Vol. 29, 2009, pp. 218 – 233.

Khanna, N., "Analyzing the Economic Cost of the Kyoto Protocol", *Ecological Economics*, Vol. 38, 2001, pp. 59 – 69.

Klerkx Laurens, Leeuwis Cees, "Matching Demand and Supply in the Agricultural Knowledge Infrastructure: Experiences with Innovation Intermediaries", *Food Policy*, Vol. 33, 2008, pp. 260 – 276.

Klump, R., Mcadam, P., Willman, A., "Unwrapping Some Euro Area Growth Puzzles: Factor Substitution, Productivity and Unemployment", *Journal of Macroeconomics*, Vol. 30, 2008, pp. 645 – 666.

Kmenta, J., "On Estimation of the CES Production Function", *International Economic Review*, Vol. 8, 1967, p. 5.

Koenker, R., Bassett, G. W., "Regression Quantiles", *Econometrica*, Vol. 46, 1978, pp. 211 – 244.

Krugman, "The Myth of East Asia's Miracle", *Foreign Affairs*, Vol. 73, 1994, pp. 62 – 78.

Lacity, M. C., Willcocks, L. P., Feeny, D. F., "The Value of Selective IT Sourcing", *Sloan Management Review*, Vol. 37, 1996, pp. 13 – 25.

Liang Lu, Thomas Reardon and David Zilberman, "Supply Chain Design and Adoption of Indivisible Technology", *American Journal of Agricultural Economics*, Vol. 98, 2016, pp. 1419 – 1431.

Li Min, Sicular, "Aging of the Labor Force and Technical Efficiency in Crop Production", *China Agricultural Economic Review*, Vol. 5, 2013, pp. 342 – 359.

Lin, J. Y., "Pubic Research Resource Allocation in Chinese Agriculture: A Test of Induced Technological Innovation Hypothesis", *Economic Development and Cultural Change*, Vol. 40, 1991, pp. 55 – 73.

Lin, Yi-chen, Li-chih Chiang, "Efficiency and Productivity Comparisons between Outsourcers and Non-Outsourcers: Evidence from a Metafrontier Production Function with Endogenous Switching", *The Journal of International Trade & Economic Development*, Vol. 23, 2014, pp. 837 – 861.

Lockheed, Marlaine-E., Jamison, T., Lau Lawrence-J., "Farmer Education and Farm Efficiency: A Survey", *Economic Development and Cultural Change*, Vol. 29, 1980, p. 37.

Low, P., "The Role of Services in Global Value Chains", *Real Sector Working Paper*, 2013.

Lu, L., T. Reardon and D. Zilberman, "Supply Chain Design and Adoption of Indivisible Technology", *American Journal of Agricultural Economics*, Vol. 98, 2016, pp. 1419 – 1431.

Lucas, Jr. R., "On the Mechanics of Economic Development", *Journal of Development Economics*, Vol. 22, 1988, pp. 3 – 42.

Ma, Wanglin, Alan Renwick, Quentin Grafton, "Farm Machinery Use, Off – Farm Employment and Farm Performance in China", *Australian Journal of Agricultural and Resource Economics*, Vol. 62, 2018, pp. 279 – 298.

MacKinnon, D. P., Lockwood, C. M., Hoffman, J. M., West, S. G., Sheets, V., "A Comparison of Methods to Test Mediation and Other Intervening Variable Effects", *Psychological Methods*, Vol. 7, 2002, pp. 83 – 104.

Maskell Peter, Bathelt, H., Malmberg, A., "Building Global Knowledge Pipelines: The Role of Temporary Cluster", *European Planning Studies*, Vol. 14, 2006, pp. 997 – 1013.

Meeusen, W., Van Den Broeck, J., "Efficiency Estimation from Cobb-Douglas Production Functions with Composed Error", *International Economic Review*, Vol. 18, 1977, pp. 435 – 444.

Micheels Eric-T., Nolan James-F., "Examining the Effects of Absorptive Capacity and Social Capital on the Adoption of Agricultural Innovations: A Canadian Prairie Case Study", *Agricultural Systems*, Vol. 145, 2016, pp. 127 – 138.

Morello Thiago-Fonseca, Piketty Marie-Gabrielle, Gardner Toby, "Fertilizer Adoption by Smallholders in the Brazilian Amazon: Farm-level Evidence", *Ecological Economics*, Vol. 144, 2018, pp. 278 – 291.

Moschitz Heidrun, Home Robert, "The Challenges of Innovation for Sustainable Agriculture and Rural Development: Integrating Local Actions into European Policies with the Reflective Learning Methodology", *SAGE Publications*, Vol. 12, 2014, pp. 392 – 409.

Moseley, M. J., and Owen, S., "The Future of Services in Rural England: The Drivers of Change and a Scenario for 2015", *Progress in Planning*, Vol. 69, 2008, pp. 93 – 130.

Mottaleb, K. A., et al., "Enhancing Smallholder access to Agricultural Machinery Services: Lessons from Bangladesh", *Journal of Development Studies*, Vol. 53, 2016, pp. 1 – 16.

Mukasa Adamon-N., "Technology Adoption and Risk Exposure Among Smallholder Farmers: Panel Data Evidence from Tanzania and Uganda", *World Development*, Vol. 105, 2018, pp. 299 – 309.

Nakano Yuko, Tsusaka Takuji-W. , Aida Takeshi, " Is Farmer-to-Farmer Extension Effective? The Impact of Training on Technology Adoption and Rice Farming Productivity in Tanzania", *World Development*, Vol. 105, 2018, pp. 336 – 351.

Nelson, R. and E. Phelps, "Investment in Humans, Technological Diffusion, and Economic Growth", *American Economic Review*, Vol. 56, 1966, pp. 69 – 75.

OECD, WTO, World Bank Group, *Global Value Chains: Challenges, Opportunities and Implications for Policy*, World Bank Group Reporting Paper, 2014, p. 132.

Picazo-tadeo, A. J. , Reigmartinez et al. , " Outsourcing and Efficiency: the Case of Spanish Citrus Farming", *Agricultural Economics*, Vol. 35, 2006, pp. 213 – 222.

Quinn, J . B. , Hilmer, F. G. , "Strategic Outsourcing", *Sloan Management Review*, Vol. 35, 1994, pp. 43 – 55.

Restuccia, D. , Yang, D. T. , and Zhu, X. , "Agriculture and Aggregate Productivity: A Quantitative Cross – country Analysis", *Journal of Monetary Economics*, Vol. 55, 2008, pp. 234 – 250.

Robinson, J. , "The Classification of Inventions", *Review of Economic Studies*, Vol. 5, 1938, pp. 139 – 142.

Romer, P. M. , "Endogenous Technological Change", *Journal of Political Economy*, Vol. 98, 1990, pp. 71 – 102.

Romer, P. M. , "Growth Based on Increasing Returns Due to Specialization", *The American Economic Review*, Vol. 77, 1987, pp. 56 – 62.

Romer, P. M. , "Increasing Returns and Long-Run Growth", *Journal of Political Economy*, Vol. 94, 1986, pp. 1002 – 1037.

Roy, O. , "Thinking Before Acting: Intentions, Logic, Rational Choice, Amsterdam: ILLC – publications", Institute for Logic, Language and Computation, 2008, p. 6.

Sato, R. and T. Morita, "Quantity or Quality: The Impact of Labour Savinging Innovation on US and Japanese Growth Rates, 1960 – 2004", *Japanese Economic Review*, Vol. 60, 2009, pp. 407 – 434.

Schmidt, P. , Sickles, R. C. , "Production Frontiers and Panel Data", *Journal of Business & Economic Statistics*, Vol. 2, 1984, pp. 367 – 374.

Schultz, T. W. , "Institutions and the Rising Economic Value of Man", *American Journal of Agricultural Economics*, Vol. 50, 1968, pp. 1113 – 1122.

Schultz, T. W. , "Investment in Human Capital", *Economic Journal*, Vol. 82, 1972, p. 787.

Sickles, R. C. , "Panel Estimators and the Identification of Firm-Specific Efficiency Levels in Parametric, Semiparametric and Nonparametric Settings", *Journal of Econometrics*, Vol. 126, 2005, pp. 305 – 334.

Solow, R. M. , "Technical Change and the Aggregate Production Function", *Review of Economics&Statistics*, Vol. 39, 1957, pp. 554 – 562.

Spielman David, Davis Kristin, Negash Martha, "Rural Innovation Systems and Networks: Findings From a Study of Ethiopian Smallholders", *Agriculture and Human Values*, Vol. 28, 2011, pp. 195 – 212.

Stevenson, R. E. , "Likelihood Functions for Generalized Stochastic Frontier Estimation", *Journal of Econometrics*, Vol. 13, 1980, pp. 57 – 66.

Stigler, G. J. , "The Xistence of X-Efficiency", *American Economic Review*, Vol. 66, 1976, pp. 213 – 216.

Stock, J. H. , Yogo, M. , "Testing for Weak Instruments in Linear IV Regression", *Nber Technical Working Papers*, Vol. 14, 2005, pp. 80 – 108.

Straub, E. T., "Understanding Technology Adoption: Theory and Future Directions for Informal Learning", *Review of Educational Research*, Vol. 2, 2009, pp. 625 – 638.

Strauss, J., et al., "Health Outcomes and Socio-Economic Status Among the Elderly in China: Evidence from the Charls Pilot", *Journal of Population Ageing*, Vol. 3, 2010, pp. 111 – 142.

Sun, Dingqiang, Michael Rickaille, Zhigang Xu, "Determinants and Impacts of Outsourcing Pest and Disease Management-Evidence from China's Rice Production", *China Agricultural Economic Review*, Vol. 10, 2018, pp. 443 – 461.

Sun, K., Kumbhakar, S. C., "Semiparametric Smooth-Coefficient Stochastic Frontier Model", *Economics Letters*, Vol. 120, 2013, pp. 305 – 309.

Sun, D., Zilberman, D., "The Agricultural Innovation Process: Research and Technology Adoption in a Changing Agricultural Sector", *Handbook of Agricultural Economics*, Vol. 1, 2001, pp. 207 – 261.

Tauer, L., "Age and Farmer Productivity", *Review of Agricultural Economics*, Vol. 17, 1995, pp. 63 – 69.

Tauer, L. W., Lordkipanidze, N., "Farmer Efficiency and Technology Use with Age", *Agricultural and Resource Economics Review*, Vol. 4, 2000, pp. 24 – 31.

Temiz, D., Gkmen, A., "FDI Inflow as an International Business Operation by MNCs and Economic Growth: An Empirical Study on Turkey", *International Business Review*, Vol. 23, 2014, pp. 145 – 154.

Thiede, Brian-C., Brown, David-L., Sanders, Scott-R., "A Demographic Deficit? Local Population Aging and Access to Services in Rural America, 1990 – 2010", *Rural Sociology*, Vol. 82, 2017, pp. 44 – 74.

Thurner, T. W., Zaichenko, S., "The Feeding of the Nine Billion-A Case for Technology Transfer in Agriculture", *Imperial College Press*, Vol. 19, 2015, pp. 245 – 249.

Uzawa, H., "Optimal Technical Change in an Aggregative Model of Economic Growth", *International Economic Review*, Vol. 6, 1965, pp. 18 – 31.

van de Klundert, T. C. M. J., David, P. A., "Biased Efficiency Growth and Capital-Labor Substitution in the U. S: 1899 – 1960", *The American Economic Review*, Vol. 55, 1965, pp. 357 – 394.

van der Merwe, S., Rada, J., "Servitization of Business: Adding Value by Adding Services", *European Management Journal*, Vol. 6, 1988, pp. 314 – 324.

van Marrewijk, C., Stibora, J., De Vaal, A. et al., "Producer Services, Comparative Advantage, and International Trade Patterns", *Journal of International Economics*, Vol. 42, 1997, pp. 195 – 220.

Wagner, J., "Offshoring and Firm Performance: Self-selection, Effects on Performance, or Both?", *Review of World Economics*, Vol. 147, No. 2, 2011, pp. 217 – 247.

Wang, X., Yamauchi, F., Huang, J., "Rising Wages, Mechanization, and the Substitution Between Capital and Labor: Evidence from Small Scale Farm System in China", *Agricultural Economics*, Vol. 47, 2016, pp. 309 – 317.

Ward, Patrick-S., Pede, Valerien-O., "Capturing Social Network Effects in Technology Adoption: The Spatial Diffusion of Hybrid Rice in Bangladesh", *Australian Journal of Agricultural and Resource Economics*, Vol. 59, 2015, pp. 225 – 241.

Wossen, T., Abdoulaye, T., Alene, A. Haile, M. G., et al., "Impacts of Extension Access and Cooperative Membership on Technology Adoption and Household Welfare", *Journal of Rural Studies*, Vol. 54, 2017, pp. 223 – 233.

Wossen, T., Thomas, B., Falco, Salvatore-Di, "Social Capital, Risk Preference and Adoption of Improved Farm Land Management Practices in Ethiopia", *Agricultural Economics*, Vol. 46, 2015, pp. 81 – 97.

Xu Dingde, Guo Shili, Xie Fangting, "The Impact of Rural Laborer Migration and Household Structure on Household Land Use Arrangements in Mountainous Areas of Sichuan Province, China", *Habitat International*, Vol. 70, 2017, pp. 72 – 80.

Yamauchi, F., "Rising Real Wages, Mechanization and Growing Advantage of Large Farms: Evidence from Indonesia", *Food Policy*, Vol. 58, 2016, pp. 62 – 69.

Yang Jin, Huang Zuhui, Zhang Xiaobo, "The Rapid Rise of Cross-Regional Agricultural Mechanization Services in China", *American Journal of Agricultural Economics*, Vol. 95, 2013, pp. 1245 – 1251.

Young, A., "Increasing Returns and Economic Progress", *The Economic Journal*, Vol. 38, 1928, pp. 527 – 542.

Zhang, R., Sun, K., Delgado, M. S., Kumbhakar, S. C., "Productivity in China's Hightechnology Industry: Regional Heterogeneity and R&D", *Technological Forecasting and Social Change*, Vol. 79, 2012, pp. 127 – 141.

Zhang Xiaobo, Yang Jin, Thomas Reardon, "Mechanization Outsourcing Clusters and Division of Labor in Chinese Agriculture", *China Economic Review*, Vol. 43, 2017, pp. 184 – 195.

后　　记

本书是我在西南大学攻读农业经济管理专业博士学位的学术成果。最要感谢的是我的博士导师李容教授，她严谨治学的态度、忘我的学术追求、认真努力的工作作风深深影响着我，不仅让我在学术研究上有了动力，还鞭策我今后在工作和学习上以李老师为榜样。感谢温涛校长、杨丹教授、王志章教授、张应良教授、祝志勇教授、高远东教授、刘自敏教授、王定祥教授、段豫川教授、王钊教授在博士阶段学习中对我的教诲。特别感谢以下专家学者对本书写作和修改提出的宝贵建议，他们是：南京农业大学钟甫宁教授、西北农林科技大学霍学喜教授、华南农业大学罗必良教授、南京农业大学徐志刚教授、浙江大学徐旭初教授、江西农业大学周应恒教授、上海财经大学吴方卫教授、福建农林大学刘伟教授、西南政法大学李树教授、浙江大学龚斌磊长聘教授、华中科技大学杨进副教授。

最后，限于我的水平，本书可能仍存在一些不足，恳请同行专家和读者给予批评指正。

张丽

2024 年 1 月